国家出版基金项目
NATIONAL PUBLICATION FOUNDATION

中国语文教育研究丛书

顾之川 主编

郑桂华 著

写作教学研究

XIEZUO JIAOXUE YANJIU

广西教育出版社
南宁

图书在版编目（CIP）数据

写作教学研究 / 郑桂华著. —南宁：广西教育出版社，2018.6（2023.12 重印）
（中国语文教育研究丛书 / 顾之川主编）
ISBN 978-7-5435-8431-0

Ⅰ.①写… Ⅱ.①郑… Ⅲ.①作文课—教学研究—中小学 Ⅳ.①G633.342

中国版本图书馆 CIP 数据核字(2017)第 312002 号

策　　划	黄力平	组稿编辑	林春燕　黄力平
责任编辑	潘　安　农　郁	装帧设计	刘相文
特约编辑	林春燕	责任技编	蒋　媛
责任校对	谢桂清　刘汉明	封面题字	李　雁

出 版 人：石立民
出版发行：广西教育出版社
地　　址：广西南宁市鲤湾路 8 号　　邮政编码：530022
电　　话：0771-5865797
本社网址：http://www.gxeph.com
电子信箱：gxeph@vip.163.com
印　　刷：广西金考印刷有限公司
开　　本：787mm×1092mm　1/16
印　　张：21.5
字　　数：320 千字
版　　次：2018 年 6 月第 1 版
印　　次：2023 年 12 月第 9 次印刷
书　　号：ISBN 978-7-5435-8431-0
定　　价：52.00 元

序

中国教育正在加速推进现代化，立德树人成为教育改革总任务，完善中华优秀传统文化教育成为共识，新课标已陆续颁布，小学、初中语文教材已重新回归国家统编时代，高中语文新课标教材已在北京、天津、上海、辽宁、山东、海南开始试用，新高考改革方案正在稳步推进，语文教育的重要地位日益凸显。我国语文教育改革迎来新的发展机遇。我们必须清醒地看到，我国语文教育取得了举世公认的成就，同时也面临着诸多困难和问题。如何站在历史的高度，以严谨求实的科学态度，总结梳理中国语文教育教学改革所取得的成就，直面存在的困难和问题，深入剖析原因，为语文教育改革与发展献计献策，推进语文教育现代化，成为新一代语文教育工作者的神圣使命和义不容辞的责任。

2013年10月，中国教育学会中学语文教学专业委员会召开第十届年会，选举产生了新一届理事会。新一届理事会成立后，我们研究制订了《中国教育学会中学语文教学专业委员会事业发展规划（2013—2018）》，其中有一项重要内容，就是要“策划一套图书”。具体设想是：这套图书应分理论与实践两部分，前者重在全面系统地总结改革开放30多年来我国语文教育的经验教训，作为今后发展的借鉴；后者重在归纳梳理我国当代语文名师的教育教学思想，深入挖掘20世纪80年代语文名师的当代价值，同时推出一批当代语文名师，为新生代名师擂鼓助威。我们这一设想，与时任广西教育出版社副总编辑黄力平编审的想法不谋而合。他邀我们组织编撰“中国语文教育研究丛书”，纳入他们正在组织实施的中国学科教育研究系列图书的出版计划。

编辑这套“中国语文教育研究丛书”的基本思路是：

把握时代脉搏，聚焦立德树人。

这套丛书着眼于推进语文教育现代化，把握时代脉搏，聚焦立德树人。围绕语文教育改革创新，推出一批反映、代表乃至引领我国语文教育现代化的研究成果，具有鲜明的中国当代特色。从时间上说，以改革开放到新世纪的发展历程为主，尤其注重反映我国实行新课改以来的语文教育研究；从内容上说，则力求反映我国语文教育理论与实践研究成果。

树立整体观念，开展综合研究。

这套丛书力求树立整体观念，开展语文教育教学的综合研究，全面深入系统地梳理总结我国语文教育改革成就和存在的问题。既有语文教育语用观、传统文化教育、语文工具论、语文教育民族化等理论层面的深入剖析，又有语文教材编制、语文教师专业发展、语文教学创新设计、语文考试评价改革等实践层面的研究。

拓展研究视野，实现互联互通。

这套丛书强调语文教育整体观念，整体观照中国语文教育各领域。纵向上，打通小学、中学与大学，努力挖掘语文教育的共同价值，避免过去那种“铁路警察，各管一段”的情况；横向上，涵盖中小学语文教育、汉语国际教育及华文教育等，并以宽广的国际视野，从中华文化圈的角度，审视我国语文教育教学改革的成就与突出问题。

理论联系实际，研究注重实效。

本丛书注重沟通语文教育理论研究与语文教育教学各组成要素的实践，包括教材编写实践、教学实践、考试命题实践以及教师培训与专业发展实践，努力克服过去学科理论研究与教育教学实践“两张皮”，教育理论研究“不接地气”等缺陷，既注意反映我国语文教育理论研究的新成果，也注重将一线语文教师的教学经验、教学智慧进行理论上的梳理与提升。研究尤重建设性，以建设性思维为统领，着眼于解决我国语文教学领域存在的实际问题。

坚持守正创新，强调原创研究。

这套丛书坚持守正创新，注重权威性与代表性，继承我国语文教育优良传统，借鉴国外先进的母语教育理念和方法，注重吸收各种语文教育理论和各个教学流派的研究成果，反映作者最新的原创性研究成果。弘扬改革创新主旋律，传递语文教育教学正能量，在保证科学性的基础上，注意可读性。内容新颖，资料翔实，数据齐全，为以后的语文教育研究留下可资参考借鉴的理论成果。

我们这一设想，得到我国语文教育界专家同仁的积极响应和大力支持，他们同意将其最新研究成果惠赐给我们，列入本丛书。

广西教育出版社是我国很有影响的教育出版社之一，在教育理论、教材教辅及文化艺术等方面，均出版了不少影响深远的系列图书。尤其是出版于20世纪90年代的“学科现代教育理论书系”，曾极大地推进了我国教育改革，实现了社会效益与经济效益的双丰收。进入新时期以来，该社审时度势，又策划出版学科教育研究书系，立足于中国本土，以独特敏锐的眼光，打造具有中国特色的学科教育理论体系。这不仅是教育创新的要求，也是新时代的呼唤。

目前，这套丛书正在陆续出版，作为丛书主编，我既有欣喜，也有不安，深恐由于自己的浅陋和粗疏而使各位作者的佳构留下缺憾，更期待着广大读者尤其是语文教育界同仁的批评、指教。令人欣喜的是，在广西教育出版社诸位同仁的努力下，经国家出版基金管理委员会批准，“中国语文教育研究丛书”（第一辑）被确定为2017年度国家出版基金项目，获得经费资助。这也是对我们这套丛书的学术价值与出版意义的肯定。在此，我不仅要对黄力平编审、广西教育出版社相关编辑等同仁表达谢意，更要对北京大学中文系温儒敏、曹文轩两位教授的热情推荐表示感谢。

值此新中国成立70周年，中国教育学会中学语文教学专业委员会成立40周年之际，南国传佳音，我得到一个好消息，说这套丛书已出版的8种，经过教育部组织专家评审，全部列入全国中小学图书馆馆配目录，即将重印。这再次证明这套“中国语文教育研究丛书”的学术价值与出版意义。

学术总是薪火相传，研究贵在创新发展。牛顿说他站在巨人肩膀上，杜甫说“转益多师是汝师”。我们进入一个大众创业、万众创新的时代，改革创新成为当今中国的时代主题。建设创新型国家，培养创新型人才，语文教育工作者肩负着神圣使命。语文百年，众多语文人默默耕耘，浇灌出语文学科生态园的参天大树；百年语文，无数语文人直面问题，探寻语文教育改革创新之路。我们策划、组织这套丛书，就是想为实现中华民族伟大复兴的中国梦略尽语文人的绵薄之力。我们的愿望如此，至于效果怎样，那就要由实践来检验了。

顾之川

于京东大运河畔两不厌居
2016 年 3 月 23 日初稿
2017 年 4 月 18 日第一次修改
2019 年 9 月 24 日第二次修改

顾之川简介：浙江师范大学教授，人民教育出版社编审。兼任中国教育学会中学语文教学专业委员会理事长，国家社科基金评审专家，教育部考试中心特聘专家，教育部“国培计划”首批专家，国家统编义务教育语文（七至九年级）教科书主编。主要从事语文教育研究和语文教材编写工作，主编人教版多套初中、高中语文教材。著有《语文工具论》《顾之川语文教育新论》《顾之川语文教育论》《语文论稿》《明代汉语词汇研究》《顾之川语文人生随笔》等，并有古籍整理著作多种。

目　录

绪　言　/ 1

第一章　写作与思维 / 6

第一节　写作能力发展与思维培养 / 7

一、思维与语言学习的关系 / 7

二、现代语文教育对思维训练的要求 / 8

第二节　与写作教学有关的思维概念辨析 / 12

一、容易误解的几组概念 / 12

二、写作思维的模型和知识谱系 / 18

第三节　写作教学中思维培养理念的差异 / 21

一、写作教学的“整体素养”主张 / 22

二、思维训练的“科学化”追求 / 27

三、思维训练的细化与深入 / 35

第四节　写作教学中发展思维的要领 / 37

一、教学目标向思维发展调整 / 38

二、引导学生对写作过程作反思 / 40

三、将思维训练融入日常教学 / 42

四、注意不同文体思维方式的差异 / 44

五、用过程化教学保证训练的实效 / 46

第二章　写作教学的基本问题 / 48

第一节　写作教学的可为空间 / 49

一、写作教学质量的影响因素 / 49

二、写作教学应承担的主要功能 / 53
三、语文教师的可为空间 / 57
第二节 写作知识与写作教学 / 60
一、写作知识的内容及分类 / 60
二、常用写作知识的含义 / 61
三、写作知识的建构与运用 / 68
第三节 不同学段写作教学内容的划分依据 / 71
一、不同学段写作教学内容的差异 / 71
二、高中阶段写作教学的侧重点 / 74
三、高中写作教学示例 / 76
第三章 写作教学的历史经验 / 83
第一节 写作教学中教师的介入方式 / 84
一、熏染式写作教学 / 85
二、点拨式写作教学 / 87
三、仿作式写作教学 / 88
四、关键问题突破写作教学 / 89
五、重点技能训练写作教学 / 91
第二节 “读写结合”教学的问题与对策 / 94
一、“读写结合”教学常见的问题 / 95
二、“以读促写”教学的实施策略 / 99
第三节 古代写作教学经验再认识 / 103
一、“言志”“载道”的写作价值传统 / 104
二、多读多写、读写合一的写作实践理性 / 105
三、重视篇章、突出交流功能的语用取向 / 106
第四节 20 世纪 80 年代语文名师的写作教学探索 / 110
一、写作课程的顶层设计 / 111
二、对写作教学内容的科学化追求 / 116
三、基于教师个性的教学方式创新 / 128
第四章 新时期写作教学的趋向 / 134
第一节 真实写作的回归 / 135
一、课程标准关于真实写作的阐述 / 135
二、真实写作的教学实践 / 139

第二节 读者意识的引入 / 143
一、读者意识对写作的价值 / 143
二、培养读者意识的策略 / 145
第三节 专题写作的尝试 / 149
一、专题写作的意义及依据 / 149
二、专题写作的框架设计 / 151
三、专题写作教学实施建议 / 152
四、专题写作教学案例评析 / 158
第四节 信息技术与写作教学的整合 / 164
一、网络与中小学课程的整合模式 / 164
二、信息技术融入写作教学的历程 / 166
三、信息技术在写作教学中的作用 / 168
四、基于网络的写作教学面临的问题 / 171
第五章 基于表达方式的写作教学内容探索 / 174
第一节 怎样教叙述 / 175
一、对叙述的基本认识 / 175
二、叙述教学事例：叙述一个曲折的故事 / 177
第二节 怎样教描写 / 185
一、对描写的基本认识 / 185
二、描写教学事例：让人物自己说话 / 186
第三节 怎样教抒情 / 196
一、对抒情的基本认识 / 196
二、抒情教学案例：学会抒情 / 197
第四节 怎样教议论 / 214
一、对议论的基本认识 / 214
二、议论教学案例：议论文写作中核心概念的展开 / 227
第六章 基于文本类型的写作教学内容开发 / 235
第一节 记叙文的教学 / 237
一、记叙文选材教学示例 / 237
二、记叙文选材的教学策略 / 243
第二节 诗歌写作教学 / 250
一、诗歌写作教学的意义 / 250

二、诗歌写作教学策略 / 252
第三节　时事评论写作教学 / 259
一、时事评论写作教学示例 / 259
二、时事评论写作教学策略 / 263
第七章　写作过程教学的讨论 / 269
第一节　过程化写作教学的背景及理念 / 270
一、过程化写作教学提出的背景 / 270
二、过程化写作教学的依据 / 272
第二节　过程化写作教学的实施路径 / 277
一、按“写作环节”设计写作教学 / 277
二、按照“写的过程”设计写作教学 / 280
第三节　过程化写作教学示例 / 284
一、“类比构思”过程化教学 / 285
二、类比构思教学效果反思 / 288
第八章　写作课程建设问题略谈 / 293
第一节　基于语文核心素养的小学写作教学 / 294
一、从核心素养的角度审视写作教学目标 / 294
二、按核心素养要求把握小学写作教学内容 / 297
三、注重核心素养发展的小学写作教学策略选择 / 301
第二节　真实情境视角的上海高中语文教科书写作任务考察 / 306
一、近年上海高中语文教科书中的写作任务设计 / 306
二、上海高中语文教科书写作题中的“读者意识”分析 / 311
三、基于真实情境的写作任务设计建议 / 315
第三节　如何发挥作文批阅与讲评的作用 / 318
一、作文评阅中的主要问题 / 318
二、合理有效的作文评阅策略 / 320
参考文献　/ 323
后　记　/ 333

绪 言

2012年秋天，笔者开始在上海师范大学准备“写作教学研究”这门课程。该门课一开始是为本科生开设的选修课，后来成为为硕士生开设的专业选修课。这五六年里，笔者一直很想写一本关于“写作教学研究”的书，一方面当然是出于教学工作的实际需要，因为任何学科和学段的学习都需要一种基本的教学材料，而在研究生的写作教学研究这个学习领域，一直苦于没有令人满意的教材；另一方面，不管是在中学第一线教语文，还是到高校从事语文教育研究，笔者一直没有放弃对写作课的实践。近二十多年里，断断续续上过几十节写作研究课，在这些课上，也一直在探索新的教学内容和学习活动，主要是把写作内容教得明确一点，比如从内在特质方面教学生如何抒情、叙事，按概念之间的关系修改议论文，以提高写作教学的明晰性和有效性。这些教法虽然也得到不少听课老师的好评，部分课例也发表在一些杂志上，但没有收集到一起，也缺少整体性的总结。因此，当笔者有幸得到顾之川先生的信任，能将这本书列入由他主编的“中国语文教育研究丛书”中时，便自然欣喜于有了实现多年愿望的可能。

写作这本书的第一个意图，是希望写出一本写作教学研究课所适用的教材。一个修过写作教学研究课的研究生，最好能在以下四个方面有所涉及和收获：一是掌握写作活动的基本常识和写作教学设计的基本技能，如不同文体的特点和写作要求；二是了解以往语文教师们在写作教学方面曾经做过的探索和基本经验，如古代写作教学传统、新时期语文特级教师的写作教学经验；三是学会运用写作教学中可以借助的基本材料，包括语文教材中的写作内容及专门的写作教材；四是能关注与写作教学有关的一些基本问题，如怎样平衡阅读与写作的关系，如何评价写作教学科学化，如何看待社会对写作教学的质疑，语文核心素养观念对写作教学有怎样的影响等。本书的框架就是按这四项内容来设置的。其中，第一部分主要讨论影响写作教学的几个问题，包括写作与思维的关系、写作与写作教学的关系、写作知识的价值等，为第一、第二章内容；第二部分主要梳理前人在写作教学方面的做法和经验，比如古代写作教学经验，20 世纪 80 年代一大批语文特级教师在写作教学方面的探索，以及新时期一些写作教学探索的新动向，为第三、第四章内容；第三部分主要介绍了笔者多年来在写作教学方面的一些做法，重点是按照文体特点或表达需要明确写作教学内容，把写作教得具体一些、实在一些，这些内容构成了本书的第五、第六、第七章；第四部分主要讨论与写作教学相关的写作教材和写作评价问题。按照理想状态，一个即将踏上语文教学岗位的语文教师如果对这些问题都能有所接触、有所思考、有所认识，对他早一点走进写作教学领域、胜任写作教学工作应该有所帮助，这一部分为第八章。

本书写作的第二个意图，是总结三十多年来笔者在写作教学方面的一些做法，主要是如何细化写作教学内容、设计写作任务，如何基于学生的写作过程开展相应的教学指导，以提高写作教学的有效性。在本书中，笔者简要论述了写作教学过程化指导的意义、原理，并以一些常用的文体和常规的表达方式为例，展示了部分写作过程化教学的案例。希望这些实践能对语文教师有启发，并吸引感兴趣的教师一起来参加教学实践，推动写作教学理论向写作教学实践落实。

本书写作的第三个意图，是检验笔者在写作教学理论研究方面的思考水平，借此提升自己的理论素养。笔者是 1990 年进入语文教师这个行业的，在二十多年的教学生涯中，虽然笔者所带班级的作文考试成绩也还不错，但学生的作文成绩毕竟受很多因素的影响，学生的成绩中有多少是原有基础的再现，有多少出自学生自身的努力，有多少来自课外阅读的影响，又有多少是通过写作教学提高的，并没有得到确证。在教学之余笔者也写过《新世纪初中生作文十日谈》，还主编过《新专题教程·写作新视点（初中语文 4）》等，但这些大多是对自己写作经验和部分教学经验的描述，研究色彩和学理成分并不多，对写作教学研究的贡献有多少，是一个未知数。近十余年笔者在高校里教书，也陆续发表过一二十篇关于写作教学的文章，但这些文章也大多是针对当时写作教学中的某一种现象或问题有感而发，因此与系统的写作教学研究的要求有较大差距。因而对与写作教学有关的话题做些系统的考察，同时将自己在写作教学方面的经验向理论层面提升，就成为写这本书要达到的另一个目的。

通过本书的写作，笔者在以下几个方面有了更深刻的体会。

其一，对自己学养的不足有了更深的认识。以前，笔者时常感到自己在写作教学理论研究方面的不足，但当自己真的动手去写时，确实也倍感艰难，很多章节的论述并不能使笔者自己满意。其中有些话题的研究做得比较深入，有自己独特的发现，如对改革开放初期语文特级教师写作教学经验的研究，对写作过程化教学设计的思考；有些话题的研究做得比较勉强，如对中国古代写作教学传统的总结；还有一些话题虽然一开始列入了写作计划，但却因时间、精力等方面的原因没有来得及讨论，如对中华人民共和国成立以来语文教材写作内容的研究，这些只能留待以后来补充和完善了。

其二，对写作活动本身的复杂性有了更多理解。平时，我们都说写作是复杂的活动，但是，到底它有多么复杂，我们并没有真正体会到。在刚刚结束的一次人工智能与写作教学的研讨会上，有一位专家这样断定：写作注定是人工智能能够攻克的最后一个堡垒，甚至也可以说是人工智能永远无法模拟的现象。写作不仅涉及生活经验、百科知识和基本表达技能，还涉及认知、思维、情感、文体、情境、接受对象因素，涉及文学创作、记录及传播信息等不同交际功能，涉及不同年龄层面、不同时代风尚、不同个性与审美趣味、不同文化观念所造成的评价标准的变化。而写作教学还要在如此复杂的基础上再向前走一步。因此，面对如此复杂的研究对象，取得一点进步、做出一点贡献都是很不容易的，更不要说洞悉写作活动的终极规律，穷尽人类写作图景了。

其三，对如何延续我们的写作教学研究和实践经验有了更多思考。

近些年里，为了开设写作教学研究这门课，特别是为了写作本书，笔者陆陆续续购买和翻阅了几百本国内外有关写作教学方面的书，有几点阅读体会特别深。1929年阮真指出，“今日中学生国文成绩之不良，其最显著者，莫如作文；中学国文教学之问题，最复杂者，亦莫如作文。旧式教师，于命题练习批改，犹不脱科举时代之习气！新式教师，一任学生自由写作，几无所谓教法矣”。离阮真当年做出判断已经过了将近一个世纪，但国内写作教学的整体情况几乎没有多少改变，写作教学中的基本问题也依然如故，这是很令人汗颜的。在阅读中笔者还有一个发现，针对写作教学中同样一个问题，20世纪30年代、20世纪80年代及21世纪的今天，我们在语文教育研究、写作教学观点上，提出过许多相似的主张，在写作教学实践路径上达到了差不多相同的高度，但前后之间并没有继承关系，也就是说很多教师和研究者分别在不同时空里花费了大量的精力，思考的是同一个问题，基于同样的低起点。比如对写作教学科学化道路的主张和实践，就分别在三个时代里上演过，又分别归于沉寂；再比如当年梁启超对从表达方式的角度阅读古文、充分借鉴写作经验有许多很好的做法和建议，但是这类遗产在今天反而遗失了。对推进写作教学来说，这是十分可惜的。还有就是，有一些主张和探索被我们反复推倒重来，比如对写作教学的可为与不可为的讨论，关于写作知识对写作教学作用的讨论，乃至关于工具性与人文性关系的讨论，就反复进行过好几轮，并且很多讨论并没有将对问题的认识推进一步，而是每每回到起点。这也是我们的写作教学研究长期徘徊不前的重要原因之一。

写作是人类最复杂的智力活动之一，在世界范围内，人们掌握写作教学规律的进展十分缓慢。以掌握一门学科内在规律为标准和以达到写作教学效果的理想境界为目的的话，迄今为止，人类要说洞悉写作活动的终极规律当然是不可为的。但从人类的写作教学实践效果来看，中外语文课程都把写作列为重要内容，这从一方面肯定了语文教师工作的价值；另一方面，写作教学研究是在理想境界与现实需求之间持一种话语，以尽量拉近两者的距离，推进写作教学，也以此获得专业和职业的自立。笔者很欣赏“知其不可为而为”的做法，这句话也适用于人们探索写作教学的态度。而从个人能力与人类写作经验这两层意义上说，本书是一本有限的书，也是一本对写作教学有持续兴趣并继续探索的书，想到这里，笔者也就不顾有许多章节还没有完善，就急于把它奉献给同行，这既是对笔者以前的探索成果的检验，也是对笔者未来的写作教学研究的一种鞭策。

第一章　写作与思维

思维不仅是人类智力结构中的核心能力，还是人之所以称为人的主要标志。杜威说“思维是避免单纯冲动或单纯惯动的唯一方法”[1]，因为没有思维能力的动物只会凭其本能而行动，因而是被动的、盲目的。这样的行动者看不到或者预见不到其行动的最终结果以及以不同方式行动将会造成的不同，也就是“不知其所为为何为”。而“有思维力的人就能够根据尚未出现的和未来的事物采取相应行动……是按照（至少是在某种程度上按照）他间接意识到的某种较遥远的目标而采取行动”[2]，正是这种思维力，使得人类越来越远离早年的动物伙伴。本章将专门讨论写作教学中的思维问题。

[1] 杜威. 我们如何思维［M］. 伍中友，译. 北京：新华出版社，2014：21.

[2] 同［1］.

第一节　写作能力发展与思维培养

人类所有的智力活动都与思维有关，写作活动自然也不例外。因此，从事写作教学的人也需要适当知道思维与写作的关系，了解一点有关思维的知识才好。

一、思维与语言学习的关系

工业革命以后，智力活动在人类发展中所起的作用越来越大。进入21世纪以后，知识经济使得科技竞争成为主要的国际竞争方式，而科技竞争的主要内容是教育竞争，即人才培养和智力开发。这在某种程度上使得世界的竞争成了思维的竞争。语文在所有学科中地位特殊，被誉为“基础中的基础”。语文学科中思维能力的培养不仅关系到本学科的学习状况，对其他学科的学习也会有重要影响。因此，正确认识思维训练对语文学习的意义，在平常的听说读写活动中适当融入思维训练的内容，对提高语文学科的学习效率，促进其他学科的学习，实现学生的终身发展，都具有重要意义[1]。人们对思维所下的定义不下百种，一般认为，思维是人脑对客观现实的本质和事物内在规律性的概括的、间接的、有目的的反映，它以已有的知识经验为基础，以语言为中介[2]。

思维能力培养与语文学习的关系十分密切，这是由语言和思维的特殊关系所决定的。杜威指出，对语言与思维关系的认识，存在三种基本观点，“第一，认为二者是等同的；第二，认为文字是思维的外表和衣服，思维本身并不需要语言，只有当传递思维时，语言才是必要的；第三（这是我们这里所要坚持的观点），认为尽管语言并不是思维，但它对于交流思想，以及对于思维本身来讲却是必需的”[3]。杜威自己是认同第三种看法的。现代语言学进一步确认，在人的智力活动中，语言与思维应该是一体两面的关

[1] 彭华生. 语文教学思维论［M］. 南宁：广西教育出版社，1996：前言.

[2] 同［1］3.

[3] 杜威. 我们如何思维［M］. 伍中友，译. 北京：新华出版社，2014：140.

系，“语言是思维的载体，思维是语言的内容”[1]。语言是思维表达的工具，离开了语言，人的思维表达活动将难以进行；反过来，语言依靠思维才能不断产生各种意义，没有思维，语言就好像是一堆随意存放的字符。当然，这里的语言不仅仅指纯粹的文字和语音，也包括其他具有表意功能的符号。系统功能语言学家韩礼德认为，语言是人类在进化过程中逐渐发展出来的一套社会符号和意义系统。维果斯基指出：“思维与语言的关系，不是一件事情，而是一个过程，是从思维到语言和语言到思维的连续往复运动。在这个过程中，思维与语言的关系经历了变化，这些变化本身在功能意义上可以被视作一种发展。思维不仅仅用语言来表达，思维是通过语言才开始产生并存在的。”[2]

二、现代语文教育对思维训练的要求

语言与思维之间这种密切的依存关系赋予了语文学习一种特殊的育人使命：语文学习在使学生获得语言素养的同时，也发展学生应有的思维能力。《义务教育语文课程标准（2022 年版）》在课程性质、课程理念、课程目标、课程内容等部分反复强调思维培养的重要性，并把“思维能力”与“文化自信、语言运用、审美创造”并列起来，构成核心素养的四个方面，凸显思维发展的重要性，在具体阐述时，指出“思维能力是指学生在语文学习过程中的联想想象、分析比较、归纳判断等认知表现，主要包括直觉思维、形象思维、逻辑思维、辩证思维和创造思维。思维具有一定的敏捷性、灵活性、深刻性、独创性、批判性。有好奇心、求知欲，崇尚真知，勇于探索创新，养成积极思考的习惯”[3]。该论述中对义务教育阶段思维培养给出明确的规定，其中五种思维类型和思维的五个特点应是学生在语文学习过程需要发展的。在此之前，《普通高中语文课程标准（2017 年版）》就已经把“思维发展与提升”作为核心素养四个方面中的一个方面，并阐述了思维发展与语

[1] 李衍华. 逻辑 · 语法 · 修辞［M］. 北京：北京大学出版社，2011：87.

[2] 维果斯基. 思维与语言［M］. 李维，译. 杭州：浙江教育出版社，1997：136.

[3] 中华人民共和国教育部. 义务教育语文课程标准（2022年版）［S］. 北京：北京师范大学出版社，2022：5.

言能力培养的关系。这些都从课程的层面体现了对学生思维能力培养的重视。

近年编写出版的语文教材，在写作内容方面也开始注意思维导向。统编语文教材七年级上册有"思路要清晰"的知识介绍，对"思路清晰"的具体要求是"条理清楚，层次分明"，具体从三个方面入手：一是整体构思，二是确定写作顺序，三是列提纲。其中，"整体构思"要完成明确中心思想、决定材料取舍、构建整体结构等思维流程，要根据文体和材料确定选择时间、空间还是逻辑顺序进行写作；"列提纲"要将文章各部分的内容要点呈现出来[1]。另外，语文教材在"如何突出中心""发挥联想和想象""抓住细节""怎样选材"等写作专题中，也有不少指向思维训练的知识。

《普通高中课程标准实验教科书·语文·文章写作与修改》设有"写作的多样性与独特性""材料的使用与处理""认识的深化与成篇""文章的修改与完善"共四章十二节内容，其中涉及思维的有四节，分别为"联想与想象"、"捕捉'动情点'"、"理性思维的深化"（感知需要理性分析，做恰当的说明与概括，梳理思路）、"培养创新意识"（开拓思路，变换视角，寻求新的形式）[2]。

与此相应，近年来高考作文的评价标准也慢慢发生变化，即由原来的强调语言转向突出思维品质。上海地区高考作文题的命题趋势尤为明显（见表 1-1）：

[1] 温儒敏. 义务教育教科书·语文：七年级（上册）[M]. 北京：人民教育出版社，2016：87-88.

[2] 人民教育出版社，课程教材研究所，中学语文课程教材研究开发中心，等. 普通高中课程标准实验教科书·语文·文章写作与修改（选修）[M]. 北京：人民教育出版社，2006：7-9，42-44，48-50，54-57.

表1-1 2006—2022年上海地区高考作文题命题趋势

年份	题目或材料中的关键词	题型	视角或观点的示例
2006	我想握住你的手	命题作文	拟想的抒情主人公“我”对“你”抒发某种强烈的情感
2007	必须跨过这道坎	命题作文	克服某个较大的障碍或困难
2008	他们	命题作文	关注某一类人“他们”，描述这一群体的特点等
2009	郑板桥书法的启示	材料作文	博取与创新；继承与发展；共性与个性
2010	丹麦人钓鱼与孟子名言对当下的启示	材料作文	环境保护要有可持续性；制度的原则性与操作性；文明素质与规则执行
2011	谈对“一切都会过去”和“一切都不会过去”两句话的思考	材料作文	勇于向前看；经历永留痕；辩证（记住该记住的，忘记该忘记的）
2012	谈“心灵的微光”	材料作文	小目标与大成就；想法与行动
2013	谈“重要的事”与“更重要的事”	材料作文	个体与社会；当下与未来
2014	谈“穿越沙漠的自由与约束”	材料作文	自由与约束；限制与超越
2015	谈“坚硬”与“柔软”	材料作文	性格的刚与柔；讲原则与讲人情
2016	谈“评价他人”现象	材料作文	如何评价他人；怎样对待别人的评价
2017	谈“预测”	材料作文	严谨与率性；设想与适应变化
2018	谈“需要”与“被需要”	材料作文	主体与客体，我与他人的关系；需要与被需要的关系
2019	谈“中国味”	材料作文	中国与世界的关系；比较中凸显特性和价值
2020	“人能否掌控事物的重大变化”	材料作文	人的主观意志与外部世界的变化；渐变与突变
2021	谈“时间与价值”	材料作文	时间与价值的关系；价值观与价值大小
2022	谈“喜欢发问”与“看重结论”	材料作文	问题与答案、出发点与目的的关系；成熟的悖论；对教育的反思

从以上梳理可以看出，2009年以来，上海高考作文题目有四个明显的特点：（1）以材料作文为主；（2）题目中多包含二元对立的一组概念；（3）有从多个角度思考问题的空间；（4）不预设观点（表中“视角或观点的示例”这一栏目内容只是比较扣题的一部分思考角度或写作思路，不是全部角度）。这类题目为写作教学提供了较好的重视思维训练的导向。正像上海试题分析报告所说的那样，上海“近几年的作文一向注重对学生思辨能力的考查，建议努力提高学生的思想水平，提高对生命、民族、自我、生活、知识等重要母题的认识水平，并在平时注重思维训练，努力提高思辨能力，思维过程应当注重逻辑严密、多角度、多层次，勤于思考，培养对社会现象、生活事件的独到的思维”[1]。

---

[1] 上海市教育考试院. 2015高考试题分析：上海卷（文科）[M]. 上海：上海教育出版社，2015：46.

第二节　与写作教学有关的思维概念辨析

人们在讨论思维这一话题时，经常使用一些概念，如逻辑思维、理性、规律等，这些概念本身都有广义和狭义之分，不同语境中它们在表意上有交叉关系。因此，日常交流中甚至在不少学术场合上，人们经常将它们彼此借代或者混用。实际上，这些概念无论在描述思维的层次还是侧重点上，都存在差异。如果不理清这些概念之间的关系，不清楚言说是在哪一层面使用概念，在使用中就会产生误解。若再用这些理解去指导教学设计和教学实施，就会产生混乱。轻则使师生理解困难，以为思维本身是说不清楚的东西，进而对它产生拒斥心理，从而严重影响学习效果；重则会误导学生，给他们的写作思路和表达带来混乱。因此，首先需要对它们做些辨析。

一、容易误解的几组概念

（一）有意思维和无意思维

广义的思维是言语符号或信息在人的大脑里的组织及流动过程。有的流动过程是人的意识能觉察得到甚至是可以控制的，我们把它叫作“有意思维”；而不能觉察和控制的思维我们称之为“无意思维”或“下意识”；介于两者之间还有一个“灵感”（或“灵感思维”）。“灵感”其实是隐藏了思维意图的信息组织过程。从一般意义上说，思维主要指有意思维，中学学习中能够训练的主要也是有意思维，因为它是相对“看得见摸得着”的。但是，如果因此得出结论——语文学习中的思维训练就是有意思维训练，从学理上看，这一观点仍值得商榷，也不符合语文学习的实际情况。依据有如下几点：

1. 母语学习的特点。

母语学习很多时候依赖大量“前知识”和情境性信息。比如对“他”这一概念的学习，儿童在牙牙学语之始，会以为“他”仅指代旁边某一个具体的人；后来才明白“他”代表“你”“我”之外的所有人；再后来，在认识并书写“他”这个字时，就会联想起以前的经验，从而建构起一个完整的概念。对这名儿童来说，前面这些经验，对学习“他”就是一种“前知识”。而关于“他”的“前知识”往往是在无意中得来的，围绕“他”这一概念认知的思维发展，在很大程度上也是在无意中进行的，这就是母语。当然，这种“前知识”在其他学科学习中也存在，但在母语学习中的作用非常突出。母语学习还有一个显著的特点：儿童对某个词语、某种表达的记忆，往往与他第一次接触这个词语和说法的具体情境——一个画面、一则故事、一次经历有关。而某一情境与某一词语的关系，很多是随机发生的，两者之间并没有固定的组合规律，儿童是在无意中记住的。

2. 汉语言文字的特点。

汉字是从象形文字发展而来的，汉字及用汉字书写的篇章中，有大量具有形象性、故事性、情感性的信息，在汉语学习及使用过程中，从识字到阅读，从构思到表达，从语感获得到言语运用，人们都会受这些信息的影响，也就是说，汉语学习中的思维活动存在大量没有明确目的、没有既定思维指向，但却可能深刻影响人们的认知和思维建构的活动。

3. 语文学习的基本模式。

长期以来，语文学习形成了一种相对固定的模式，这种模式有四个主要的特点。第一，阅读材料以文学作品为主。譬如，国内人教版初中语文教材中，文学作品及泛文学作品占所有篇目的比例为80%；高中教材中的文学作品略少，但也超过总篇目的六成，形象思维方式占有很高的比重。第二，学习内容不是以具有清晰的逻辑关系的学科知识体系为结构线索，而是以散点式的篇目或主题为结构线索，前后内容之间没有直接明确的支撑关系；培养目的人文性与工具性并重，以感悟建构为主。到目前为止，人类仍然没有完全掌握语感获得的原理，不能清晰地描述其机制，也没有把握控制其学习过程。第三，在语文学习的主要活动——阅读理解中大量使用移情、投射等方式，这些都是适合文学阅读的方式，不太适合用因果逻辑来解释其关系。第四，语文写作中，似乎主要是有意思维在起作用，但在实际写作活动中，会有许多创造性思维的存在，要运用自由联想与想象，许多时候还有灵感的产生。在上述这些思维活动类型中，有意思维只起部分作用。在写作中，冥思苦想不一定有用，而“有心栽花花不开，无心插柳柳成荫”则是常有的事。有些时候，无意思维可以激发灵感，给写作带来更大的价值。

总之，语文活动里的思维类型复杂多样，写作中运用的思维方式并不完全属于有意思维的范围，那么通过写作教学所能促成的，自然也不全是有意思维和逻辑思维了。

（二）形象思维与逻辑思维

在日常话语中，我们经常将形象思维和逻辑思维并举。另外，还可以听到“艺术思维”“科学思维”等许多不同的名词，这些名词之间是什么关系呢？

形象思维指主要借助直觉的形象来感知世界、表达主观态度和思想情感的思维方式。逻辑思维指主要借助概念、判断和推理来表征客观世界，表达对世界的理解的思维方式。

有时，人们把形象思维称作直觉思维、感性思维、艺术思维或整体思维。这组名词可以视作近义词，但强调的侧重点不一样。如直觉思维强调的是认知方式，感性思维强调的是认知态度，形象思维强调的是认知符号，艺术思维强调的是认知功能和目的。

人们也会把逻辑思维称作科学思维、抽象思维、理性思维、分析思维等。这组名词可以视作近义词，但强调的侧重点不一样。如逻辑思维强调认知过程的特点，科学思维强调的是认知功能和目的，抽象思维强调的是认知符号，理性思维强调的是认知态度，分析思维强调的是认知路径和策略。

在生活或某些工作中，人们喜欢把两个相对的概念放在一起对比使用。按一般的习惯，形象思维对抽象思维，直觉思维对逻辑思维，感性思维对理性思维，艺术思维对科学思维，整体思维对分析思维。不过，由于同一类概念内涵相近，使用时有时可以互相替换，较多的情况是将形象思维与逻辑思维相配。

在使用近义词替换时应注意，这些近义替换的表述方式并不十分严谨，比如形象思维与艺术思维只有在艺术话语中才是“全等”关系，在人类学中就不全等，如原始人用形象思维思考安全问题就不属于艺术活动。反过来，艺术活动中自然也不全是形象思维，比如油画中常用的透视法就属于科学思维。有的人写小说、编剧本之前会先做人物性格分析，这用的可能是社会学方法。

在感知世界与表达交流信息时，语言文字具有多重意味和功能。人们既可以将语言文字写成文学作品，艺术地把握世界、传达情感，也可以用它准确地传递对客观世界的研究成果。有学者认为，“根据语文的学科特点，在语文学习的过程中，形象思维是起主要作用的思维类型”，其理由是，“在语文教学中，无论阅读还是写作，其实都是学生通过艺术形象来把握和体验现实的思维活动”[1]。显然，认为语文思维主要是形象思维，并不符合语文学科的性质，毕竟语文教育不等于文学教育。另外，如此定义也容易使语文教育价值过于单一，不利于培养学生的综合素质。

有的学者用“思维”一词来代替逻辑思维，“我们所说的思维，就是指逻辑思维，也叫理论思维”[2]，“思维是人的认识过程的理性阶段，即运用概念、判断和推理来反映客观事物本质和规律的认识过程”[3]。在这里，两位学者都对思维的内涵进行了狭义的理解，即把它完全等同于逻辑思维。在语文学习活动中，如果按照这样的定义设计语文思维教学的内容，无疑将语文思维方式等同于数学、物理等自然学科的思维方式，忽视语文学科的特殊性，这对培养学生全面的思维品质是不利的。

关于形象思维和逻辑思维的关系，还有两种说法很容易引起误解，应加以注意。

1. 形象思维是思维的低级阶段，逻辑思维是思维的高级阶段。

从人类思维产生的时间来看，抽象的逻辑思维要远远晚于形象思维。但是，正如庞加莱所言，“逻辑是证明的工具，直觉是发现的工具”，不同思维方式的特点和功能不同，但不同思维方式之间并没有绝对的高低之分，“抽象”并不等于“高级”，“形象”也不等于“低级”。否则，可能就会得出“科学思维”高于“艺术思维”的结论，进而再推导出“科学”高于“艺

[1] 郅庭瑾. 教会学生思维［M］. 北京：教育科学出版社，2001：186-187.
[2] 朱智贤，林崇德. 思维发展心理学［M］. 北京：北京师范大学出版社，1986：14.
[3] 李衍华. 逻辑·语法·修辞［M］. 北京：北京大学出版社，2011：8.

术”的结论，这自然是站不住脚的。事实上，直觉思维在迅速把握事物的特点上也有重大价值。譬如2016年，人工智能机器人“阿尔法围棋”(AlphaGo)打败了职业棋手，它之所以有如此强大的战斗力，一个重要原因就是其设计思路舍弃了原来那种试图穷尽围棋所有走法的逻辑思维模式而部分地借鉴人类选手的思路：用直觉思维来判断大局，用逻辑思维穷尽局部招法，两种思维的优势各自得到彰显。在教学中需要特别注意形象思维和逻辑思维的辩证关系，以免误导学生。

2. 形象思维与逻辑思维是截然对立的。

我们经常把形象思维和逻辑思维对举，这有时给人一种错觉，好像它们是截然对立的。其实区分形象思维与逻辑思维的概念，更多的是从研究需要出发的。形象思维与逻辑思维的进化是一种连续的谱线，其差别是相对的、具体的，许多时候很难截然区分；一个人在从事一项智力活动时，会同时启动和运用多种思维方式，且很难将它们彼此剥离开。李泽厚就论证道：艺术创作比如典型形象的创造，就需要进行大量的抽象活动。而逻辑思维结果也往往使用许多形象化表达。语文学习活动也是一样的，在教学中，可做一些具体的思维方法的训练，但不应纠缠某一处写作到底属于什么思维方式。

（三）关于批判性思维

最近几年，批判性思维成为语文学习领域的一个热词，有关批判性思维的写作教学经验介绍也不时见于各种媒体。不过，对批判性思维这一概念的理解要准确才好，如果过分夸大其与一般思维方式的差异，很容易形成认识误区，从而进一步造成思维教学方向的偏差。

容易存在的理解误区有以下几个：

1. 批判性思维是致力于论战、质疑、反驳、否定、斗争的。

这是一种较早的对批判性思维的误解，可能是受历史上遗留的对“大革命”“大批判”等词语的片面理解的影响。实际上，“批判”与“批评”一样，是一个中性的词语，有审视、辨别、理解、分析、质疑、反思等含义。批判性思维主张对思考研究的对象持一种客观立场、理性态度和平等视角，对思考研究过程进行有效控制，同时又把思考主体和思考过程也纳入审视范围。批判性思维其实是一种现代版科学思维。

2. 批判性思维是不同于以往思维方式的一种全新的思维方式。

批判性思维是“对一些观点的证据进行评价，从而得出合理结论的反思”，它“可以包括演绎推理、归纳推理和日常推理”，其主要内容有“区别论据与非论据，确定核心问题，评价证据的性质，根据理论做出预测，提出良好的假设，构成有力的论证”[1]。

中国学者对批判性思维的描述是：（1）抓住中心思想和议题；（2）判断证据的准确性和可靠性；（3）判断推理的质量和逻辑一致性；（4）察觉出那些已经明说或未加明说的偏见、立场、意图、假设及观点；（5）从多种角度考察合理性；（6）在更大的背景下检验适用性；（7）评定事物的价值和意义；（8）预测可能的后果等。[2]

批判性思维的这些内涵，其实与科学思维或理性思维的要求几乎完全重合。准确的理解是，批判性思维是科学思维或理性思维的一部分，科学思维（分析思维、逻辑思维）已经包括了批判性思维的全部含义。批判性思维是与西方科学（分析）思维一起发展出来的，甚至也可以说是科学思维的代名词。20世纪中期以后，西方学者之所以强调批判性思维，主要是由于研究对象日益复杂，许多研究都要基于他人的研究基础，研究者的背景和立场对研究结论的影响等不容忽视，因而要强调思维中的反思成分，以使研究起点更可靠，思考过程更缜密，结论更科学、更经得住考验。因此，批判性思维并不是一种新的思维方式。以科特拉·科特雷尔的批判性论说文内容框架为例：

- 对该话题的澄清。
- 陈述你自己的立场。
- 分析支持你方立场的论辩。
- 分析并反驳反方论辩。
- 可能的综合总结。[3]

---

[1] 本斯利. 心理学批判性思维［M］. 李小平，等译. 北京：中国轻工业出版社，2005：序言.

[2] 刘儒德. 论批判性思维的意义和内涵［J］. 高等师范教育研究，2000，12（1）：56-61.

[3] 科特雷尔. 批判性思维训练手册［M］. 李天竹，译. 北京：北京大学出版社，2012：237.

这则批判性思维论说文模板与中国常见的议论文写作要求并没有多少差异，或者说，批判性思维就是合理的思维、科学的思维。

国内部分学者认为，语文学习活动中引入批判性思维概念，有一个重要诉求——倡导学习者独立思考，但这与批判性思维的初衷并不一致。独立思考其实是所有思维活动的应有之义，也是思维得以有效展开的前提。不仅是批判性思维，理解性思维活动也必须借助独立思考；在以形象思维为主的文学艺术活动中，独立思考也很重要。因而培养独立思考意识不需要戴批判性思维这顶帽子。笔者认为，青少年正处于思维能力迅猛发展和思维方式快速建构期，中学语文教学中引入批判性思维，主要还在于让学生尽快熟悉成人的思考方式与研究规则，学会客观审视和理性表达，而这两点都是他们比较缺乏的。

3. 批判性思维最终导向一种公民立场和公共说理。

批判性思维的倡导者虽然十分警惕思考者的背景、立场对思考过程和结果产生的影响，主张把思考过程也纳入反思内容，但批判性思维的话语场合不一定有“公共”性，使用目的也不一定在向他人“说理”，因为批判性思维的运用与讨论的话题没有必然联系。公民身份和公共说理的概念只有在以公民身份讨论政治和社会话题时才能成立，而批判性思维既可以用来讨论社会问题，也可以用来从事天文、地理等自然科学研究，还能用来讨论家庭矛盾，以及用于对自我的反思。因此，把语文学习中的批判性思维教学狭隘地引向公民说理，无疑是自缚手足的做法。

二、写作思维的模型和知识谱系

有人说，思维（或意识、智力）的奥秘是人类智能在未知领域没有攻破的最后一个堡垒。如果能对思维活动的知识有相对清晰的了解和描述，就像写作学里原有的“五种表达方式”“记叙文的三要素”“议论文的三层次（提出问题、分析问题、解决问题）”，这样的知识框架虽未必完美却相当管用，教学设计就容易多了。

过去，的确有人尝试描绘出一份思维活动的知识能力构成或概念谱系，比如美国心理学家吉尔福特曾从成果、内容、操作等三个维度试图描绘人的“智力结构”，美国心理学家拉塞尔按材料、动机、能力、结果等四个层面描绘人的思维结构，加德纳从语言、数理逻辑、空间能力等维度定义人的多元智能结构，安德森等人按认知目标表征人类的认识能力，Hayes 和 Flower、Gould 和 Hume 等人提出写作过程模型。我国心理学家林崇德认为，“思维结构是多侧面、多形态、多水平、多联系”的，应从“思维的目的”“思维的过程”“思维材料或结果”“思维的监控或调节”“思维的品质”“认知因素与非认知因素”等六个层面理解思维结构。其中思维过程包括“分析和综合”“抽象和概括”“比较”“分类”；思维监控主要是元认知，包括定向、控制和调节；思维品质包括“敏捷性、灵活性、深刻性、独创性和批判性”[1]。这些理论能帮助我们从不同角度理解智能的特点或构成，但并不能直接用于指导写作教学中的思维训练，因为无论是思维概念结构图还是写作过程模型，呈现的要么是人类思维活动或写作活动可能涉及的全部领域的知识（如林崇德的思维结构），要么是对应然的写作活动过程的切片(如 Hayes 和 Flower 的写作过程模型)，要么是文章已经呈现出来的思维水平（如布鲁姆、安德森及比格斯的认知水平分类），但却都难以描绘一个人在写作中真实的思维活动（即信息流动状态）。对这个过程，章熊曾经有过精彩生动的描绘：在写作中，人的思维“要经历由模糊到清晰、由无序到有序、由整体到局部、由内部语言到外部语言的过程”，“各种信息、符号在大脑中不断地融会、碰撞、解体又重新组合，零星而来的发现都要在此受到检验、连缀、整合、升华，许多念头突然出现又转瞬即逝，紧接着又有许多念头蜂拥而至。这一过程要到最后完篇（有时还要经历反复修改）才结束”[2]。从这些描绘可以推测，一次写作活动不仅可能涉及人类所有的思维类型，而且始终变动不居。

以往的思维知识谱系或写作思维模型不能很好地解释写作中的思维活动，最重要的原因可能是，迄今为止，写作思维的本质规律并没有被我们所认识和掌握。写作思维训练的内容既不是纯粹的思维运作规律，

[1] 朱智贤，林崇德. 思维发展心理学［M］. 北京：北京师范大学出版社，1986：38.

[2] 章熊，徐慧琳，邓虹，等. 和高中老师谈写作教学［M］. 北京：人民教育出版社，2012：3.

如数学学科、逻辑学所描述的那样，也不是纯客观世界的规律，像物理学、化学学科呈现的那样；既不是纯语言符号的组织规律，像语文学科展示的那样，也不是情感意志的变化规律，像心理学揭示的那样；当然也不是主体和客体的认知关系，像哲学学科、认知学科那样。思维涉及人类所有的智能活动，但又时时显出神秘而不可控制的一面。

认知语言学认为，人类是通过各种认知模型来感知世界的，认知模型具有不可穷尽性、建立网络的倾向性和无处不在性[1]。建立在感知符号基础上的思维活动无疑更复杂。实际上感知符号、概念之间的结构关系既不是并列式，也不是递进式，而是多要素、多关系聚合在一起，形成一个超级网络那样的动态的超链接结构。在这个结构中，每一个概念或能力就像网络中的一个窗口，可大可小，有隐有显，似断还连，既独立又聚合，有时是支持关系，有时是抵消甚至冲突关系，一个概念可能是某系统中的一个下位元素，同时又可做该系统的上位背景。而人的主体意识只检测到这个超链接结构的部分状态，对系统的运行方向也只能起到部分检测和控制作用。

[1] 温格瑞尔，施密特. 认知语言学导论 [M]. 彭利贞，许国萍，赵微，译. 上海：复旦大学出版社，2009：54-55.

第三节　写作教学中思维培养理念的差异

在我国，人们很早就对思维与写作的关系有了比较自觉的认识。汉代的王充在《论衡》中就多次说到两者的关系，如“文由胸中出，心以文为表”，“思不至则笔不利”。刘勰的《文心雕龙》中说，“心生而立言，立言而文明”，“意授于思，言授于意”，“情者文之经，辞者理之纬。经正而后纬成，理定而后辞畅”。这里的心、思、理都是思想的意思。从写作学科教学的角度系统地思考思维和写作的关系的有20世纪初致力于现代语文教育探索的夏丏尊、叶圣陶等学者。叶圣陶指出，“作文之形式为文字，其内容实不出思想情感两端。以言思想，则积理必富而为文始佳”。杜威指出，思维教育的真正问题是将自然的思维能力转化为经受过检验的专业性的思维能力，将多多少少偶然出现的好奇心和零散的联想转化为时刻保持警觉的小心谨慎和贯彻始终的探索[1]。因此，写作教学的任务是，“宜令学者随时随地探求事物之精蕴，且必经己之思考而得答案。然后陈事说理自能确切而畅达”[2]。20世纪二三十年代，陈望道、夏丏尊、叶圣陶、阮真、朱自清等一批学者直接参与了写作教学活动规律的探讨，他们的努力不同于中国传统的写作教学，而是试图总结写作规律，即不仅告诉学生什么是好作文，怎样才能写成一篇好的作文，而且还试图向人们讲清楚人在写作过程中是怎么思考的。比如夏丏尊提出："一个意念有许多符号，我们在写作或说话中，应该怎样去使用这些符号呢？”他给了两个标准，“选择符号的积极标准是求适合情境。此外还有一个消极标准，就是求意念明确”[3]。这种从写作经验出发又不止于此，而是指导学生运用知识引导写作行为的做法，就有思维训练的成分。可惜的是，由于当时战乱频繁及后来的社会巨变，他们的探索没有得以持续和深入

---

[1] 杜威. 我们如何思维［M］. 伍中友，译. 北京：新华出版社，2014：51.

[2] 叶圣陶. 对于小学作文教授之意见［M］//中央教育科学研究所. 叶圣陶语文教育论集（下册）. 北京：教育科学出版社，1980：346.

[3] 夏丏尊. 意念的表出［M］//夏丏尊，叶圣陶. 文章讲话. 北京：中华书局，2007：88.

下去，这几乎成了中国语文教学史上一个永远无法弥补的遗憾。

重新将思维训练融入写作教学的探索开始于20世纪80年代初期，其应被看作中国教育改革“三个面向”的一部分。其间有许多语文教师将思维训练纳入写作教学计划，他们有的编写教材，有的搞教学实验，形成了一定的声势。不过，由于写作教学是一个难题，无论在心理机制研究、教学原理探索还是教学实践创新上都没有大的突破，而且在这段时间里，社会变迁带来的思潮波动也时常冲击语文教学。因此，三十多年里，写作教学中的思维训练探索起起伏伏，从整体上看，它们几乎被淹没在形形色色的新教育理论与众多亮眼的口号之中。近几年，中国教育界对外来的新理论、新主张的热度有所下降，培养语文核心素养的说法日渐清晰，类似于思维训练的涉及教育核心问题的价值又重新凸显。纵观改革开放三十多年来国内写作教育的实践，在写作教学的思维培养方面，存在或曾经有几种不同的观念，其主导思想不同，各自的做法也不一样。

一、写作教学的“整体素养”主张

思维虽然是以个体人为主体，由大脑自主进行的心理活动，但是人是社会性动物，其思维活动的起点，思维所运用的符号系统，思维的具体内容，思维的模式，思维活动的结果，都受到外部环境的多重影响。如果外部环境的影响过于强大或过于持久，外部环境所造成的信息过于单一或偏狭，处于该信息环境的个体的认知方式及思维品质发展就可能存在很大局限。中国社会历来是一个人际联系紧密，以群体利益为上，重视秩序和伦理的社会，这些特征无疑会对个体的行为及思想造成较大的影响。改革开放以来，虽然一些来自传统文化的因素，如儒家思想、师道尊严观念、家族孝道等受到了冲击，但群体利益、社会秩序为上的观念仍然在以不同形式发挥着作用。不仅如此，近三十年里，国内人才选拔机制也有考试化的趋势，单一的成功模式、知识至上、分数至上等对学生的语文学习和思维模式形成了新的束缚。因而写作教学的关键就是打破传统思维的束缚，鼓励独立思考，提升人文素质，通过大量高品质的阅读提高学生的思想境界。有了思想和阅读储备，写作水平的提高就水到渠成。我们不妨把这一主张称为“整体素养”观，其代表人物是复旦大学附属中学的特级教师黄玉峰。黄玉峰老师的语文教学口号是“教学生活得像个‘人’”，他的“像‘人’一样”的标准就是看学生会不会发现问题，能不能独立思考，敢不敢独抒己见，其核心是独立思考。他希望学生做到“对积累在脑子里的东西进行开放性的思考”[1]。他说：“我平时教作文的宗旨是放开手脚，其中既指放开思想的手脚，也指放开作文形式的手脚。”[2]放开思想以后，如何才能写好呢？黄玉峰老师的主张是学习古人的经验，让学生多读书、多思考、多写作。他反对给学生传授写作秘诀、写作技巧之类的东西，因为“大量的阅读、阅读原著，并且记忆之、运用之，正是学语文最快也是最有效的方法”，要“劳于读书，逸于作文”，“在学与思中，用前人思想的财富陶冶充实自己，让自己成为一个完善的人，最终得到一种生命的幸福感”[3]。

黄玉峰老师的语文教育观和写作教学主张不仅广受社会各界称赞，也得到理论研究者的支持。比较有影响的是福建师范大学的潘新和所主张的“生命存在”论。潘新和把对写作教育乃至语文教育目的的理解上升到了生命存在意义的高度。他认为，当下语文教学的目的应该从“重言语技能训练转向言语动机和人格的养育，从重语文素养的培养转向言语生命本性的养护，从重阅读转向重表现、重写作，发现并关注每一个个体的言语生命的成长，引领语言上的自我实现，促成每一个言语生命的最大发展”[4]。

语文教育价值观自然会影响写作知识观及写作教学主张。潘新和认为，在写作教学中，“观念重于方法，动机重于技能。扬起言语生命的风帆，热爱言说，勇于表现，走近读者，敞开自我，胜于苦心孤诣地‘三基’训练”[5]。潘新和赞同多读多写的写作教学主张，比如对于想象力的培养，

[1] 黄玉峰. 教学生活得像个“人”：我的大语文教学［M］. 上海：上海教育出版社，2011：145-147.

[2] 同［1］199.

[3] 诸灵康. 语文太重要：初中作文进阶［M］. 上海：上海科学技术文献出版社，2015：序言.

[4] 潘新和. 语文：表现与存在（下卷）［M］. 福州：福建人民出版社，2004：705.

[5] 同［4］837.

他认为，“想象力的提升，需要以深厚的积累为基础。一个知识渊博、阅历丰富、心灵充盈的人，总是比知识贫乏、经历有限、感情粗糙的人更容易产生新鲜而有价值的想象”[1]。

从写作教学取向看，以多读多写为学习手段，以培养人文素质和综合能力为目的的主张，有时也被称为“人文派”主张。在国内语文教育研究领域，无论是在教育研究的主流话语中，还是在教学第一线的教师中，这一派都获得了很多支持。这是因为它占据三个理论的制高点：第一，从育人本质看，在所有学科中，语文活动与生命活动的关系的确非常密切，语文学习对人文素养的养成，对生活观念的塑造，对生命存在价值的实现，都有巨大的意义；第二，从中国悠久的语文教育史来看，历代文豪硕儒多数是在重思想内容及靠多读多写和自我感悟的语文学习模式下培养出来的，相反，那种试图提炼写作知识、训练写作技巧的做法，与教八股文一样，被视为不成功的典型；第三，自20世纪80年代中期以后，语文学科与其他学科一样，学习方式深受应试教育之挤压，本应鲜活的语文学习活动被机械、无趣地做卷子所取代，而题海战术与重视知识、强调训练的语文学习规则很难脱离干系。那么让学生回到主要靠自主阅读、自我感悟、自由抒发来提升语文素养的学习方式上去，就成了纠正语文学习走向应试化错误，回归其育人本质的正路。

当然，许多人在写作教学及思维培养方式上主张少讲知识和技巧，让学生通过多读多写而自悟其妙，其中一个重要原因是受语文学习机制，尤其是写作机制方面不可知论的影响。的确，尽管20世纪末以来信息技术和认知科学有了飞速发展，但是，人类对大脑这个堪称人体中最复杂的器官的研究，进展仍然不算大。目前，人类连记忆的原理都没有破译，更不用说怎样生成情感、形成概念、完成推理、做出价值判断、进行创造性联想及相应的语言表达等更高级的思维活动了，而写作活动恰恰就建立在这些高级思维活动之上。既然我们没有掌握思维的原理，对语言与思维的规律知之甚少，就不能据此盲目地指导学生。就拿写作中常见的“想象”活动为例，不少人认为“从某种意义上说，想象

[1] 潘新和. 语文：表现与存在（下卷）[M]. 福州：福建人民出版社，2004：1110.

的心理机制是无可言喻的。想象力是原生性的才具，是智慧的灵光一现。想象力只可养护，难以培养”[1]。正因为“言说不是教会的”，语文教师能做的就是尊重每一名学生的言语动机，努力开发其潜能；陶铸学生的言语人格，使其告别虚伪；引导学生沉潜于读写，在语言实践中培养语感[2]。

“整体素养”主张一方面抓住了语文学习的育人本质，体现了语文教师的使命感，另一方面又切中应试教育的弊端，表达出对语文教育中存在的重考试分数、轻学生素质的现象的担忧，因而往往能引起社会舆论的关注，并常常在每年的高考前后引发一场讨论。不过，上面所述的支撑“整体素养”主张的依据，换一个角度看，又恰恰可以做另外一种解读，还可能成为“整体素养”主张的致命弱点。首先，看如何理解“育人教育目的论”。把“培养独立思想、健全人格，实现生命存在价值”列为语文学习的最终目标当然是不错的，但“解放人、培养人、完善人”不仅是一切教育活动的最终目标，还是所有社会活动的最终目标。这一综合的和最终的目标的实现要以众多不同学科的不同能力目标作为保障，由不同的阶段目标逐渐积累去完成。总目标与分目标的关系是，总目标引领分目标，分目标支撑总目标，而不是互相对立和否定。其次，看如何对待传统语文学习的遗产问题。传统的让学生多读多写、水到渠成地获得思考能力和表达能力的语文学习做法培养出了一些富有思想、善于表达的杰出人才，这是毫无疑义的，但是这种学习模式整体上更适合知识总量少、生活节奏慢的农业社会。如今，随着知识量的剧增，学科门类也越来越多，一个人投入单一学科学习的时间和精力会越来越少，依靠学生自主地多读多写来获得足够的语言和思维经验的前提已经越来越没有保障。因此，对语文学习效率的要求自然会越来越高，这一变化主要是社会生活方式的变迁带来的。再者，怎样理解语言、意识及思维奥秘的不可知与思维教学的可操作性的矛盾也是理解两种观点分歧的关键。的确，人脑是人体中

---

[1] 潘新和. 语文：表现与存在（下卷）[M]. 福州：福建人民出版社，2004：1111.
[2] 同 [1] 763-836.

最精妙、最复杂的器官，虽然最先进的脑电化学在探测脑功能方面有许多突破性进展，但到目前为止，科学家对大脑的认识也还停留在不同脑区的功能定位的层面，距离建构起完整的人脑思维工作的模型尚十分遥远。尽管如此，这些研究成果已经足够支持有计划的语言和思维训练会增进大脑神经系统发育、提高大脑在相应领域的思维品质的说法。

从物质层面来说，大脑内有成百上千亿个神经元，每个神经元依靠若干个突触与周围的神经元建立联结，从而传递信号。研究发现，这些神经元的突触并非与生俱来，其数量也不是固定不变的，而是存在大量减少或增加的现象，突触的减少和增加现象会伴随人的一生。一个显著的例子是，在所有听力障碍者的大脑里，某些正常加工听觉信息的皮质会被组织起来加工视觉信息。另一项有名的实验“受打击脑受损训练”也表明，“有效的教学原则能够导致功能的部分或全部恢复”。这些研究说明，“具体类型的教学可以修改大脑，使大脑能够选择性地感知输入来完成适应性任务”[1]。纵观以往的相关研究，可以得出这样几个结论：(1)学习能改变大脑的物质结构，这些结构的变化改变了大脑的功能组织；(2)大脑部分组织及功能的改变，在一定程度上会影响人的思维方式；(3)有目的的学习或指向性清楚的训练会促进大脑物质结构及功能改变这一进程的发生。生活中，有人称赞英语（第二语言）学得好的人，说“他已经开始用英语的思维方式思考问题”，这就是通过有效的学习改变思维方式的例子。

就语文学习中的价值来说，“多读多写”当然也会促成语言与思维能力的发展，但它与遵循规律、重视方法、有目的的学习与训练的区别只在于学习的效率而已。对“整体素养”主张最大的挑战也来自社会对语文学习效率的追求。主张多读多写、少做写作方法指导的教师对应试教育的反应最为激烈，但在应试需求迫切的学生、家长及学校的升学压力面前，“整体素养”主张往往处于弱势地位。事实上，几乎没有人真正否认语文教育的最终目的是“培养人”和“成就人”，也不会有人泛泛地

---

[1] 布兰思福特，布朗，科金，等. 人是如何学习的：大脑、心理、经验及学校［M］. 程可拉，孙亚玲，王旭卿，译. 上海：华东师范大学出版社，2002：131-137.

反对“多读书、多写作”的写作教学主张。只是，在社会竞争日益加剧、人才培养越来越快的社会环境下，无论是言语能力、人文精神，还是思维能力培养，如果不顾社会大环境对学习效率的要求，只泛泛地号召学生在写作中大胆地表现自己的思想，只要求学生拥有新颖的立意、独特的思考、严密的逻辑性，却不会在教学中具体地教学生怎样表现独特的思想及如何提高思维能力，那么语文学习的许多目的就难以达成。

二、思维训练的“科学化”追求

如果“整体素养”主张代表语文教育中的理想或浪漫主义的话，那么追求“科学化”所代表的就是语文教育中的现实或理性主义。所谓“科学化”，就是把写作活动当作一个客观对象去研究，总结经验、摸索规律，然后按照一套“规律”开展教学。20世纪二三十年代，受西方学科思维方式的影响，夏丏尊、叶圣陶等语文教育前辈开始用科学思维方式对传统语文教学方式进行现代化改造，主要体现在对写作要素的分解和写作过程的细分两个层面，其中在写作要素的分解中产生了“思想训练”的主张。1924年，叶圣陶在《作文论》中将写作内容分为本体、源头、组织、文体、表达（叙述、议论、抒情、描写、修辞）进行阐述。在“源头”这一部分中，他明确指出，写作好的前提是生活充实，而“要使生活向着充实的路，有两个致力的目标，就是训练思想与培养情感”[1]。不过，此时叶圣陶心目中思维的含义，取自胡适所介绍的杜威实证思维，“是要使人有真切的经验来作假设的来源；使人有批评、判断种种假设的能力；使人能造出方法来证明假设的是非真假”[2]，它对写作学习的主要价值是使人能更好地考察社会，多获得生活经验。“经验越丰富，则思想进行时假设的来源愈广，批评、判断种种假设的能力愈强，造出方法以证明假设的是非真假也愈有把握。”[3]这说明，20世纪三四十年代人

[1] 叶圣陶. 作文论［M］// 中央教育科学研究所. 叶圣陶语文教育论集（下册）. 北京：教育科学出版，1980：360.

[2] 中央教育科学研究所. 叶圣陶语文教育论集（下册）［M］. 北京：教育科学出版社，1980：361.

[3] 同[1] 362.

们对思维训练之于写作意义的认识已经相当深刻，即思维训练关乎人们对外在事物的认识能力和判断能力。这就把思维训练的意义定位于认知层面，而不仅仅是单纯的语言表达能力。后来，这种思想在语文教育界得到继承，1962年，张志公指出，要提高学生的写作水平，“怕是要在两方面着力。一方面是训练思想，一方面是训练基本功”。而训练思想包括三项内容，“要不断地培养学生观察事物、认识事物、辨别事物的能力；要使学生的思路越来越敏捷活泼；要使学生思考问题越来越有条理”[1]。就思维训练这三项具体内容而言，张志公与叶圣陶的思想一脉相承。

20世纪80年代初期，为加快我国的现代化建设，改革落后的教育教学观念，加快现代化建设需要的人才的培养，成为我国教育行业工作的主旋律。出于提高语文教学效率和提升学生素质的双重需要，借助科学的思维方法对学生的写作及思维能力进行专门训练的设想便应运而生。代表人物有章熊、常青、陆继椿、刘朏朏等。章熊提出，“我们的教学应该立足于这样一个基本点上：语文教学的基本任务应该是使学生思维清晰，语言准确”，而且“应该把语言与思维的训练放在首位”[2]。针对如何进行思维训练的问题，章熊在《语言和思维的训练》中提出，“语言和思维能力的培养应该有科学的方法”，应该“搞一些分解动作”，“分散矛盾，编制一些有针对性的训练专题和练习”，“把语言、逻辑和一部分修辞学的内容与人的思维过程联系起来考察，把这些学科的研究和青少年的教育、教学活动结合起来，使之具有一定的实践性”[3]。章熊对语言与思维训练的认识可以用四个关键词来描述，即独立性、科学性、综合性、实践性。所谓独立性，就是让思维从依附于语文学科的听说读写内容中独立出来，单独作为学习内容，进行专门训练；所谓科学性，就是借鉴科学研究的思路来分析写作中的思维任务；所谓综合性，是指思维虽然可以单独训练，但是必须回到言语实践中，把思维训练与阅读、写作、其他学科学习、

[1] 张志公. 张志公文集（3）：语文教学论集［M］. 广州：广东教育出版社，1988：251.

[2] 章熊. 语言和思维的训练［M］. 上海：上海教育出版社，1983：序言.

[3] 同［2］.

整个学校教育与生活实践结合起来；所谓实践性，就是要把语言与思维的设想落实为课程内容和训练步骤，便于教师在教学中具体实施。章熊在写作教学及思维训练科学化方面的探索抓住了影响写作教学和思维发展的效率问题，尤其值得认真总结。

写作教学及思维训练要走科学化之路，首先需要对与写作活动本质和有关思维训练的核心概念有确实的把握，这是设计有效的教学策略的前提。章熊把议论文写作过程理解为“思想材料的序列化”，“我们写作前常常需要排列提纲，提纲的排列，就是使思想材料排列有序，思路才能清晰”，“一切思想材料的排列都不外乎时间、空间和逻辑这三种顺序以及这三种顺序的综合运用”[1]。章熊的观点比较准确地抓住了议论文这一文体的本质特征，为教学内容结构化奠定了基础。其次，是对学科内容做学科分解，即把笼统的写作活动分解为若干要素，分别研究不同要素的特点和作用规律，针对不同要素设计分项目标，开展各个击破的教学，让学生一项项地掌握局部的思维方法和写作技能，最后再通过写作实践达成培养学生思维能力和整体写作素养的目的。譬如关于说明文写作思路的认识，章熊认为，在说明的过程中，需要分析和综合两种思维，“一个整体被分解为若干局部，变成了一定数量的细节，这就是分析”，为了“帮助读者了解细节之间的内在联系，我们就要在文章的恰当地方进行归纳、概括和总结，这种归纳、概括和总结就是综合”，而“分析和综合，就构成了说明的基本思维格式和结构形式”[2]。通过训练，学生的这两种思维能力有所提高，整体思维能力和说明文写作能力也就有了保障。

章熊的《语言和思维的训练》第一次试图从思维特点的角度认识说明文等一些文体的内在结构，即思维特征为文章的内在逻辑，格式为文章的外在形式，并试图按此寻找提高思维能力和进行写作训练的科学路径。应该说，在 20 世纪 80 年代初，章熊对写作教学就有这样的认识和追求，是难能可贵的。

[1] 章熊. 语言和思维的训练 [M]. 上海：上海教育出版社，1983：164-165.
[2] 同 [1] 5.

不过，以今天的眼光来看，《语言和思维的训练》对写作技能和思维活动的区分仍然不够明显，有时合二为一，有时实指写作本身。另外，在呈现方式上，该书采用的是知识短文或知识漫谈的形式，在科学的严谨性与教学的操作性方面都有待提高。总体来看，虽然如章熊所说，当时写作及思维的科学训练“还是一个理想”，“带有某种幻想的成分”，但几位教师的探索已经触及写作教学中思维训练的核心问题。

20 世纪 80 年代中期开始，国内写作教学中思维训练的科学路径探索都以知识框架建构为先导，以规律探索为路径，以定点训练为手段，但在用力方向上略有不同，大体上沿着三个方向展开：一是以整个语文学习活动为研究对象来建构知识体系和学习内容，以语文素养整体提高带动思维品质提高；二是聚焦于写作活动，以写作活动过程中涉及的知识为框架来建构学习内容，使写作水平与思维能力互相促进；三是聚焦于思维活动本身，以思维学科知识为线索建构学习内容，直接促进思维品质的提升。三种做法各具特色，在写作教学探索中各领风骚。

第一种做法以语文学科知识为结构线索，将思维训练融进读写能力培养中。这种做法以陆继椿的“双分教学”思想为代表，“双分”即“分类集中、分阶段训练”。20 世纪末开始，再像古人那样广种薄收地学语文已经不可能满足人们快节奏、高效率的学习需要。解决这一矛盾的方法之一是学习的科学化，即对语文学科的基本要素进行梳理，寻找这些基本要素与语文教学的关联方式，探讨高效达成语文教育目标的途径。陆继椿认为，要达到这一目的，在教学内容上必须解决两个问题：一个是“质量”的定位，一个是“序”的排列。所谓“质量”，就是一个合格的中学生应该掌握哪些基本的语文元素。从语文教学的任务来看，即哪些东西是必须编进教材，通过课堂教学和适当的训练能让学生掌握的。所谓“序”，就是学生必须掌握的语文元素之间是什么关系。从教材的呈现和教学顺序来看，就是指这些语文元素哪些先编、先教，哪些后编、后教。

为了解决这两个问题，陆继椿按照语文教学的特点和中学生成长的需要，对初中生的语言能力进行解剖，从中筛选出记叙能力、文言文阅读能力、说明能力、论述能力和文学作品赏析能力等五种类别，共 108

个知识点，并依托这些知识，安排108个训练点，对学生进行分项训练。上课时，教学设计围绕训练点构思，学习目标集中，学习重点突出，训练的针对性强，学生对相关知识点的学习效率自然就提高了。人们形象地把这种教学模式称为“一课一得,得得相连”的“得得派”。这里的“得”既包含应得的内容，也包含得的过程、方法，以及应得的结果。学生每个阶段解决一类问题，“一课有一得，得得相联系”，日积月累，就能养成中学阶段所需的包括写作能力在内的语文能力。

看得出，“双分”在设计思路上承接夏丏尊、叶圣陶合编的《国文百八课》的思想，其优点是把思维训练与文体阅读方法、表达能力训练结合在一起，其不足是思维训练的重点不够突出。

第二种做法以写作知识为思维训练的结构线索，常青的“百格训练”和刘朏朏的“三级训练”可为代表。20世纪70年代末，受改革开放大潮的影响，许多教师以极大的热情投入教育改革中，对写作教学的科学之路的探索也热火朝天。早在20世纪50年代，在部队担任文化教员的常青就用知识和技能分点教学训练战士的“速成写作”能力。20世纪80年代，他把速成写作思路总结为“写作分格法”，即“以思路训练为核心”，将写作难点按照“入微观察素描能力”“析微能力”“想象能力”“表达能力”分为100个能力点，分别进行写作“格式训练”，达到“分散难点、各个击破”的目的。这里的“格”不仅是写作知识和“规格”,而且是为文“规范”和“规律”。[1]

北京师范大学附属中学的刘朏朏和北京师范大学的高原在以往的写作教学实践中发现，单纯的写作技巧教学对学生写作能力的提高作用十分有限，于是开始把教学重点放在提高学生的思考与分析能力上，并逐步提炼出“三级训练体系”。“三级训练”的理论依据是：“作文能力是认识能力与表达能力辩证统一的一种智力技能。由‘物’到‘意’再由‘意’到‘文’，是写作活动的主体进行写作的规律。按此规律，构筑一个科学的训练系统，帮助学生完成由‘物’到‘意’再由‘意’到‘文’这两种飞跃,是作文教学改革欲达之目标。”“三级训练”的内容是“观察训练，

[1] 常青. 速成分格写作法［M］. 郑州：河南教育出版社，1987：绪论.

分析训练，表达训练”，三项内容的关系是“观察是基础，分析是核心，表达是结果”。[1]

“写作分格法”和“三级训练体系”都以写作过程为教学内容的结构线索，都以写作中最为重要的内容——观察、想象、分析、表达为核心要素，分别介绍知识，以范文为例分析这些知识的作用与原理，并提供方法，指出运用的要领，对学生掌握基本的写作能力都有一定的即时性效果。两种训练模式在当时都产生了很大影响。其中，“三级训练体系”先后吸引了全国六千多个教学班参加教改试验，一时成为语文教改中的大观。

两个训练体系在关注写作技能的同时都把思维能力提高作为写作教学的重点，这在国内写作教学科学化体系建构中是比较早的，如果能长期坚持，对学生思维能力乃至分析问题能力的培养，必然会有实际效果。两个训练体系共同的不足是为写作过程提供的引导性支架建设不够。训练的内容框架落实到课堂教学中，过于依赖教师的教学设计和教学执行力。另外，“写作分格法”容易使人联想到技术主义，因而也受到了较多的质疑。

第三种以思维知识为线索建构训练内容，这种做法起于宁鸿彬、章熊、洪宗礼等学者的探索成果。“分格”和“三级训练”的内容均依托于原有的语文知识，重新明确原有内容和组合其关系。比如记叙文、说明文、议论文等文体知识，主题、人物、情节、背景、语言风格等阅读理解知识，审题、选材、结构、表达方式等写作学知识。而按照思维科学的知识体系来建构语文学习内容在当时则是一种新的尝试。

20 世纪 70 年代末，北京第八十中学的宁鸿彬有感于中国学生创造性思维薄弱的现实问题，受美国心理学家吉尔福特的思维理论的启发，选择以创造性思维培养为突破口进行教改实验，帮助学生改进思维方式，提高阅读和创造性思维水平。他的创造性思维训练内容包括“多端性训练”“变通性训练”“独特性训练”，某一种训练模式中又包含“多样性解答”“多答案选择”“多角度回答”“多样性组词”“隐意性表达”等几个

[1] 刘朏朏，高原. 作文三级训练体系概论［M］. 北京：光明日报出版社，1989：序言.

训练环节，长期坚持训练，学生的思维品质必然会得到提升。[1]

20世纪80年代初，江苏的洪宗礼、程良方在总结了大量的教学案例后认识到，在学生的语文能力中，“想是一个总开关”，因此，教会学生合理地想、严密地想、辩证地想，是有效地提高学生语文能力的关键。他们采用的课程建设思路是“有机结合，独立设科”。“所谓‘有机结合’，就是在语文教学的每个环节都有意识地调动学生‘想’的积极性，指导学生‘想’的方法，用‘想’来带动听说读写训练。所谓‘独立设科’就是每周安排固定的课时，开设‘思维训练’课，有计划地组织学生进行形象思维、逻辑思维、辩证思维的训练。”[2]他们编写的专门教材《中学生思维训练》体现了以思维知识为训练线索的构想，全书内容框架如下：

一、事物间的普遍联系

二、事物的个性与共性

三、事物的运动发展

四、事物的不同层次

五、真理的相对性与绝对性

六、正中有反，反中有正

七、事物的局部和整体

八、矛盾着的事物的各个侧面

九、事物间对立面的相互依存

十、物极必反

十一、偶然性与必然性

十二、事物矛盾的普遍性

十三、矛盾的特殊性

十四、外因和内因

十五、事物的主要矛盾

十六、事物矛盾的主要方面

---

[1] 张彬福. 思维派——宁鸿彬老师的教学风格［M］//董明旺. 宁鸿彬：走“思维训练”之路. 武汉：湖北教育出版社，2001：165-177.

[2] 洪宗礼，程良方. 中学生思维训练［M］. 昆明：云南教育出版社，1987：序言.

十七、矛盾的转化及其条件

十八、质和量的统一

十九、量变可以引起质变

二十、辩证的否定

二十一、新事物成长的必然性

二十二、前进性与曲折性

二十三、理论与实践的统一

二十四、事物间的因果联系

二十五、认识发展的无限性

二十六、内容与形式的辩证统一

在上述每一章里，分别有“训练要求”“阅读材料”“写作训练”“佳作评析”等栏目和相关内容，便于教授和学习。洪宗礼试图按思维学科的知识体系设计一门独立的思维课，与传统的听、说、读、写内容并列，其独创性和探索精神非常值得褒扬和学习。今天看来，这份目录不是严格地按照思维规律安排学习序列的，而是按照哲学命题来排列内容的，它提示我们思维训练不能脱离世界的规律而仅仅从归纳、演绎、判断、推理等思维运作规律出发建构学习内容，否则很容易变成空洞的运算符号。但反过来，如果仅仅从哲学角度建构学习内容，自然也不够完整，反而像一份辩证唯物主义命题大全了。

20世纪80年代末以后，写作教学中的“科学化”追求并没有取得人们所预想的效果，思维训练的探索热情也随之慢慢冷却下来。这种情况的出现有多重原因。从客观环境来说，20世纪80年代末开始，语文教育中的应试倾向日益严重，由于应试教育严重背离语文教育的育人初衷，而“科学化”与知识本体论、工具理性主义及标准化评价方式有着千丝万缕的联系，因而处于劣势。在20世纪90年代初语文学科“人文与工具”的大讨论中，“科学化”几乎遭到口诛笔伐，从此陷入沉寂。从“科学化”追求者自身的角度看，探索者们对语文学科特点与自然学科特性的差异认识不足，在借用新教育观念时一哄而上，对思维科学的了解多停留在知识介绍层面，在用思维科学概念解释与语文有关的思维活动时往往显得比较简单生硬，教学过程落实不佳，这自然导致思维训练教学成效不明显。其实，对于语文学习来说，科学训练之所以有效用，必然是建立在让学生适当地多阅读、多思考、勤写作的基础上。

三、思维训练的细化与深入

如何更深入地了解人的思维特点，将思维知识与具体的写作教学内容联系在一起，是科学的思维训练的努力方向。20 世纪 90 年代中期以后，以思维知识为框架的思维训练才又有了起色。其中，上海市建平中学的程红兵将逻辑思维原理用于指导高中议论文写作的探索就比较有代表性。

若要使科学的思维训练有成效，必须突破两个关键点：一是思维知识确定的合理性，二是与具体教学内容结合的有机性。程红兵依据思维科学的知识，整理出了人类常见的十种思维模式，即“发散思维”“收敛思维”“原点思维”“多样思维”“纵向思维”“横向思维”“静态思维”“动态思维”“逆向思维”“辩证思维”，并以这十种思维模式作为教学内容，这是第一步[1]；更重要的是，要围绕某一种思维模式设计合理的教学思路，并通过教师的课堂教学，将“运用知识—激发思维”的过程“复现”出来；这是第二步。没有第一步，教学便没有方向和目标；而没有第二步，训练就没有途径的保障，自然也不会有好的效果。以他的“原点思维”训练为例，其教学环节如下：

1. 借助写作题目，让学生任意想象，发现自己在思维方面存在的局限。

2. 阅读几个利用创意思维获得成功的案例，引导学生归纳“原点思维”的特点：围绕某一事物，从多个角度探究多种原因、多重影响。

3. 布置思考题，要求学生尝试运用“原点思维”原理解决构思方面的问题，检验所学原理的作用。

4. 阅读范文，要求从原点思维的角度评析《你就是你》一文构思的得失，促进对创意思维原理的理解。

5. 提供几个题目，要求学生自选题目，运用所学“原点思维”的技能进行构思，完成写作任务后进行交流。[2]

---

[1] [2] 程红兵. 程红兵与语文人格教育 [M]. 北京：北京师范大学出版社，2006：155-162.

看得出，与前面所说的一些教师的思维训练相比，程红兵在教学上又进行了一些完善，最主要的特点有以下两个：一是让思维知识与语文学习内容结合得更紧密；二是让学生在学习过程中学习思维，而不是只向学生介绍关于思维的知识，用他自己的话来说就是“让学生在思维中学会思维”。

对思维学科知识、规律的深入了解，让思维知识与语文内容结合得更紧密，是影响写作思维训练效果的两个关键问题。近几年，上海师范大学附属中学余党绪尝试在写作中强化思辨性，促进学生批判性思维的发展。例如在“学会用范畴思考问题”这一教学内容中，他让学生了解社会生活及思维中常见的“两两相对”的概念，指导他们利用“对举概念”来进行构思。

“两两相对的‘对举概念’，既是思维的基本框架，也是写作构思的框架。”如“主观与客观”“现象与本质”“对立与统一”“相对与绝对”“共性与个性”“内容与形式”“个别与一般”“内因与外因”“抽象与具体”“偶然与必然”“可能与现实”“量变与质变”“感性与理性”“原因与结果”“实践与认识”“继承与创新”“手段与目的”“动机与结果”等[1]。“说理中，借助范畴来解释问题，往往能透过复杂的现象看出事物的本质，达到事半功倍的效果。”[2]

尽管余党绪对一些具体概念的界定还显得不够严谨，比如“说理才是原动力”“公信才有说服力”等说法都可进一步推敲，如人的表达、交流需要才是写作的原动力，说理是手段，个体言论无所谓公信，等等。另外，其教学效果也需要经过长期的实践检验才更有说服力。但他在思维知识的研究开发上比前人做得更细，将思维知识与议论文写作能力提高联系得更密切，因此教学效果值得期待，探索思路和精神都应该得到肯定。

[1] 余党绪. 议论文写作新战略 [M]. 上海：上海锦绣文章出版社，2009：145.
[2] 同 [1] 134-135.

第四节　写作教学中发展思维的要领

到目前为止，人们对思维本质的认识，对语言与思维关系的认识，对写作中的思维活动规律的认识，在很大程度上仍然停留在猜测阶段。那么，人们自然会产生这样一个疑问：既然大家对思维活动的机制认识不清，没有掌握写作活动中思维活动的规律，是不是就不能进行思维开发和写作思维培养方面的教学了呢？答案当然是否定的，这就像我们对文学、绘画、音乐艺术的产生机制和作用原理不甚了解，却依然可以在学校里开展文学艺术教育且成绩斐然一样。

人类传播的知识内容和教育方式，自然是基于当前对某一种事物规律的认识，而不会等到了解透彻以后才开始。同样的道理，在写作中开展思维教学也应该遵循这样的原则，可以依据目前人类既有的关于思维的知识来选择教学内容及设计教学策略。

在现有认识水平的基础上设计思维训练之所以有必要且有价值，至少有三个依据：（1）大脑在思维方面的经验，不是白板一块，因为人的思维能力不是到了学习写作课才具备的，有的可能从出生就开始培养，有的在牙牙学语时就形成了，而一些无意思维能力，比如对黑暗的恐惧感，对友善表情的直觉，可能来自人类进化的漫长积累。人们有足够的理由认为，学龄儿童的每一种思维能力都不是零起点的，也不是全靠语文学习获得的。因此，写作教学中的思维训练，是在学生原有思维基础上的强调，属于锦上添花。（2）人类的思维活动具有的类型多样、层级多变、关系复杂的网状链接特点，使得人的思维能力构成一个有机整体，牵一发而动全身。当刺激某一个部位的时候，人体神经系统会通过关联等机制激活其他部位，因而也提升了思维短板的高度，从而带动整体思维品质的提高。这就使得有些思维训练虽然笼统，但却能提升个人在某些方面的思维优势，就像参加跑步锻炼一样，虽然我们不清楚适当的跑步会增强哪些肌肉的功能，但跑步能提高身体的整体健康状况则是无疑的。因此，没有必要担心思维训练会带来太大的偏差。（3）中小学的教育具有普及性和基础性等特点，中小学涉及的思维训练也一样，更多的是介绍一些入门知识，进行一些基础性训练，促进学生整体思维品质的发展，并为未来的高级学习打下基础；而不是像广告创意设计、刑事侦查等社会行业那样进行专业的思维训练，也不需要非常精确的知识定位和精准的训练计划。

其实，人类对任何一种事物的认识，包括对物质世界和精神世界开展的各种研究，永远是对该事物内在规律逐渐“逼近”的过程。因此，就中小学生写作中的思维训练需要来说，试图洞悉思维奥秘、穷尽思维训练内容的想法，既不切实际，也是没有必要的。需要明确：(1)写作教学不是单纯的语言学习，还应该有思维内容的训练。(2)对于思维能力的提升来说，有意识、有规划的训练与没有规划的思维训练相比，结果是不一样的。(3)合适的训练方法和策略对思维训练效果有显著影响。(4)前人在写作思维训练的认识和实践上做了大量探索，许多经验行之有效。我们要做的是充分吸取前人的经验，并结合自己所在学校、班级及教师自身的实际情况做出选择。可以考虑的实施策略是依托原有的写作教学框架，围绕语言表达提高这一总体意图，在确定学习目标时适当地向促进学生的思维发展调整，利用人们虽然有限但共识性比较强的思维学科知识，有重点地开展思维训练，并通过具体的教学过程，使学生学会反思，把思维训练学习目标落到实处。

一、教学目标向思维发展调整

写作思维教学的主要难题是教师无法直接介入学生的思维，只能间接地考查学生已经完成的作文这一“思维的外化”形式。“这种外化方式不可能给予我们一份大脑思维的准确复制，但是却可以成为一面模糊的镜子。”[1]如何看待这面镜子，即把作文的表征价值定位在哪里，在很大程度上影响写作教学价值观。一篇作文的意义有这样几层：

- 作为一篇作文的评分依据。
- 作为一个学生作文水平的标志。
- 作为一段时间内学生语文水平的反映。

[1] 卡比，古德帕斯特. 思维：批判性和创造性思维的跨学科研究：第4版［M］. 韩广忠，译. 北京：中国人民大学出版社，2010：7.

• 作为一个人思维活动状态的表征。

虽然笼统地说，写作教学是为了提高学生的书面语言表达能力，但受写作教学理念、执教水平及投入程度等因素的影响，教师对上述意义层面的关注点会有很大差异。关注点在很大程度上将决定教师的写作价值观，并影响其教学行为。按照教师的教学表现，我们把写作教学分成这样几类（见表1-2）：

表1-2　写作教学的四种类型

类型	目的	主要教学行为	对学生写作影响
1	衡量一篇作文	·命题、打分，基本不写评语 ·关注作文完成情况	·基本没有影响
2	评价一个人的作文水平	·除命题、打分外，关注学生写得如何，会写一些评价性意见 ·比较关注语言、结构等内容 ·会与学生平时的写作联系起来考虑	·能了解教师对自己的评价 ·了解自己的写作水平
3	提高学生写作及语文水平	·更关注作文思想、结构等内容 ·考虑学生写作过程中的状态 ·提出针对性修改意见，并督促其修改	·对学生完善作文、提高写作水平有价值
4	作为激发思维的手段，促进学生写作思维品质建构	·关注写作过程，即学生为什么这样写，怎样调整会更好 ·引导学生反思	·在帮助学生调整表达中，提升学生的判断和选择能力，帮助学生建构表达图式、完善思维方式

当然，在写作教学现实中，采用第一种做法的教师是极少数的，大多数语文教师属于第二和第三种类型，即致力于通过写作教学来提高学生的写作水平。但是对于第四个层面的教学内容，即借助写作教学帮助学生学会如何写作、如何思考——一个词语的选择、一个句式的运用、一种结构的安排、一层论证的展开，到底怎样选择更恰当些，有哪些依据？——则考虑得不多。而从培养写作思维能力和为学生的写作进步提供持续学习指导的角度看，语文教师的写作教学应该由原来的以提高写作能力为主适当向促进思维模式建构转变。

二、引导学生对写作过程作反思

建构主义教学观认为，反思是使学习者重新思考自己学习经历的过程。学习反思有利于学生整合自己的学习经验，学会主动建构知识，促进思维品质尤其是元认知的发展。反思一词有两种基本含义，“一种指的是‘事后再考虑’（aftcrthought）：某人对某事在事后进行重新考虑或更深思考”，“另一种含义最贴切的特征是‘镜式反映’（mirroring）——与该词原始的光学含义相一致：一种将某事反映在学习者自我之中的经验或理解”，“经验被以个人身份的准绳加以评价”[1]。

写作教学由师生两个思维主体共同参与，通常分为“写作（包括修改）”和“评阅”两个活动阶段。在第一个阶段，学生的思维与语言表达其实处在一种相互激荡的状态：思维引领语言，语言进一步激发思维，经过选择、生发，最后汇集到输出一端，成为固定的文本。对这段写作过程中思维运动方向的感知，师生两个不同的参与主体——施教者和受教者所感受到的内容和过程并不完全相同。从学生一方来说，很容易感受到由思维内容到表达方式选择到最后成文的过程；从教师一方来说，他不能看到学生的作文怎么一步一步地由思维内容转化为一段段文字，只能够借助学生完成的作文文本这一“思维的外化”形式，去间接地考察学生的思维过程，判断学生的思维状态。这两个思维过程的方向恰恰相反。

学生的思维过程：启动思维活动—选择语言表达—形成文本。

教师的思维过程：阅读学生文本—审视学生的语言表达特征—考察学生的思维活动。

从上面的思维模式来看，学生在写作中比较缺少反思机会。一方面，由于学习任务一波接一波，教师很少要求学生就以前写过的作文进行有质量的反思修改，导致学生对写作的“事后反思”普遍不到位；另一方面，在学生的写作过程中，教师往往“不在场”，教师的评阅与学生写作的过程是分开的，因无暇顾及或能力所限，学生难以在写的过程中对自己的作

[1] 伊列雷斯. 我们如何学习：全视角学习理论［M］. 孙玫璐，译. 北京：教育科学出版社，2010：68.

文形成一种“镜式反映”。因此，反思在写作过程中所占比重及所起的作用都是有限的。

若想提高写作教学成效，促进学生的写作元认知的发展，在写作教学中，教师应设法突破写作教学模式的局限，帮助学生学会反思。可以通过以下两种途径实现：

1. 打通学生写—教师批—师生再修改的写作过程链条。

部分语文教师对反思的学习意义认识不足，在写作教学中不太注意运用学生的反思来提高教学效果。在写作教学中，不利于引导学生反思的写作教学表现有：

• 作文评价时间与写作时间间隔过长，学生对作文印象不深，也失去再审视的兴趣。

• 给学生作文的评语写得很少，或基本不写评语。

• 评语过于笼统，没有具体的修改意见和要求。

• 一次评语给学生指出的问题过多，学生无所适从。

• 只评阅，不要求学生修改，或修改后没有再评价。

利于学生反思的做法是加强写作与评改的联系，修改要求应明确、具体，并将修改结果纳入评价，让学生习惯对写作行为进行反思。

2. 有意识地将学生的写作时空与教师的教学时空重合。

长期以来，写作教学差不多都是这样一种模式：第一个环节，教师布置作文题，介绍写作知识，提出写作要求；第二个环节，学生独立写作，写完交稿；第三个环节，教师独自评阅，给作文打分；第四个环节，教师发作文，做批改总结。四个环节中“学生写”和“教师教”是完全分离的。学生写作中遇到什么困难、存在什么问题，教师只能从作文中捕捉到一星半点，而且也很难给予直接有效的指导，更没有可能让学生思考为什么，怎样才能写得更好。一句话，教师没有给学生反思的机会。要增加学生写作的反思成分，一条可行的途径就是让教师直接参与学生的写作过程，正面考察学生的写作状态，适时引导学生反思，帮助学生自主总结写作经验。

比如“叙述一个曲折的故事”，教师可以通过“三顾茅庐”这个一波三折的故事，让学生发现使故事变得曲折的关键是事情在推进过程中发生转向——与预期的方向不同，甚至相反，使事情发生转向的因素有“障碍”“与原来不同的努力”“误会”“意外”等，再让学生根据这些要素审视自己的构思，修改自己的故事情节，撰写写作反思日志。

当然，更持久有效的做法是在阅读教学等教学活动中适当穿插介绍知识，激发学生的兴趣，并对反思活动的开展提出一些具体要求，通过长期学习，使学生学会反思。比如让学生参与评价修改活动，写学习小结，做分析类思维游戏，给学生做有关写作反思的专题指导等，使学生养成及时反思学习经历的习惯。

三、将思维训练融入日常教学

提高思维品质是所有学科教育共同承担的任务。对语文学科而言，听、说、读、写都有各自的职责。因此，在写作教学中融入思维训练内容，首先要解决教学目标问题，包括明确用力方向和确定教学内容，然后才能选择合适的教学策略。

思维训练是一个很大的话题，涉及的内容庞杂，教学设计头绪繁多。仅仅从知识类型来说，思维训练的内容至少包括如下几大类：

（1）认知活动知识，如理解、记忆、分析、评价、综合运用等不同层级的认知活动的相关知识。

（2）语文学科知识，如词法、句法、修辞、表现手法、篇章结构、语言风格等。

（3）写作知识，如审题、构思、选材、立意、修改，以及不同文体的特点、读者对象知识等。

（4）思维知识，如形式逻辑、辩证逻辑、创造逻辑等。

（5）哲学知识，如主体与客体、物质与意识、形式与内容、现象与本质、个体与群体、理想与现实、自由与约束等。

这些内容在写作中都可能遇到，思考这些对提升思维品质都有帮助。但是，在写作教学中想要面面俱到，不要说写作课，就是专门开一门课程也无法做到。如何解决思维内容庞杂与课程时间有限的矛盾呢？教师不妨采取这样的办法：

1. 在写作序列中穿插思维训练内容。

其实，在绝大多数语文教材尤其是写作教材里，都会有一些与思维训练有关的内容，有的会介绍一些逻辑学知识，有的会提一些思考建议，有的含有思维内容，这些都可以作为思维训练的材料。在专门为写作编写的教材中，思维训练的内容不仅会单列出来，要求也往往会更突出。比如1983年中央教育科学研究所教改实验小组编写的《作文》（试用本）第六册中，专门介绍了两类知识。其中，逻辑小常识有“概念”“判断”“推理”“演绎推理”“归纳推理”“类比推理”“同一律”“矛盾律”“排中律”等，常见的逻辑语病有“偷换概念”“转移论题”“自相矛盾”“概念关系混乱”“肯定否定不当”“以偏概全”“机械类比”等，还介绍了论说文结构模式等。这类资源足以用来指导教学。只不过在许多情况下，教师的主动意识不够明确，在写作教学中更多地注意学生的写作技能，而较少往思维训练方面思考。

在平时的写作甚至阅读教学中适当加入一些思维训练内容，会对学生思维的开发起到一定的示范作用。

2. 利用一定的思维知识促进策略学习。

如上文所列，与思维教学有关的知识涵盖几大领域。而且这些概念往往比较抽象，概念之间的区分细微，仅仅了解它们的大意就要花大量时间和精力。因此，如果处理不好，写作教学很容易变成思维知识记忆比拼，不仅教师的教学会很吃力，还容易引起学生的排斥，甚至反感。因此，写作教学活动中的思维训练，在知识利用上要注意化简，不必求全。有的知识可重点学习，有的则点到为止，还有一些可让学生自己去领会，即通过对思维知识的有限利用，达到提高思维能力的目的。

可根据学生在写作中反映出来的普遍问题，有选择地介绍知识，有重点地训练学生某一方面的思维能力，切忌对学生进行概念轰炸。比如，“如何把一件事写好”是写记叙文的关键，在记叙文教学中，可以让学生围绕具体的一件事思考“哪些信息需要介绍”“怎样的介绍顺序让人读起来更有意思”，再让学生用思考的结论指导自己的写作。这种训练看上去是对叙事策略技巧的运用，但背后却是思维训练。再比如，高中生写议论文难免要涉及一些概念，而高中生习作中概念关系紊乱的情况是比较常见的。写作教学中就可以聚焦这一问题，引导学生运用概念间应有的逻辑关系检查自己的作文，注意思维的严密性，进而提高论证能力。

为什么有限的知识利用和有限的思维训练能起到整体提升写作水平与思维能力的作用呢？正如前文所论，在母语环境下成长起来的学生，其大脑语言中枢里的语言能力和思维能力都不是一块“白板”，而是有许多“前语言”存在。维果斯基认为，母语写作教学的要旨是通过写作教学活动，帮助学生建立符号语言与前语言的联系[1]。而关键问题的解决，往往能带动整体写作水平和思维能力的提升，从而实现利用“有限知识”达到提高“无限能力”的目的。

另外，还可以充分利用其他课程的思维资源来帮助学生学习语文。比如上文所列的“主体与客体”“物质与意识”“量变与质变”等很多哲学命题，都是思想政治课里要求掌握的基本原理。在写作教学中，教师应该主动了解其他课程中一些有价值的内容，并有意识地把它们引到思维训练甚至整个语文学科学习中，这样既可以减少学生的学习负担，又利于提高教学效果。

四、注意不同文体思维方式的差异

逻辑是人类思维活动的基本规律，也是作者表达思想和读者理解文章的路径。吕叔湘、朱德熙指出，“要把我们的意思正确地表达出来，第一件事情是要讲逻辑”[2]。如果表达不合逻辑，双方就难以实现正常交流。因此，写作思维训练的核心自然是使学生的表达尽量符合逻辑。

一提到“逻辑”，可能有人立刻会联想到“判断”“推理”“分析”“综合”等逻辑思维中的一连串概念。不过，“逻辑”的含义并不相同，“逻辑思维”中的“逻辑”一词相当于“推理”；“文章要讲逻辑”中的“逻辑”一词，指的是一类文章在思路方面的特点或“思维规则”，也就是构成一类文章的各种元素、材料的关联方式。“思维是将各种具体事物引起的各种具体联想加以排列，联结到一起。”[3]文体类型和表达方式不同，写作该类文体所用的主要思维方式也会

---

[1] 维果斯基. 思维与语言［M］. 李维，译. 杭州：浙江教育出版社，1997：序言.

[2] 吕叔湘，朱德熙. 语法修辞讲话［M］. 北京：中国青年出版社，1979：179.

[3] 杜威. 我们如何思维［M］. 伍中友，译. 北京：新华出版社，2014：33.

不同。

国内中小学写作训练的文体主要是按表达方式划分的，有记叙文、议论文、说明文，部分教师还会让学生尝试诗歌创作。这四类文体的内容、表达特点及思维训练重点内容大致如下（见表1-3）：

表1-3　四类文体的内容、表达特点及思维训练重点

文体	表现内容	要素或途径	遵循的逻辑	思维类型	思维训练重点
诗歌（抒情文）	主观情绪、感受	直觉、意象、意境	艺术或创意逻辑	偏形象思维	想象、联想、类比
叙事类作品	事件、故事	环境、人物、情节	叙事逻辑		人物有个性、材料新颖、叙述曲折
说明性文章	客观事物、原理	特征、结构、功能、原理	物理逻辑	偏逻辑思维	理解准确、介绍清晰
议论性文章	主观认识、思想	概念、判断、推理	因果或推理逻辑		概念界定清晰、观点鲜明、论证过程严密

不同思维方式，由于训练内容不同，衡量标准也不一致。比如，杜威认为，应该从三个方面来衡量联想水平的高低，这三个方面是“联想的快慢”“联想的宽窄”“联想的深浅”[1]。

依托一种文体重点训练一种思维方式，并使学生在某一点上有所收获，会使思维训练变得简明而且容易操作。关于形象思维的价值和思维训练内容，有两种说法可能会引起误解。一种说法是“低年段主要应训练形象思维，高年段主要训练逻辑思维”。从学生思维发展的普遍现象来看，这种说法是成立的。因为无论是语文课程标准的阐述和语文教材的内容编写，还是教师的语文教学实践，都存在低年段注重形象思维内容而高年段注重逻辑思维内容的情况。从学生的心智发展规律来说，年龄越大逻辑思维能力越强，但从这只能得出“高年段更适合开展逻辑思维

[1] 杜威. 我们如何思维[M]. 伍中友，译. 北京：新华出版社，2014：30.

训练”这一命题，而“高年段不适合开展形象思维训练”并不成立。对一个思维能力健全的人来说，两种模式一个都不能少，因此，形象思维能力在任何年龄段都需要提高。另一种说法是“形象思维是思维的低级阶段，逻辑思维是思维的高级阶段。逻辑思维的价值高于形象思维的价值”。从产生的先后时间来看，人类思维活动中的确是先有形象思维而后有逻辑思维。逻辑思维能力是由形象思维抽象、发展而来的，但在价值上两者并不存在高低之别。实际情况是，形象思维与逻辑思维是人类的两种基本认知方式。一般来说，形象思维不确定性强，具有感性、模糊、整体等特点；逻辑思维则确定性强，具有理性、明晰、具体等特点。形象思维与逻辑思维有各自的运动规律和运用价值，没有绝对的可比性。比如白居易用“梨花一支春带雨”形容杨贵妃娇弱凄婉的面容，在教学时，无论把这一句具体解释成“梨花上沾满春雨滴”“梨花满带春意，带着雨露”“梨花绽放在春雨里”，还是“春天带来雨水，使梨花盛开”，都没有不做具体解释，只让学凭直觉去默默感受由梨花、春天、雨等形象组成的意象好。这正是由形象思维的不确定性、律动性、朦胧性等特点所决定的。培养形象思维，不能要求学生违背形象思维的规律，也不能说不确定性是不好的。

形象思维不仅适用于从事文学艺术创作，也关乎创造。很多科学家都谈到，许多时候科学灵感源于感性思维，受灵感的激发。因此，无论是培养学生的写作能力还是发展其均衡的素质，形象思维和逻辑思维的训练都不能有所偏废。

五、用过程化教学保证训练的实效

思维训练和其他内容的学习一样，如果只是教师在观念上重视，教学中只有知识介绍，而不能将观念落实到具体的教学过程中，其效果就无法得到保证。因此，从教学设计到教学实施，教师要考虑如何适当介入学生的写作过程，及时发现学生写作中可能遇到的问题，比如词语的选择、句式的调整、立意的确定等，进行过程诊断并针对这些问题给予写作方法指导。通过写作方法的指导引导学生思考背后的原理，促进学生的元认知建构，从而提升学生的思维品质。

思维是人类区别于动物的有意识的智能活动。思维能力开发是一篇很大的文章，它不仅是所有学习活动力图达成的共同目标，也是一个生命体一生的发展任务。写作教学是语文学习的主要内容，语文学习是中学学科体系的重要构成部分。写作教学中的思维训练的原则和主要价值是什么？在写作教学中开展思维训练的原则是从思维的角度去考察写作活动，从写作活动入手培养思维品质。从思维角度看写作，可使我们站在语言发展与思维发展同步的高度看待人的表达活动和写作活动，使我们摆脱写作教学只是单纯的语言技能训练的局限，从而在教学中将语言、表达、思维及整个身心发展联系起来。语言是思维的符号，从写作入手培养思维能力，可使思维训练区别于抽象的、单纯的思维游戏，让思维训练依托语言活动，让思维能力建构具有实在意义。

在人的思维规律没有得到破译的情况下，试图明确地制订出一份思维框架注定是吃力不讨好的。但从效率需要出发，思维教学又必须依靠一定的知识框架，有一定的内容规范性。在协调其中的矛盾上，不少语文教师的思维训练探索给我们很多启示，他们的基本做法是利用有限的思维学科的知识，以常见的文体类型写作为思维训练抓手，从共识性比较高的内容开始，不过于追求知识体系的完备和内容框架的合理。抓住几个有学习价值及对学生写作能力和思维发展影响较大的点大胆尝试，如果利用有限的写作教学课就能使学生某方面的思维品质（如想象力、类比能力、批判性思维能力）有所提高，那已经是成功的了，至于不同思维能力整合的任务，完全可以交由大脑去完成。

第二章 写作教学的基本问题

早在一百年前，人们对写作教学的特殊性就有所认识，“小学教授之难，莫难于国文。而尤莫难于国文科之作文”[1]。写作教学之难，难在影响因素多，难在问题纠结在一起。但是，这些影响因素或问题中，必然有一些居于基础或核心的地位，对认识写作教学的特点、选择合适的写作教学策略起着引领作用。本章将从自然写作与写作教学的区别、写作知识的教学、写作内容的学段划分等角度加以探讨。当然，还有一些问题对写作教学的影响也很大，如写作与思维、写作与生活、写作与阅读、写作评价等，有的已经成为常识，有的另作章节专门探讨。

---

[1] 李元蘅．论小学作文教授［M］//李白坚．民国先生谈作文教学．南京：江苏科学技术出版社，2013：50.

第一节　写作教学的可为空间

多年以来，写作教学无疑是社会舆论的焦点之一。的确，如今青年人的学历越来越高，但文字表达能力却不见提升。学生的写作水平今不如昔，作为专门教授写作知识、训练写作能力的中小学写作教学自然难逃其责。

不过，考察近现代以来讨论的有关话题即可发现，对写作教学的不满并非始自今日，几乎每个时期都有人在讨论当时的写作教学，抱怨教学效率低下，不能满足社会对它的期待。既然每个时期都有一些人对写作教学不满，那就一定不全是教师的原因，而是与社会对写作教学的期望值有关。我们知道，写作是非常复杂的智力活动，影响一个人写作能力建构的因素多种多样，学校环境下的写作教学只是影响因素之一。因此，中小学语文教师要想在写作教学上有所作为，并获得社会各界的认可，首先需要厘清哪些是语文教师必须做到的，哪些是应该努力尝试去做的，哪些是自己做不到的。也就是知晓哪些是可为的，而哪些不可为，然后才有可能找准方向，摸索和总结一些适当而有效的教学方法。

一、写作教学质量的影响因素

为什么中小学的写作教学会有那么多不可为之处呢？因为在影响一个人写作能力发展的诸多因素中，无论从作用时间、内容构成，还是影响手段来看，语文教师所起的作用都是非常有限的，而更大的影响因素在于时代和社会。从大的方面看，可以把影响写作教学的因素分为三类。

1. 时代因素。

当前这个时代对写作教学的冲击主要是信息技术迅猛发展所产生的副作用。首先是信息量的增加，新媒体的普及带来的海量信息，常常让人无所适从，大大增加了人们选择有益信息和专注某一类信息的难度。其次，在信息接触方式上，读图时代、影像阅读时代的到来，对传统的文字阅读方式产生了巨大冲击。由于在接收信息上人的心理倾向于选择娱乐方面的内容，这无疑大大增加了控制学习者的行为的难度。再次，现今社会物质生活条件得到了普遍的改善，生活内容日益丰富，而精神层面的更高需求尚未建立，许多人通过刻苦读书（包括刻苦参加体育训练）而改善生活处境的动力不如上一辈，青年人奋斗动力不足的现象在全球较发达国家普遍存在。有研究表明，由上述时代因素引发的反应，青少年比成年人敏感，男性比女性敏感。这不仅能从某种意义上解释现在的中小学学生中男生阅读理解和写作水平普遍不好的现象，也可以解释在全球范围内各种主要竞技体育项目——足球、网球、篮球、拳击及田径等水平普遍下降的现象。

2. 社会因素。

以中国目前的教育现状来看，社会对写作教学的影响主要表现在两个方面：一是学习价值取向上的偏差使得人们比较亲近经济、科技等工具类学科，而选择语文等人文类学科的学生越来越少；二是应试教育泛化的副作用，即大量机械、重复的默写背诵及做试卷消耗了学生有限的学习时间和学习兴趣，语文中的阅读与写作也得不到太多的关注。

3. 课程建设因素。

可以说，几乎在语文课程建设的几个重要环节，从课程定位到课标制定，从国标教材编写到校本课程开发，从教学实施到课程评价，笔者认为都存在不足。人人都知道写作教学的重要性，但对其课程内容和评价的定位并不够明确。以语文教材为例，写作活动长期隐藏在阅读教学内容之后，一直缺乏让语文教师从理念上信服、在操作上省心的写作教材。从评价的角度看，语文教师将精力投入写作教学中往往不容易看到直接的效果，长期下去，他们在写作教学上的主动性和创造性也会日渐消磨。

在影响写作教学成效的三大因素中，第一类无疑是全球性的。人类在信息传播方式上的变革对世界各国的传统教育模式都会形成冲击。从1999年开始，中国新闻出版研究院组织实施“全国国民阅读调查”，每两年一次，进行了多次大规模的抽样调查。综合第八次至第十一次“全国全民阅读调查”结果，从国民对个人纸质阅读和数字阅读内容的阅读变化情况的反馈来看，“增加了纸质内容的阅读”每年呈递减的趋势缓慢变化，而“增加了数字内容的阅读”逐年呈增长的趋势发展[1]。第八次至第十一次“全国全民阅读调查”，“增加了纸质内容的阅读”比例分别为7.5%、7.7%、7.3%、7.2%；“减少了纸质内容的阅读”比例分别为12.1%、12.2%、14.5%、13.8%；“增加了数字内容的阅读”比例分别为5.7%、6.2%、7.3%、8.0%；“减少了数字内容的阅读”比例分别为4.4%、4.4%、4.4%、4.9%[2]。从人类文明发展的趋势看，这个难题不仅现在无法消除，而且还会愈演愈烈。因此，对抗电子媒体的侵蚀是传统学习方式长期而艰巨的任务，不过也是一种不可能完成的任务，这是一种文明的悖论。第二类因素是全国性的。一段时期以来，社会观念的趋功利化使得部分人的教育价值观走向功利主义，那些不能为学习者带来直接的、眼前的利益的学科，如基础学科和人文学科，受到了冷遇。在这样的大背景下，人文性质浓厚的语文学科首当其冲。事实上，在中小学的所有学科当中，除了语文，历史、思想品德教育等不能直接当成工具的学科和艺术、社会等非高考学科也受到了影响。因此，如何寻找各门学科的平衡之策，不仅是学校各科教育的共同课题，也是全社会的共同课题。

基于上述分析，当我们讨论“影响写作教学成效的因素”这个话题时，应该思考一个现实问题：语文教师或学校语文教学能在写作教学中起多大作用？因为前两大影响因素——时代因素和社会因素是所有学科所面临的共同难题，它们属于不可控因素，只有第三类因素即写作课程建设中的教材校本化开发和教学实施环节，才与语文教师有更直接关系。可见，语文教师在写作课程中的作用及对学生写作能力的提高所造成的影响，可能只占所有影响因素的几分之一而已。因此，社会舆论过多地把学生语文能力下降归咎于语文教师，显然是不够客观的。但是，上述推理也同样说明一点，语文教师毕竟掌握着对学生写作状态的影响力，教师需要考虑的是，哪些是自己可以控制的因素，通过什么努力能够使这些因素向有利的方向改变。这便是语文教师需要想清楚的第一个地方。

但是，在现实中，一些教师往往把上述三个影响因素混淆了。比如谈

[1][2]周天旻，杨庆书. 泛在知识环境下图书馆立体服务模式及其构建研究[M]. 北京：中国言实出版社，2015：50-51.

到写作教学，为数不少的语文教师总不够自信、不够踏实。他们觉得，社会舆论对写作教学的批评是有道理的，因为部分学生的写作水平确实不高，对写作的兴趣确实不大，教师对写作教学确实没有特别好的办法，一些学生的作文水平高的确与教师的教学没有多大关系，等等。于是，语文教师也会跟着社会舆论一起“抱怨”语文教学。这种认识和心态等于把时代和社会变迁对学习方式的影响的重担全部压在语文教师的肩膀上，这显然是不合理的。

因此，语文教师与语文教育研究者需要把写作教学本来不该承担的许多额外职责拿掉。但是这做起来并不那么容易。一方面，一些社会舆论总是希望教师多承担一些职责，比如有些学生家长习惯于把自己孩子不喜欢写作文怪罪于语文老师，而不太反思自己很少与孩子一起阅读对孩子学习习惯的影响；一些媒体也常常以“讨伐”语文教育的弊端为话题吸引眼球，但却不太反思是他们制造并推销的电视节目、电子游戏等占去部分学生大量的阅读时间。

有时候，部分语文教育领域的研究者和语文教师无意中也会把一些本来不属于语文教育包括写作教学的包袱背在自己身上，比如有人痛批中小学写作教学之失败，其“罪名”之一是导致社会上“假大空”文风和虚假表达的盛行，这实际上颠倒了生活与写作的影响逻辑链条。也有教师把写作课的教学目标定为“知道真情实感的重要性，培养学生讲真话的意识和习惯”,这也是超出语文课程的负荷的,其效果很可能适得其反。这是因为，首先，“写真情实感”的概念难以衡量和检测。一个教师当然可以凭自己的经验去判断学生写的是否属于真情，但是反过来，学生也可以利用阅读等获得他人的经验去制造“真情”。其次，从写作实际情况来看，只有部分写作是以作者自己的身份发声的，还有很多写作是代人立言，即以一个“他人”的身份进行思考和表达，这在虚构类创作中尤其明显，比如莎士比亚以哈姆雷特的身份思考，鲁迅以祥林嫂的身份说话。再次，情感并不是所有文体写作中的重要因素，自然也不能用来衡量一切文体的优劣。如说明书的关键是清晰明确，新闻的关键是客观准确，议论文的关键是论证的逻辑，在这些文体中感情都不是考量的唯一目标，衡量这些文体的得失，合理清晰比真情实感似乎更重要。最后，“情感健康”“讲真话”应该是社会道德建设的目标，如果不从社会环境诚信体系入手去引导学生，让他们自然而然地说真话，更有甚者，如果成年人对孩子不讲真话，一些媒体对受众不讲真话，那么，仅仅要求学生在写作文的时候说真话，这种“讲真话训练”最后势必会演变成另一种“虚伪竞赛”。

排除了写作教学“不应该承担什么”以后，接下来应该思考的是，写作教学应该承担什么，怎么做才能承担得多些、完成得好些。

二、写作教学应承担的主要功能

“写作教学应该承担什么”是一个很大的课题，许多层面的问题互相纠缠、交错。笔者认为至少应该把这一课题分成这样几层：（1）人为什么要学习写作？（2）学校环境下的写作课程和社会环境中的写作的区别是什么？（3）有教师教学的写作与一般写作练习的区别有哪些？三个问题分别对应“日常写作”“写作课程”“写作教学活动”等三个概念，由大到小，由普遍到特殊。借助对三者关系的理解，也许能一步步地剥离出现代教育体制赋予写作教学的基本职责。

1. 人为什么要学习写作？

要透彻地理解这个问题，可能需要回溯到人类文明萌发之初，即人类在自然状态下为什么要“发明”出写作这样一种文化行为。从根本上说，写作是生活的需要、表达的需要、与他人沟通的需要（往更高处说，甚至是生命存在的需要），这个认识没有多少异议。比如说“叙述”，人类最早的叙述文之一，很可能就是一个原始人发现了一只野兽，因为他一个人没有能力对付，必须回来搬援兵，要达到这个目的，他必须把遇到野兽的时间、地点，遇到野兽的经过，野兽的样子等情况讲清楚，这就是记叙文的几个“W”。再比如“议论”，人类最早的议论文之一，很可能是一群原始人因环境改变等因素，需要将居住地迁移到另一个地方。这类事情自然有人同意有人不同意，组织者要让别人接受自己的观点，就需要提出问题、概述现象、分析利弊、陈述原因、引用祖先的遗训等，以证明搬迁的合理性。诸如此类，这种基于交际需要的表达后来借助书写工具来呈现，于是就演变成了各类用途不同的文体。

与口头交流相比，书面文本有许多优点，比如文本固定，能准确传递信息；篇幅不受限制，交流的内容可以更丰富深刻；有更多时间用于构思和推敲，因而可以根据需要选择更恰当的表述方式，或者更精确、严谨，或者更精致、更有创造性。更重要的一点是，书面文本交流在相当大的程度上能超越时间和空间的阻隔，交流的对象也更广泛。因而，能熟练地运用书面文本传达思想情感，是文明社会成员必备的一项重要技能，而运用一定的书面文本形式把自己的所见所思呈现出来，自然也是一个社会成员的生活常态。至于不同成员在写作活动方面的差异，只是功能不同而已，比如有的是专业写作（以写作为谋生手段，如作家写小说、新闻记者写新闻稿、科学家写论文），有的是工作写作（为工作中某个环节的需要而写，写作并不是工作的全部，如销售员写季度总结、教师写教案、裁判员写球场争议说明），有的是生活写作（如家书、投诉信）。这三种写作的共同点都是满足社会生活需要，或者都是在自然的工作或生活状态下进行的写作，我们不妨将其称为“自然写作”。

2. 学校课程下的写作学习有哪些特点？

工作和生活中的自然写作几乎无处不在，借助自然状态的写作，一个社会成员也能慢慢积累起应付社会生活所需要的写作技能，可为什么还要学生在学校环境里学习写作呢？换句话说，在学校环境下，在基础教育课程体系中，写作学习有什么特殊意义？这当然与现代学校教育机制的诞生动力有关。现代教育机制下的学校的学习模式具有以下几个主要特点：

（1）学习环境是一种模拟的生活情境，即社会生活中原本不存在学校这么一种情境或场所，它纯粹是人为制造出来专门供学习用的，因此，其学习内容和学习方式与社会生活保持着一定距离。

（2）以接受人类积累的间接经验为主，这些间接经验等于一部压缩和精简的人类社会经验大全。

（3）内容设置以分科排列、分段学习为主，各门学科通盘考虑了主要学科之间的平衡。

（4）学习组织方式是成规模的班级集中上课、集中训练。

（5）设计思路是科学思维，即通过对学生分批、知识分解、过程分步骤的手段，让学生在一定的时间内接受普及性的教育，获得最基础的知识和技能。

现代班级制授课制的上述特点映射到写作课程中，必然使写作课程带着科学化和追求效率的印记，即不可能提供很多真实情境让学生完成大量真实的写作任务，而是以学习前人积累的间接经验为主；写作的主要目的并不是让学生完成一篇具有生活实用价值的作品，而是以见识写作技能、获得写作策略为主，即不是为了表达，而是为了学会表达；写作学习的内容，不可能是人类全部的写作经验，而只能是经过精心挑选的、典型的、排列有序的东西，尽可能让学生通过这些内容的学习，初步建立一种关于写作的知识结构。

尽管人们对现代教育的组织模式提出过不少批评，但除了批评以外，人们能够做的仅仅是设法减少其负面作用而已，比如采用小班化教学，教学设计时提供相对真实的写作任务，加强不同学科之间的联系等。但是，到目前为止，这种模式在基础教育中仍然具有不可替代的作用，在写作教学实施中，我们必须接受这种典型的“不得已的缺陷”，因为这是追求群体效率必须付出的代价。一些教师对学校写作课程的特点或局限的理解，很容易走向两个极端。一个极端是忽视现代学校制度在追求教学效率上的逻辑合理性，把学习间接经验和知识程序化看成是方向政策或课程领导者个人的失误，去盲目批评甚至对抗这种学制，在行动上则是不顾课程计划的可能性，随意提高写作学习中生活体验、真实写作的程度，比如一个学期里拿出几个星期去做社会考察，撰写篇幅较长的论文。这样做的结果是，学生写作水平的提高是明显的，但往往会以过多的学习投入，打破不同学科之间的平衡为代价，因此很容易产生新的矛盾。还有一种极端的认识或做法是机械地理解写作内容科学化、序列化的含义，在写作知识点的选择和教学落实上面面俱到、平均用力，以为把有关写作的各个知识点都讲清楚，都训练到位，就能自然而然地合成一个人的写作能力了。这种想法显然过于理想化，是不切实际的。事实上，写作教学既不可能穷尽所有写作方面的知识，也没法通过写作教学使学生普遍达到社会成员所期望的写作水平。因此，中小学写作教学的理性做法是，从普及性的写作知识中选择一些有代表性的教学内容，利用有限的教学时间帮助学生学习一些写作方面的常识和技能，学习建立间接经验与自己的阅读及实际生活之间的联系。也就是写作教学的重点在于让学生了解写作、学习写作，而不是成为写作方面的专家。

3. 写作教学活动的基本特点。

如果说人类写作学习的核心目的是学会更好地进行书面交流，学校设置写作课程的核心目的是学习写作的基础知识和基本技能，培养写作的兴趣习惯，丰富精神世界，那么写作教学的特殊意义在哪里呢？主要有以下几点：

（1）有目标的学习。凡是课程计划都会有学习目标，当然，课程计划中的目标只有通过教师组织的教与学的系列活动，才可能转化为真正的目标。谈写作教学的有效性首先要求语文教师对自己的写作教学有基本目标的设计，有对实现目标的条件分析，有实现目标的学习活动与学习资源等作为保障。

（2）有组织的学习。学校环境下的教学主要包括课堂特定的时空环境、所在的班级组织等两个特殊的要求。课堂环境和班级集体教学一方面可以看成是一种对写作活动的约束，因为教室将学生与现实生活情境隔离开来，同学的存在对独立的写作——有人认为写作是很私人化的事情——也构成一种干扰。但是另一方面，也可以看成是一种有价值的学习资源，因为教室环境和班级气氛下的写作教学有利于学生之间分享思想、见识不同的写作思路，同时，班级同学还是学生习作最稳定的读者群，这种群体氛围所形成的“场效应”可激发学生的写作兴趣、让学生容易获得对提高写作水平来说不可缺少的成就感。

（3）有指导的学习。写作教学与人们在自然状态下积累写作经验的最大区别是有教师指导。教师的就近观察和帮助能使学生的写作学习提高效率，少走弯路。当然，这一点对教师的投入和教学水平提出了更高要求。

（4）写作教学的核心价值在于对效率的追求。这个道理看似不言而喻，但却不容易被接受，这是因为人们对“效率”的含义存在不同的理解。效率的追逐对象可以是分数，也可以是知识，还可以是写作能力和语文素养的发展潜力，追求效率不等于追求分数。效率的衡量尺度可以是短期的作文成绩，也可以是长期的语感积累，其轻重选择固然有教师的影响，但主要取决于整个社会对写作教学的评价机制。因此，一般论者不能把当前写作教学中对短期效益的追逐归咎于语文教师群体，更不能因此而否定现代教育追求效率的本质。从教师一方来说，也不应该把不追求效率当作在写作教学上不作为的挡箭牌。

三、语文教师的可为空间

上面阐述了写作教学是可以有所作为的，下面这些建议可以作为提高写作教学效率的参考。

1. 尽力而为。

影响写作教学质量的因素固然有很多种，但语文教师的教学质量仍然是其中重要的因素，而且是最直接的因素之一。作为一名合格的语文教师，不必去抱怨整个时代及社会环境对写作教学的不利影响，更不应该把这些不利因素作为自己不钻研写作教学规律、不积极投入写作教学、不批改学生习作的借口。明智的做法是既知其不可为之处，如作家不是靠老师教出来的；也知其可为之处，即文从字顺的书面表达还是可以教的。有追求的教师应设法在自己力所能及的范围内，通过富有创造性的教学活动解决学生写作中的实际困难和问题。值得高兴的是，现在有这种境界并将其付诸实践的教师已经有不少，如有教师让学生写观察日记、编班级日志、制作班级网页等，有的教师设计“文学漂流瓶”活动，组织学生开展阅读文学名著并写阅读笔记的接力活动等。这些有创意的读写活动极大地提高了学生阅读写作的兴趣，也有效地提高了学生的写作能力和写作水平。在写作教学上，绝对是一分耕耘一分收获。

2. 指向交流。

写作活动的一个根本目的是满足交际需要。为了交流的写作是我们在日常社会生活中的一项基本活动，如写一份求职申请，提交一份工作总结等。这一类写作有具体的交流目的、交流对象，是真实的写作，也就能很好地激起写作者的表达兴趣。因此，写作教学从题目设置到写作过程指导，再到习作评价依据，都应该从交流需要的角度去考虑，如写作任务满足学生真实交流的需要，写作过程还原真实交流的情境，写作内容依托生活体验与真实的表达需求，写作评价看重交流的效果等。可是，现在许多写作题目，例如初中的“一件小事”“一幕”“在路上”，高中的

“先天下之忧而忧”“我想拉住你的手”“他们”等，共同特点就是比较抽象、空泛，看不出有多少实际交流的目的。拿到这样的题目，学生会把它们当成算术试题一样的一份作业，写作过程中没有交流的欲望，也缺少交流目的达成以后的快感，兴趣自然会随着时间递减。

也许有人会说，写作活动的目的不只是交流，写作不只是用来谋取职位、申请项目、订立契约、推销产品，写作活动中还有两大类：一是从事文学创作的需要，挑战或者展示自己的文学才华；二是书写生命感受的需要，主要是记录精神活动。除了写日记等这类私人写作是用于记录自己的生活，写作更多的时候需要考虑读者的阅读兴趣、阅读能力等。文学作品能否被别人理解、接受，也需要考虑读者的阅读需求，所以用于交流的写作是谁都逃不开的。比如有位作家曾经说，他写作的时候从不考虑读者是不是喜欢，也不考虑商业价值，写作对他来说纯粹是一种生存方式，因为除了写作，他不知道还能不能以另外的方式生活。按这位作家的说法，他的写作似乎已经超越了交流层面。其实这还是交流，只不过是一种间接的交流而已，而且他写作时之所以能不考虑读者，是因为其作品比较受欢迎，他与读者之间已经具有了良好的交流可能。

3. 建立联系。

写作是一项复杂的活动，写作水平不是靠单纯的写作教学就能提高的，教师要引导学生建立起写作与阅读、说话、课外写作（如日记）及生活体验的联系。

从训练量来计算。如果一学期写 8 篇习作，一个学生从初中入学到高中毕业，一共能写 40 多篇作文（据笔者所知，很多学校的作文训练次数远远达不到这个数）；如果一篇习作平均写 700 字，一个中学生 6 年里也就是写 3 万字左右。按照通常的说法，一个作家要使自己的文字达到发表水平，应有 150 万字的退稿量（可以被认为是训练量）。可见，中学生的这点文字训练量与一个社会人要达到基本写作能力所需要的训练量相比，只不过是一个零头而已。因此，中小学写作教学的重心应该放在两点上：一是打好基础，二是建立联系。

4. 主体参与。

学生的习作就像练游泳，达不到一定的量就没有效果，因此要让他们一直练习。笔者曾经听过一名特级教师的一堂写作课，这名教师讲授写作知识的时间占了近三分之二的课时，这样的教法恐怕难有好的效果。

5. 激励永远有效。

不要吝惜对学生写作的表扬，要利用尽可能多的方式让学生发表习作，如张贴墙报、上课朗读、教师引用、建网页等，还可以将学生习作登在家校联系簿上，以及创立班级刊物。美国一本指导写作的畅销书，书名就叫《发表,发表！》。江苏省管建刚设计的“学生习作发表激励系统”也是采用以激励为主的思路。

6. 命名或给个说法。

在写作教学上，教师提出的口号，进行的探索，许多都是有效果的，包括前面我们批评的“生命写作”“人文写作”“创意写作”等。但有效果并不是因为这些口号符合写作规律，而是有口号教师就会重视，教师重视就会增加活动量，这相当于木偶剧表演的提线效应：本来是一堆散乱的物件，但有人用线一提，大家就会动起来，一动就有可能产生积极的效果。

7. 多读多写，持之以恒。

任何技能训练都要持之以恒才可能见效，写作教学也不例外。一个学生的写作水平不是多读几本书、多听几堂课、多写几篇作文就能改变的，很多时候学生的写作水平甚至还会出现反复的现象。许多教学措施只有在大的时间跨度上才能产生效果，写作教学效率是长期的总体的效率，不是短期的局部的效率，因此，师生和社会对写作教学一定要有耐心。

8. 教师要善于学习前人的写作教学经验。

其实，在写作教学上，前人有很多好的做法，教师可以把别人的好做法、自己成功的经验、学生的进步及原因，包括考试作文方面的材料，一点一滴地收集、研究，化为内在的能力。几年下来，也许在不知不觉中教师就有了属于自己的并且适合学生学习情况的写作教学套路。

从这个角度说，提高中小学写作教学的有效性不是理论问题，而是实践问题。

第二节　写作知识与写作教学

写作和其他工作一样，要想由生手变成熟练工，无非有两种基本路径；一种是靠自己摸索慢慢积累，最后熟能生巧；另一种是靠知识引路，即充分借鉴他人的经验，尽快掌握该项工作的基本要领。

一、写作知识的内容及分类

新文化运动以后，西方科学思维和知识分类开始进入中国，在一段时间里写作科学化、知识系统化曾经占据上风，当然也有人极力排斥写作知识。经过几次反复，人们现在对写作知识在写作教学中的意义已经有了较为客观的认识，在写作教学实施中也不再一味地拒绝知识。但是，很多教师在“写作教学中应该教哪些知识”“教多少知识才合适”“写作知识和写作目标是什么关系”“写作知识怎么进入教学活动中”等问题上，仍然有不少困扰。本节将集中讨论几个与写作知识有关的问题。

所谓知识，就是对人类共同经验、事物普遍规律的总结。将某一研究领域或对象的内在属性或经验进行分类，建立一套知识体系，常常是第一步，写作教学也不例外。

对写作知识的认识，前人提出过许多划分角度或标准，如从传统语文知识角度分为字、词、篇、语、修、罗，从认知方式角度分为陈述性知识、程序性知识、策略性知识和元认知，从写作过程角度分为审题、立意、构思、表达、修改、发表，从表达功能角度分为记叙文、议论文、说明文等各种文体，有的纯粹从写作技巧的角度分成“写作36计”“写作80法”“写作技巧100例”。这些分类角度有的互相包含，有的存在交叉，有的过于琐碎，只有将它们加以梳理并统一到一个知识体系中，才能为写作教学所用，否则不仅增加记忆的障碍，还会造成知识体系的紊乱，反过来还可能对写作教学产生副作用。

有些写作技巧的论述只是讲一些关于写作的抽象原则与要求，很难说能起到多少作用。如《作文技巧100例》的部分条目，看起来语言表达很整齐，涉及的内容、角度也很多，但是学生读了这样的指导，很多时候还是如在云雾中。其中部分内容如下[1]：

白描摹绘法	工笔描绘法	动静交错法
联想描述法	想象描述法	直抒胸臆法
触景生情法	寄情于景法	借事抒情法
咏物言志法	融情于理法	开门见山法
一字立骨法	卒章显志法	画龙点睛法
首尾照应法	过渡衔接法	伏笔呼应法
彩线穿珠法	疏密相间法	断处皆续法
小题大做法	点面结合法	虚实结合法
对比表现法	烘云托月法	渲染表现法
事实铺陈法	形象剖析法	感触议论法
嘲讽议论法	托物讽喻法	借古喻今法
对照比较法	层递分析法	条分缕析法
旁敲侧击法	旋绕迂回法	考证旁证法
定义说明法	分类说明法	比喻说明法
举例说明法	解释说明法	分析说明法
记述说明法	描述说明法	介绍说明法
提示说明法	数据说明法	

二、常用写作知识的含义

从利于写作教学的角度，我们可以把教师指导学生写作的有关知识分为四大类：（1）关于思维的基础知识；（2）关于文体及表达的知识；（3）关于社会生活的知识；（4）关于写作课程与写作教学的知识。每一类知识中，都有一些基本概念作为基础，同时，表示概念与概念之间联系的是人们总结出来的一些原理、定理。这些概念和原理组合在一起，就构成了一个关于作文表达和写作教学知识的坐标系。若是大家都理解这个

[1] 王秋荣，林士明，于成鲲. 作文技巧100例［M］. 上海：上海教育出版社，1993：目录.

坐标系，师生之间就容易交流，写作教学才可能按规律并有效地进行。

1. 关于思维的基础知识。

思维知识就是关于人类怎么想的知识，对此上一章已经有所论述。这类知识很多、很复杂，有些知识在日常生活中会经常遇到，我们凭经验就可以获得很多，如一个人看到什么事、遇到什么人、经历什么场合、听到什么话，会不由自主地印在脑海里，需要的时候再把这些信息提取出来，如果有必要，可以用语言将其描述出来。这种“反映”“记忆”“提取”等思维活动，就是小学生习作时需要的。若涉及的是“如果先发生什么事情，后面会接着发生什么”“你做了什么，我会跟着做什么”这种“推演”和“联想”思维，就是写作记叙文应该重点训练的。而如果针对一种社会生活现象或问题，就需要思考“为什么会这样”“会引起什么后果”“应该怎么看待”“带给人们哪些启发”等问题。每一类知识中，都有几个特别重要的概念对该类型写作起着关键作用，教师对这些概念的理解要准确，在写作教学中不仅要做重点介绍，还要反复训练，才有可能让学生理解和掌握。这种情况在高中的写作教学中尤为明显。高中作文涉及的基本知识（概念）有以下几个：

（1）定义。定义是对一个事物或概念从内涵上加以界定，以区别其他事物或概念。定义的要点是抓住事物的本质特征，或描述事物的主要内涵，不能以偏概全。在高中作文中，学生经常需要对一个概念或词义下定义，如“个性是一个人的性格的外在表现，个性不是指穿着奇装异服、举止怪模怪样，而是在学习中有探索精神，思想上敢于质疑权威，工作上敢为天下先”。下定义在议论文中是不可缺少的，甚至往往是议论的开始，教师应对此做些集中训练。

（2）判断。判断是对一种现象、行为、观点下定论，判断其正误、是非、价值的高低，值得肯定还是应该否定，如“这是一种有利于保护环境的做法，值得我们学习”。做判断最主要的是要有依据，不能武断。如果学生的作文中有一处判断没有根据，教师就可以问：“你这个判断是怎么来的？”

（3）推理。推理是在前面列举的事实、结论的基础上，按照逻辑得出下一步的结论，是议论文的核心。例如，“中国有十几亿人口，如果一个人每天扔一个塑料袋，一天就扔十几亿个，一年就能把大半个中国包起来”，这个结论的获得就是靠推理。推理可使论证显得严密且具有说服力。议论文的论证过程，主要就是推理过程。

推理最重要的是让前后两件事的原因和结果等关系合乎逻辑，不能存在矛盾，更不能违反事物的逻辑。例如，“因为他经常一个人在家里，所以他做得一手好菜”，这个推理在逻辑上就有破绽，因为“一个人在家里”和“做饭”没有必然联系，若中间补上一句“他用很多时间研究烹饪”，就没有逻辑漏洞了。推理出现破绽不仅不能支持观点，反而会损害文章的价值。

推理还可细分为归纳推理、演绎推理和类比推理。三类推理在议论中各有所长，也都有较固定的语言模式，教师可以带领学生做专项训练；或者在作文批改时，指出学生在论证逻辑上所犯的错误，这样就能使他们得到具体指导和提升。

2. 关于文体及表达的知识。

通俗地讲，文体表达知识就是关于怎么说的知识。在语文课上，我们已经接触过不少关于叙述、描写、抒情、说明等方面的知识，如关于叙述中的插叙、倒叙，描写中的细描、白描，抒情中的间接抒情、直接抒情等，这些知识都能帮助学生提高描述效果。对写议论文来说，以下这些知识（见表 2–1）是经常用到的：

表2–1　议论文写作项目及常用知识

项目	常用知识	
关于观点	立论	驳论
关于材料	概述	引用
关于论证方法	分析论证	举例论证
关于结构	并列结构	层进结构
关于文章风格	语言朴实；以理服人	语言华美；以情动人
……	……	……

议论文是复杂的思维与写作活动，议论文本身也有许多类型，涉及的知识很多，一个有心的高中语文教师，最好平时多收集、多研究，在教学和讲评中多运用。下面分几项做一点介绍。

（1）立论与驳论。立论就是在一篇文章或一个层次中，作者以提出自己的看法，并证明自己的观点的合理性为主。立论的文章或段落中常常可以见到这样的句式：

•（我认为）……，这是因为……

•（我主张）……，理由有这样几条……

• 问题的实质是……

• 正因为……，才导致了……

驳论就是先列出需要反驳的观点，然后运用各种手段证明别人的说法是不成立的，并在反驳他人的基础上提出自己的观点。其基本句式是：

• 有人认为……，我认为这是站不住脚的，因为……

• 某篇文章曾经提出……，其实，他只看到了问题的一面，而没有看到……

• 有人举某某例子为证，但是，事实表明，这个故事是虚构的……

当然，高中生的议论文一般不会全篇使用驳论，但是在文章的局部用一下驳论，可使论证层次更加丰富，结论也更有说服力。教师在批改作文时遇到适当时机，可以对驳论的使用略加引导。

（2）概述与引用。概述即对一则材料的概括性的叙述。在议论文中，有三种情况会用到概述：一是概括介绍议论的对象——一个话题、一段材料、一种现象或一则故事，常出现在作文的开头部分；二是概述证据，也就是证明中所举的实例和别人的看法；三是概述自己的经历和见闻。概述的要点，一是简洁，只介绍大概，一般不需要展开细节；二是根据立意选择概述的侧重点。例如 2009 年上海高考作文题中的材料：

郑板桥的书法，用隶书参以行楷，非隶非楷，非古非今，俗称“板桥体”。他的作品单个字体看似歪歪斜斜，但总体感觉错落有致，别有韵味，有人说“这种作品不可无一，不可有二”。

这则材料可以从“继承与创新”“整体与局部”“个性共性”等几个角度立论。如果选择了一个立论角度，须在材料中寻找对应的内容，比如选择“继承与创新”这个角度进行论述，则对应的信息是“郑板桥的书法，用隶书参以行楷，非隶非楷，非古非今，俗称‘板桥体’”，但不能把题目中的材料全盘照抄，更不能增加一些不相干的信息。当然，概述时最好用自己的语言对材料进行适当加工。例如，上面一段文字可做这样的概述："很多人都喜欢郑板桥的书法，他的字体融合了隶书和行楷的特点，非隶非楷，非古非今，人们称其为'板桥体'。"

引用是文章引用其他文章中的材料、他人的观点，要加引号，表示是别人的成果。适当地引用可使文章显得有才气和说服力。

（3）举例论证和分析论证。举例论证就是通过举例子来论证，这是较容易掌握的一种论证方法。在生活中，我们经常用举例子的方法来为自己的某种行为或主张辩护，如：

正面的例子：隔壁二班的学生可以在课间上网，我们上一下网应该也没有问题。

反面的例子：张三带手机上学影响了成绩，所以你最好也不要带。

举例论证的优点是往往带有故事性和感情色彩，说理生动，容易打动读者。但运用举例论证时要注意：例子本身要典型一点、新鲜一点，例子与观点一致，一篇文章中的例子涉及的生活内容也要广泛一些，不能全部是同一类。例如，一名学生喜欢看美国的一项运动比赛，他的作文中用的例子全是关于这项运动比赛的故事，虽然例子本身是不错的，但是放在一起效果就不佳了。

分析论证是对事理展开分析，以充分的道理说服他人。说理能力是高中生写作能力训练的重点，也是比较难掌握的能力，其核心是分析能力。常用的分析模式如下（见表2-2）：

表2-2　常用的分析模式

分析的角度	句式示例
探寻原因	导致这件事的原因是什么呢？
推测危害	长此以往，会产生什么结果呢？
发现联系	这两件事看似无关，其实有内在联系
由此及彼	这件事，使我想起了……
由点及面	这种情况不仅学校里有，社会上也不少见
现象到本质	在这些现象的背后，都有一个"利"字在作怪
……	……

当然，这里列出这些分析模式，并不是主张让学生去背诵，而是给出若干程序性知识，教师可以通过一定的时间慢慢培养学生的分析能力，促使学生改进自己的语言表达。如有必要，教师也不妨用比较专业的话语指导学生，这样点拨起来可能会更到位，效率会更高一些。

（4）层进式和并列式。结构是表达习惯，也是人们在长期的写作和阅读活动中共同形成的套路。文章符合某种结构套路，作者表达起来省力，读者阅读起来也便利。议论文主要是传播信息的，其表达套路不像散文、小说、诗歌那样复杂，常用的有层进式和并列式两种模式。层进式也称递进式，一般来说，层进式适合分析具体现象，其基本模式如下（见表2-3）：

表2-3 层进模式与示例

序号	层进模式	示例
1	社会上存在一种现象	父母为儿女包办一切
2	现象反映了什么实质问题	溺爱，教育观念存在偏差
3	这种现象背后的原因是什么	传统文化，父母吃苦多
4	这种问题会带来哪些结果	青年人习惯享乐，生存能力下降
5	我们的态度与做法是什么	加强社会教育和学生自我磨炼

并列式比较适合论证一个核心命题，通常由三个分论点支撑一个总论点，其基本模式如下（见表2-4）：

表2-4 并列模式与示例

序号	并列模式	示例
1	为什么要谈论这个话题	学校里浪费现象严重
2	在这个问题上，我的态度是什么	应该节约资源
3	我持这种态度的原因之一	资源短缺是全球趋势
4	我持这种态度的原因之二	提倡节约是中国国情的迫切需要
5	我持这种态度的原因之三	培养节约精神对青少年有励志的意义
6	总结	从我做起，从点滴做起

运用并列式结构模式，要注意分论点与总论点的关系，分论点既要支持总论点，又不能与总论点重复。并列式的优点是操作较容易，但是不容易有新观点，因此在高考作文中常常得分不高。

有的书上提到，议论文还有一种“总分总”结构。其实，任何并列式文章都有一个表示总起的开头和一个总结性的结尾，例如：

- 我们班上的同学在这次劳动中表现都不错。（总）
- 第一组的同学积极性、主动性很高。（分）
- 第二组的同学的主要特点是团结一致、齐心协力。（分）
- 第三组的同学善于动脑筋，劳动收获最多。（分）
- 通过这次劳动，我感到我们班的同学很可爱，很能干。（总）

从上例的整体内容看，文章的结构是“总分总”，但是文章的主体部分还是一组有并列关系的层次，因此，不妨把它看成并列结构。

3. 关于社会生活的知识。

一言以蔽之，这类知识其实就是解决“写什么”的问题，它既包括自然科学知识，也包括社会科学知识；既包括书本知识，也包括社会生活的阅历，即“读万卷书，行万里路”。作文题目变化多端，不过万变不离其宗，都脱离不了当下的社会生活内容，都是中学生感兴趣的共同话题。这一类知识对写作水平提高来说十分重要，但是其积累却不是主要靠写作课来完成的。

4. 关于写作课程与写作教学的知识。

写作课程与教学的知识就是将关于思维的基础知识，关于文体及表达的知识和关于社会生活的知识通过写作教学组织起来，并达到预期目的的知识，主要包括对写作课程取向、课程内容框架的理解，确定单元教学目标，选择合适的教学方法，设计写作教学活动，运用恰当的评价方式，并能针对学生在写作学习中的表现提出具体的指导意见，帮助学生实现学习目标。

写作课程与教学知识是课程论、教育学、认知心理学在写作领域的具体化。除此之外，教师还应该掌握一点心理学、教育学、管理学、传播学、信息学等方面的知识。这类知识不能直接传授给学生，但可以帮助教师认识教育规律，提高知识传播效果。当然，这类知识不仅可用于写作教学，在阅读教学甚至其他学科的教学中也普遍适用。

综上所述，虽然写作的学习过程有着很强的经验性、习得性，但是语文教师不应该排斥写作需要的各类知识。一个学生可以记不住这些知识，但一个合格的语文教师则不可以。语文教师如果对写作涉及的各类知识十分熟悉，又能灵活运用，那么开展写作教学一定会自如得多。

三、写作知识的建构与运用

一些青年教师常常有这样的困惑，凭直觉能比较准确地感觉出一篇学生作文的优劣高低，但是常常说不出这篇文章好在哪里或问题在何处，当然也就提不出具体的修改意见。可是如果用一张试卷去考一考这些教师，大多数概念他们是答得出来的，也就是说他们的基础知识其实拥有不少，只是不怎么会用而已。其中一个很重要的原因就是这些教师缺少一个将这些写作知识联结在一起的网络，构不成一个写作知识坐标系。这个任务，就是写作知识的序列化所承担的。

以往，有许多人试图为写作知识建立序列，比如《国文百八课》里的知识序列、魏书生的知识树序列、宁鸿彬的“写作 100 法”，以及各种写作知识手册，都有一套关于写作知识的框架。

不过，写作知识序列的编制和使用，一直难以克服两大难题。一是知识的无限性和学习时间、记忆空间有限性的矛盾。无论是上面谈到的“百八课”还是“100 法”，都还只是初中阶段部分写作技巧和文体表达的知识，一个中学生在三年的时间里，仅仅去记这些概念，就已经不堪重负，如果再加上思维的、社会人生的知识，负担就更加沉重。二是在写作知识序列的建构方面，如何让他人的经验为我所用，不妨参考这样两个原则：第一是精简，只挑那些最需要、最核心的来记忆；第二是个性化提炼，教师应设法将写作知识化约为自己熟悉的特殊结构和语言表述模式。比如江苏省无锡市的薛星北架构的语文教学知识，就有突出的个性风格：

- 语文教学三字诀：趣、实、活。
- 语文教学三课型：讲读、导读、自读。
- 写作教学程序化：读、导、写、评一条龙。

• 能力形成三渠道：学校、家庭、社会。

• 教研工作三板块：点、线、面[1]。

薛星北这样做的目的和意义，其实不在于创造一个新的知识体系，而是用自己的一套独特话语去串联起既有的语文知识，这样就可以在一定程度上减少不利影响。

综上所述，基于写作活动自身的复杂性和目前人类对思维活动整体的认识水平，在写作教学中，对写作知识的介绍和使用，笔者认为采用积极、简要、实用的原则为明智之举。所谓积极，是指对写作知识的态度而言的，即承认写作知识对学生写作具有很大的帮助，应适时、适当地介绍写作知识，而不要盲目排斥和拒绝它们；所谓简要，是就写作知识结构而言的，即不要试图搭建一个结构宏伟、逻辑严密的写作知识框架，而是依托现有的研究和写作经验，适当选用对理解文本特点和提高表达能力有帮助的知识；所谓实用，就是服务于写作教学活动，在学生面对写作任务而无从下手的时候，在学生写作过程中遇到问题的时候，在发现学生的习作中存在较大问题的时候，借助写作知识帮助他们解决困难，而不是反过来让写作活动为掌握知识服务。具体做法如下：

（1）以有限的知识统领无限的写作。生活中的语言现象可以说是无限的，而人们对写作规律的把握是有限的，写作教学时间和写作教学对学生写作能力的影响也是有限的。因而，写作教学涉及的写作知识数量不能太多，不可能涵盖所有写作规律，更不可能解决学生在写作中遇到的所有问题。所以，在写作知识教学上，与其漫天撒网、贪多求全，不如聚集于一些核心知识或要点，如常用文体、基本表达方式、主要修辞手法等，教师讲解明白，学生理解透彻。更多零碎的知识则主要让学生在阅读和写作中自己去感悟。

（2）以常用的共识为宜。选择那些内涵比较明确、已经得到普通认可的公共知识，一般情况下，尽量运用与学生的生活表达一致的概念，如人物形象、故事情节、论点、论据，轻易不要用学术界或自己发明的

[1] 张定远. 中学著名语文特级教师教育思想精粹 [M]. 北京：语文出版社，1999：883-901.

新概念和说法，如为文控制、主体间性，以免增加学生的理解难度和误解。

（3）不求系统，大体有顺。写作知识不像一些自然科学学科知识那样有内在的逻辑序列，因此，虽然写作教学活动按单元、分学期进行，涉及的写作知识也存在一个先后的关系，但是，就各项写作知识本身来说，应该没有绝对的序列关系，不存在哪个概念必须先介绍、哪条知识必须先学习的情况。

（4）针对写作中可能存在的问题。在具体的写作教学中应该介绍哪些内容，一方面要看课程计划，但更多的恐怕还是要看学生的写作情况和需要，尤其应针对学生写作中存在的具体问题有的放矢，比如有的知识可以忽略，而有的则应该多次强调。要为解决学生写作中的问题，提高学生的表达能力而用知识，不要仅为完成教师的教学任务而介绍写作知识。

第三节　不同学段写作教学内容的划分依据

在生活中，我们对一些习以为常的做法不大会提出质疑，不会去问一个为什么，比如“坐电动扶梯为什么左行右立而不是相反”，“斑马线为什么要与道路的方向垂直”，这是因为习惯会成为自然。写作教学也一样，有一些不成文的规矩少有人质疑，比如“初中要写记叙文，高中要写议论文”。

对习惯质疑不一定是说它不合理，不一定需要我们通过质疑去否定它、推翻它，其实更大的意义在于通过质疑去梳理它的内在逻辑，理解它的合理性，洞悉背后的原理，以便更好地在教学中自觉地贯彻执行，变机械训练为创造性学习，这个过程就是专业自觉。

一、不同学段写作教学内容的差异

义务教育语文课程标准将小学阶段的写作活动分成低年段的“写话”和中高年段的“习作”，课标在“教学建议”部分指出：“关于‘写作’的目标，第一学段定位于‘写话’，第二学段开始‘习作’，这是为了降低学生写作起始阶段的难度，重在培养学生的写作兴趣和自信心。”[1]课标规定1～2年级的写话目标有三条：

（1）对写话有兴趣，留心周围事物，写自己想说的话，写想象中的事物。

（2）在写话中乐于运用阅读和生活中学到的词语。

（3）根据表达的需要，学习使用逗号、句号、问号、感叹号。[2]

除了对四种标点的使用这一知识的要求很明确，前两条更多考虑的是写话的态度，写话的两类内容——“自己想说的话”和“想象中的事物”，也是强调语文教师在低年段的写作教学中要放开，让学生大胆写。到了

[1] 中华人民共和国教育部. 义务教育语文课程标准（2011年版）[S]. 北京：人民教育出版社，2012：23.

[2] 同[1] 8-9.

中高年段，目标中增加了写作常用应用文、习作修改、写作量及写作速度的要求，前两点要求还是对写作态度的培养与对写作兴趣的激发。

与小学的写作教学强调学生习作兴趣的激发与培养不同，中学阶段的写作，不少老师将初中写作和高中写作分为两种文体的教学，这是我国语文教学中习见的做法。不少语文教师认为，存在的就是合理的。但是，语文教师不仅要看到“存在”，最好还要知道“存在”背后的合理性，才能做到头脑中有“数”，教学中有“法”。

为什么在一般语文课程序列中，初中阶段要求集中写记叙文而在高中阶段集中训练议论文呢？这其实与青少年心智的发育阶段有关。初中生的知识视野、生活经验、思考和表达能力相对较弱，所以对初中生的写作要求也相对较低。一般来说，初中生只要能把眼睛看到的景象、心里产生的感受，用书面语言说清楚，让别人看明白，大体就可以了。这些要求也正是简单的记叙文能承担的，因此，大多数语文课程都把记叙文作为初中作文的规范文体。虽然义务教育语文课程标准中规定初中学生也要写简单的议论性文章，做到观点明确，有理有据[1]，但对逻辑思维品质的要求则不突出，也不具体。而普通高中语文课程标准要求“书面表达要观点明确，内容充实、感情真实健康；思维清晰连贯，能围绕中心选取材料，合理安排结构，在表达实践中发展形象思维和逻辑思维”[2]。从中能看出两个学段写作学习内容的差异。

从初中到高中，也是人在身体发育方面变化最剧烈的时期。经历这个阶段后，大多数学生在心理特征、思维方式等方面会出现一定的变化：在关注的对象方面，渐渐从身边、家庭、学校开始部分地转向社会、人生、世界等重大问题；在思维方式上，高中生的逻辑思维能力有了明显提高，开始喜欢用概念分类等去理解和把握世界；在表达能力方面，高中生已经可以对一些复杂的现象进行分析，并尝试表达自己的看法。而议论文的特点，恰好为展示高中生的思维特点和能力提供了平台。

[1] 中华人民共和国教育部. 义务教育课程标准（2011年版）[S]. 北京：北京师范大学出版社，2012：16，17.

[2] 中华人民共和国教育部.普通高中语文课程标准（实验）[S]. 北京：人民教育出版社，2003：9.

为适应这种变化，帮助高中学生提高与其年龄阶段相应的语文素养，高中语文教材在选文类型、训练侧重点、能力要求、写作的文体等许多方面，都应有一定的体现。

一方面，虽然高中写作教学大部分是教议论文写作，但是高中作文并不简单等同于议论文，只是说理能力，也可以说是逻辑思维或表达思想的能力是高中的学习训练重点而已。另一方面，一篇好的议论文也不可能全部是说理。在议论文中，介绍材料要用叙述，举例子需要适当描写，若是议论到精彩之处，适当来几句抒情还有可能增添文采，提高文章的说服力。

针对高中教学与初中教学的特点，教师是否认真思考过这个问题：高中与初中有什么差别？如果在这个问题上经过一定的思考，有一个比较透彻的认识，相信对高中语文教学的诸多内容就不会太模糊了。

以高中写作教学为例，要把握高中作文的规律，首先需要了解一些高中生的心智特点，理解高中写作教学的目的和主要任务，即“高中作文教什么”，然后才有可能回答“高中作文怎么教”等问题。

与初中生相比，高中学生的生理、心理等许多方面在整体上发生了很大的变化。与写作教学相关的内容，概括起来大概有这样一些：

• 知识积累成倍增长，掌握的材料日益丰富。

• 视野变得开阔，目光开始从以家庭和学校生活为主的格局中超越出来，更多地转向社会生活。

• 自我意识逐步确立起来，往往不再以父母的教导为准绳，也不再把教师的指令、课本知识视为当然正确的东西，而开始尝试建立自己的标准，并按照这套标准去评价周围的人与事物。

• 喜欢对周围的事物评头论足，以发表不同声音来表示自己的存在价值。

• 试图说服、影响别人。

• 以共同关心的话题为纽带组成小群体，共同语言开始建立。

• 理性思维意识和能力逐渐发育，开始较多地使用概念、推理来表达思想感情。

上面这些变化，也可以用几个关键词来概括，即社会性、独立性和理性。这些变化对青少年思维品质的发育来说是质的飞跃。

二、高中阶段写作教学的侧重点

高中写作教学的内容及方式，应该与高中生的生理、心理变化相适应，才可能取得预期的效果。2003年，教育部颁布的普通高中语文课程标准对高中生的写作能力和高中写作教学做了一些具体描述，许多提法切合高中生的这些特点。如要求学生应“学会多角度地观察生活”，“对自然、社会和人生有自己的感受和思考”等，体现了高中学生“社会性”的特点；要求学生“能考虑不同的目的要求，以负责的态度陈述自己的看法”，也体现了“社会性”的特点；要求写作教学努力“培养科学、理性精神”，要求高中作文重在发展“逻辑思维”，“发展创造性思维”，紧扣了“理性”特点；要求作文“有个性、有创意的表达”，体现了“独立、自我”的特点。

根据上述分析，可以列出衡量高中生作文水平的维度及写作教学的重点：

1. 在关注与反映的对象上，以社会生活为上，也就是注重“社会性”。

所谓关注社会就是把目光和思考的焦点从个体体验转向一些社会关注点，如社会现实、社会问题、人生问题（最好还有世界眼光）。

表2-5　初、高中生关注内容的比较

初中生更喜欢关注的内容	高中生更喜欢关注的内容
有关身体个体的体验，如喜欢、冷暖、温饱、快乐等	作为生命个体的体验，如爱、追求、幸福等
亲历的生活环境和话题，如家庭生活、校园话题、兄弟姐妹情谊、母爱等	视野开阔的环境，如城市、乡村、国家、全球等
具体的活动，如运动会、旅游等	抽象的活动，如兴趣爱好、历史、战争等

2. 在价值取向上，以展现独立思考为上。

独立思考是勇于表达自己的真情实感，并体现自己在某个问题上的看法。有人认为，小学生、初中生等低年级的学习特点主要是观察与模仿，而高中生、大学生的学习特点是分析与创造，就含有这个意思。

3. 在思维方式上，以逻辑思维为上。

所谓逻辑思维，就是从概念出发，通过判断、推理得出一定的结论。逻辑思维的出发点不是自己的情绪、喜好和个体经验，而是公共的常识、定理和社会经验，是一个个体能真正认识社会，能被社会接受的基本语言，因而也是高中生重点训练的能力。

4. 在语言上更有表现力。

影响语言表现力的因素固然很多，高中作文中学生使用的材料更丰富，能表现出高中生应有的知识视野和思维容量。一些优秀的高中作文中，出现的不是一则材料，也不是一类材料，而是时间跨度、空间跨度大的材料，这些材料类型和表现手法丰富，不仅有叙述、描写，也有抒情和议论。伴随着材料和表现手法的丰富，学生的思维容量往往也丰富起来。

高中生的生理、心理特点及伴随而来的表达特点，其实是一个人由学生语言向成人语言过渡的阶段特点。虽然不同学生的发育程度会因人而异，这个转化伴随人的一生，但从整体上看，高中阶段的“成人化”倾向还是较集中，也较为整齐的。这个转化所完成的是一个人的语文能力，包括观察能力、分析能力、表达能力的整体提高，反过来说，一个人的议论能力若想得到有效的提高，必须在知识积累、观察、分析、表达等各方面都有所提高。也就是说，写议论文所需要的主要能力与一个成年人需要的语文能力有很高的契合度。因此，以议论文训练作为高中作文训练的重点内容成为学校写作教学的现实选择。实际上，不管是国内的教科书，还是世界各国的课程计划，都普遍把议论性文章作为高中阶段训练的基本文体。这说明，大家在对高中阶段学生特点的把握和主要学习方向的选择上已经达成了共识。

不过，我们说高中是一个人从幼儿向成人、从个体人向社会人转变的过渡阶段，其实有双重含义。高中生的思维特点和认知特点中既有成熟的一面，又带有某些不成熟的印迹。因而在他们的作文中，常常可以见到这样几个突出的问题。

1. 如何驾驭较为丰富的材料。

如前所说，高中生普遍已经有了运用丰富的材料和知识展现自己才华的意识。但是，如何把这些材料组织成一篇有序的文章，对他们来说还是一个不小的难题。在高中生的作文中，经常出现材料堆积过多，不同材料的内涵相互冲突，材料与观点不协调，材料描述多而分析少等问题。这些问题，都需要通过训练来帮助学生加以克服。

2. 如何表现自己的独立思考。

高中生敢于表达自己对一些问题的独特看法，也具备了一定的独立思考问题并得出与众不同的见解的能力。但是，高中生在心理上仍然处于叛逆期，他们的叛逆对象开始从家庭向社会延伸，因而在对一些复杂的社会、人生问题的看法上，往往不够辩证、全面，会形成所谓的“片面的深刻”。高中生作文在独立思考方面容易出现的问题有三类：没有观点，只有故事；观点偏激，把局部当作全部；照搬媒体上的空话套话。

在写作教学中，教师一方面要小心地保护学生敢于表现的勇气和创新精神，又要恰当地指出他们的问题，帮助他们提高思维品质。

3. 如何提高逻辑水平。

高中生在思维能力和语言水平方面具备了一定的说理能力，但是，多数高中生的思维能力及文字表达还普遍缺乏逻辑性，尤其是刚进入高中的学生，普遍不会用逻辑推理来分析问题、得出结论。主要表现有：前后结论不一致甚至相互矛盾；没有经过分析和论证而凭空下结论，把基于自己感受的判断当成基于常识和真理的结论，无限上纲或无病呻吟，对某种现象的意义任意拔高或贬低。

这些问题，在高中写作教学中应重点关注。

三、高中写作教学示例

下面是一则“论证:遵循思维的逻辑”教学设计[1]，若要判断这规则设计的成败得失，按照高中的写作标准来衡量，应该主要看该设计是否注重思维过程的训练。

教学目标：

1. 知道论证要遵循思维逻辑，了解“归纳推理、演绎推理和类比”三个概念。

[1] 郑桂华. 高中语文教师专业能力必修［M］. 重庆：西南师范大学出版社，2012：54-58.

2. 学习判断、修改论证中的逻辑错误，并在写作中运用论证的方式。

3. 学习辩证地看问题。

教学时间：2 课时。

教学流程：

（一）了解论证知识

1. 学生课前查阅资料，了解何种情况需要运用论证这种方式。

2. 课上交流。

教师点拨：运用文字、数据、逻辑推理等证明论据和结论之间有必然联系的过程，就是论证。

论证广泛应用于社会生活的各个方面：

• 传播某种思想、观点，如新闻评论、演讲、倡议书、公告、广告等。

• 报告自己的某项研究成果，如科研论文。

• 为一项方案或决策提供依据，如工程论证报告、策划书等。

• 为判断是非、裁决纠纷提供依据，如法庭辩论、听证会辩论。

• 回答专门的质询，如新闻发布会、论文答辩。

论证的目的是影响、说服他人。

3. 教师引导。

无论在生活中还是学习上，一个人经常需要与别人进行沟通，把自己的想法告诉别人，并希望对方接受你的观点。例如：

• 说服爸爸妈妈同意你与几个同学一起外出旅游。

• 参加班干部竞选，让大家相信某一个职位更适合你。

• 对某种社会现象或热点问题发表看法。

• 你发现买的某种商品有问题，写一封投诉信，说明是产品本身的质量问题而不是你使用不当造成的。

诸如此类的许多情形都需要你向别人申明观点，并说出许多理由来证明自己的观点是合乎情理的。

（二）热身活动：尝试说理

1. 教师出示情境设计。

如果你要说服爸爸妈妈同意你外出旅游的计划，你能够说出哪些理由来打动他们？

2. 小组或班级讨论交流。

如：

- 古人提倡读万卷书，行万里路。
- 一张一弛，文武之道。劳逸结合能促进学习。
- 饱览祖国大好河山，锻炼综合能力。
- 其他同学也有旅游计划，并有获益的榜样。
- 已经考虑并解决了安全问题。
- 不会花费太多钱。
- ……

3. 深入讨论。

（1）有效的论证能影响他人的判断。你的父母能否批准你的出行计划，在很大程度上将取决于你对出行意义的论证。你觉得上述理由充足吗？你还能说出哪些理由？

（2）想一想，如果你的父母不赞成你的旅游计划，他们会讲出哪些理由？

4. 教师相机点拨。

论证其实并不难，我们几乎每天都在运用论证。

论证既可以用来为某种判断提供支持，也可以用来证明某种结论不成立，后一种论证也叫证伪。

（三）重点训练：学习合乎逻辑的论证

1. 教师提供概念解释等资料，引导学生认识人类基本的思维逻辑。

在法庭上，检察官可以举出对犯罪嫌疑人不利的证据来判定他有罪，而辩方律师往往也能举出许多证据证明他无罪。可见，证据本身并不一定能推导出唯一的结论。论据的数量也不是多多益善。你的结论是否可信，不仅要看证据，更要看你对论据与结论之间逻辑关系的阐释。

归纳推理：从许多个别现象、个别事物中寻找共同点，得出一般结论。如“我们看到的西瓜是圆的，苹果是圆的，桂圆是圆的，由此可见，一般植物的果实都是圆的”。

演绎推理：从一般的原理、结论出发，去判断个别事物的状态和性质。如“一般来说，植物的果实都希望被动物传播，因此，它们会进化出一定的甜味，以吸引鸟兽来吃”。

类比：用一件事作为例子来证明另外一件事也具有同样的性质。如“热带雨林的植物生长茂盛，是因为那里气候温暖，雨量充沛。如果将北方的蔬菜瓜果移植到南方，一定能提高产量”。

但是，由于社会生活现象和语言现象十分复杂，在运用逻辑推理原则进行具体的论证时，会出现许许多多细微的差异，很容易出现逻辑错误。

2. 尝试：判断常见的逻辑错误。

下面几个简单的论证都存在逻辑问题，试理解这些论证的逻辑错误，看看有没有将其修正的可能。

论证	能否成立	逻辑错误或问题
好兵帅克让别人猜的谜语：有一座三层楼房，每层楼上有八个窗口，房顶上有两个天窗和两个烟筒，每层楼上住着两位房客，请问这所楼房看门人的奶奶是哪一年死的		
一个饥饿的人一口气吃了三个烧饼才吃饱，他后悔地说：“早知道第三个烧饼能吃饱，我就用不着吃前面两个烧饼了。”		
英国和日本都是岛国，自然资源不丰富，这反倒成为它们发展科技的动力，成就了它们的强盛		
一个种田人看到一只兔子撞死在树桩上，于是他每天都守在那个树桩前，等待别的兔子送上门来		
寓言《自相矛盾》中，卖矛和盾的人的逻辑		
寓言《狼和小羊》中，狼的逻辑		
颜色鲜艳的东西往往是有毒的，所以多吃西红柿对身体不好		
李白斗酒诗百篇，现代人写不出好诗，是因为不能饮酒		

3. 深度活动：判断下列论证是否合理，并简述理由。

• 一班姓赵的同学最多，三班姓赵的也多，赵姓很可能是第一大姓。

•司马迁写出了《史记》，司马相如写出了《长门赋》，司马光写出了《资治通鉴》，看来，姓司马的人都是很有才华的。

•司马迁敢为天下先，写出了《史记》；唐僧敢为天下先，取回了真经。因此，要想取得成就，我们要有敢为天下先的精神。

•人类早已进入了文明社会，我是人类的一员，我的所有举动都是文明的。

教师相机点拨，如何避免论证中的逻辑错误：

•尽可能考察了解与论题有关的全部情况。

•证明论据和结论之间确实存在着因果关系。

•说明这种因果关系是必然的而不是偶然的。

•判断此因素对形成结果是起唯一作用还是只起部分作用。

•分析其他因素对产生这种结果所占的影响大小。

•说明此种因素对结果发生作用受什么条件影响和制约。

•考虑会有例外的可能并指出原因。

4. 调用生活积累，强化训练效果。

日常谈话中，我们常感到一些说法有逻辑问题，试举出几例，并具体分析逻辑错误。

注意：理由的呈现必须符合人类的理性，遵循形式逻辑。

有许多论证隐含逻辑错误，看上去合理，实质上似是而非，阅读时要注意辨析。

（四）交流与写作：运用论证

1. 探究课文中的论证。

查阅这一学年教材中的议论文，仔细分析其论证部分的逻辑推理，看看哪些值得肯定，有没有值得商榷的地方。

2. 写作。

就“流行”这个话题，选择一个角度写一篇议论文，注意论证材料和论证逻辑。

（五）反思论证的过程

1. 对论证进行自我反思。

由于受知识视野、认识手段、个人立场、当时环境等因素的影响，一个人对某个问题的认识常常有片面之处。而且，许多事物本身也在不断变化。这就需要对我们的论证进行反思，及时发现问题并加以修正。

以下几个问题，可以帮助我们反思一项论证合理与否：

• 我是否掌握了足够的与话题有关的情况和信息？

• 我的观点是一种假设还是客观事实？

• 我得出这个观点更多基于个人的主观倾向还是客观依据？

• 我的证据是否可靠？

• 从我的材料、证据中必然能归纳出观点吗？

• 我的推理过程有没有破绽？

• 我注意到这个判断结论不能涵盖的特殊例外，并能做出合理解释了吗？

• 我注意到不利于我的观点的材料以及反对方的意见，并能合理解释了吗？

• 我的论证语言是不是简明易懂？

2. 借鉴反方观点进行反思。

将前面论证训练题上持不同观点的两个小组所列举的理由互换，冷静、细心地思考反方陈述的理由，理解对方的意思。

梳理双方观点的分歧和论证的差异，辨析双方分歧的关键。

吸收反方合理因素，修正你的观点，调整你的论证，使立论更稳妥，论证更加完善。

对反方有代表性的观点和核心论证进行必要的反驳，指出其论据或论证上的不足。这也是从反面来加强自己的论证。

3. 重新整理自己的论证思路，修改完善习作。

注意：

• 许多分歧并不是非此即彼、谁是谁非等水火不相容的关系，而是互相交错、相辅相成的。

• 许多论证的指向不全是唯一结论，不代表真理，而是表达一种个人主张。因此，应允许不同的主张。

• 论证是向他人介绍自己的主张和观点，希望读者和对方接受，一般来说，论证是一种平等交流，应心平气和地讲道理，避免居高临下。

论证是我们生活中常用的一种思维与表达的技巧，也是议论文写作的基本功。教师可以用“摆事实”“对比论证”“类比论证”等论证方法教会学生充分有力地开展论证，但最根本的是对学生思维的严谨性进行训练。该设计从“论证：遵循思维的逻辑”的角度开展教学活动，介于思维训练与写作训练之间，或者说是以思维训练始，以写作训练止。

该设计比较突出的是将“论证：遵循思维的逻辑”的训练设计为一系列活动，第一个小目标是“了解论证”，然后从生活中常见的情景——说服父母同意自己去旅游——开始热身活动，到“重点训练”，最后运用论证来“交流与写作”。活动基本能做到一步一步地推进，有指导有讨论，活动形式也比较丰富，有聊有辨有写，学生易于进入学习状态。

第三章　写作教学的历史经验

社会对写作教学的质疑没有停止过，但是同时，广大语文教师及语文教育研究工作者也一直在摸索写作教学的规律，探索新的教学方法，争取提高写作教学的质量，以适应学生对写作教学的需要。可以说，这种质疑和应对成了写作教学发展的一种基本态势。

今天，写作教学中这种质疑和应对的基本态势依旧，而年轻一代语文教师及语文教育研究者了解以往的一些争论话题，并从前辈那里吸取资源，对应对今天的挑战是有帮助的。本章即从中选择几个话题加以讨论。

第一节 写作教学中教师的介入方式

从行为实施者的角度看，写作教学活动涉及教师和学生两个主体，而对写作教学的描述和讨论多是从两个主体的视角分别进行。一是从学生视角，如“如何审题”“如何选材”“如何构思”“如何表达”“如何修改”，以及“快速作文”“创新作文”等。以这个视角来表述写作教学，往往看不到教师的身影，强调得更多的是“写作过程”而忽视了“教学”。另一个是从教师的视角来描述，如“如何命题”“如何激发写作兴趣”“如何设计教学支架”“如何重视思维训练”“如何进行评改”等，以这个视角描述写作教学，学生的身影往往会被遮蔽，关注更多的是“教师教学”而忽视了“写作”。其实，这两个过程应是彼此独立又相互关联的，应该是“写作教学活动”。“写作教学活动”的本质就是教师有意识地以某种方式介入学生的写作过程，并对学生的写作活动施加影响。

其实，早在20世纪初，天民就从师生关系的角度研究写作教学（如图3-1所示），并把教师指导学生的方法分为“解说法”、“共作法”、“助作法”和“自作法”等四种[1]。这种分法将师生关系按照由远及近的顺序划分得十分清楚，为我们理解写作教学中的师生关系开了一个很高的学术窗口。不过，仅仅从远近距离还看不出写作教学中师生具体的行为方式，因而有必要对此做深入讨论。

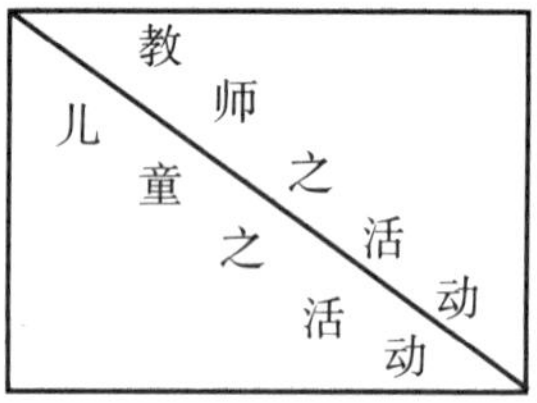

图3-1 从师生关系角度研究写作教学

要考察教师如何介入学生的写作过程，必须从梳理学生的写作过程开始。按照先后顺序，人们把学生的写作过程划分为写作前、前写作、写作阶段和写作后四个阶段，每个阶段又都对应一些具体的写作活动。在写作教学活动中，一篇作文的写作过程如下（见表3-1）：

[1] 天民. 作文教法之新分类及其活用［M］// 饶杰腾. 民国国文教学研究文丛：写作卷. 北京：语文出版社，2016：258.

表3-1　一篇作文的写作过程

写作过程	写作前的准备	前写作阶段	写作阶段	写作后阶段
写作活动	内容储备（通过阅读、见闻积累生活经验和写作素材） 知识储备（文章体式、表达技巧等，思维能力等） ……	写作动机建立 写作兴趣激发 写作对象预设 写作情景设置 ……	审题 选材 构思 立意 表达 ……	修改 交流 发表

那么，课程意义上的写作教学，无非就是教师以某种方式介入学生写作过程四阶段中的某一段，对学生的某个写作环节施以影响，从而帮助学生改善写作状态，提高写作水平。那么，教师介入学生的哪一个写作环节，以什么样的方式介入，对学生的写作行为或结果施以什么影响，也是区分写作教学方式的一种思路。

从这个角度看，写作教学方法虽然五花八门，但从教师的介入方式看，不外乎这样几大类，即熏染式、点拨式、仿作式、关键问题突破式及重点技能训练式。例如，传统写作教学要求“读万卷书，行万里路”，其实就是对学生的写作前的准备活动——积累生活素材、文章体式施加影响，而今天一些教师采用的推荐发表学生习作的方法，则是重在激励写作兴趣，但这两种方法对学生的写作介入都是间接的。另外，还有个别教师的写作教学只是向学生泛泛地介绍几条写作知识或要求，也就是天民所说的“讲解式”，这种方式在今天几乎被大多数教师认为是无效教学而加以摒弃，在此不加讨论。

写作教学的立足点不同，其作用机制和教学效果也存在较大的差别，语文教师只有知晓不同介入方式的特点和不足，并根据具体的阶段任务、学生情况及教师个性选择适宜的介入方式，才可能发挥不同教学方式的长处，提高写作教学的效益。

一、熏染式写作教学

所谓熏染，就是教师不讲或少讲文法章法，而是让学生通过大量阅读获得语感，通过大量练笔悟出作文的门道。从介入过程看，这属于教师在学生“写作之前”的介入,对学生的写作活动产生的既是整体的影响,也是间接的影响。这种教学方式在传统的私塾中比较普遍。宋朝胡宏曾这样介绍自己的教学经验:“有想从欲学文者,须依东坡之法,令熟读左氏、两汉、韩柳之文,则他日必大有可观者。”[1]鲁迅在《做古文和做好人的秘诀》一文中对自己的学文经历也有过生动描写:“从前教我们作文的先生,并不传授什么《马氏文通》《文章作法》之流,一天到晚,只是读,做,读,做;做得不好,又读,又做。他却决不说坏处在那里,作文要怎样。一条暗胡同,一任你自己去摸索,走得通与否,大家听天由命。但偶然之间,也会不知怎么一来——真是‘偶然之间’而且‘不知怎么一来’,——卷子上的文章,居然被涂改的少下去,留下的,而且有密圈的处所多起来了。于是学生满心欢喜,就照这样——真是自己也莫名其妙,不过是‘照这样’——做下去,年深月久之后,先生就不再删改你的文章了,只在篇末批些‘有书有笔,不蔓不枝’之类,到这时候,即可以算作‘通’。”[2]

尽管鲁迅的描述中带有很多讽刺成分,但他并没有完全否定这种教学方式对提高写作水平的积极作用,因为毕竟还是有很多人像他那样最后“做通”了。的确,写作是一项习得性很高的学习活动,没有一定量的阅读和写作的积累,要想提高写作能力当然是不可能的,这也是很多语文教师和教育专家在今天仍认为“多读多写”是提高学生写作能力不二法门的依据。

不过,“多读多写”能让鲁迅那一代文化人把文章做通,今天却难以作为课堂写作教学的常规路径。原因很简单,鲁迅那一代人不仅能在课堂里“一天到晚”地“读”与“做”,而且很多人在入学之前就已经饱读诗书。也就是说,自我熏陶式写作教学路径的瓶颈是阅读时间、阅读数量及阅读质量难以得到保证。如果要提高教学的有效性,教师至少要完成以下工作:(1)为学生选出成系列、高含金量的阅读材料;(2)要确保大部分学生能完成阅读计划,而不要让阅读成为几个语文尖子生的事情。要完成

[1] 陈慧. 促成古文之学形成的重要理念[M]//王水照,朱刚. 中国古代文章学的成立与展开:中国古代文章学论集. 上海:复旦大学出版社,2011:210.

[2] 鲁迅. 做古文和做好人的秘诀[M]//鲁迅. 二心集. 北京:人民文学出版社,1973:67.

这些，就意味着教师是在挑战社会变迁所带来的阅读方式的变化。因此，“多读多写”肯定能提高学生写作水平，但这个口号可以作为从根本上提高学生写作水平的旗帜，却不能作为教师在课堂写作教学中“无所作为”的借口。

二、点拨式写作教学

所谓点拨，是教师针对学生写作中遇到的困难和习作中反映出来的突出问题随时进行指点，帮助他们及时改进写作状态，提高写作水平。采用这种教学方式，教师具有全程介入学生写作过程的可能。在教学过程中，教师能随时考察学生的写作状态，发现其写作中的精彩表现或障碍，并及时提供指导；学生在写作中边写作、边学习、边修改、边反思，写作水平往往会提高得很快。这种方式颇类似于过去手艺行里的师徒制，今天，人们学习书法、绘画、钢琴、游泳等，差不多也是这样的。为很多人津津乐道的莫泊桑跟福楼拜描写马的细节，也可以看作是师徒式点拨教学的成功案例。

教师点拨能给学生高效的帮助，这是因为写作活动是十分个性化的，每个学生的写作起点都不相同，在写作中遇到的问题也千差万别，教师如果能对学生的写作状态、写作水平有所了解，能针对学生在写作中暴露出来的问题做具体分析，并提出相应的改进建议，学生的收益也是可感的。过去很多行业之所以能培养出世代相承的能工巧匠甚至手艺大家，这也是原因之一。

不过在今天的中学语文课堂上，点拨式写作教学面对的是两大挑战：一是班级授课环境，二是教师自身的写作水平有限。若一个教师指导一名学生写一篇作文最少用20分钟，那么他指导一个班级45名学生的一次写作活动就可能消耗一两天，这种时间和精力投入不仅让一般教师难以承受，恐怕也不容于全校的教学秩序。为了协调这一矛盾，现实中有两种常见的折中的做法：一是只点拨少数写作精英或者写作困难的学生，二是轮流面批。这两种做法都有效果，但也有所舍弃。

影响点拨式写作教学效果的另一个因素当然是教师自身的写作素养问题。古代许多塾师本身便是文章高手，如做了大半辈子塾师的归有光、蒲松龄，都是一边教学生作文备考，一边自己也在准备参加考试，他们对学生写作中的问题自然看得准，也往往能点拨到要害上。与他们的做法相似，今天也有一些人主张语文教师自己应该会写作，还有一些教师身体力行坚持写“下水作文”，如上海的金志浩、江苏的王栋生。他们一边写文章，一边教学生写作，他们带出来的徒弟写作水平自然不会差。可是，如今大多数语文教师不仅少有写作的习惯，许多人甚至还视写作为畏途，因此，点拨式教学的效果虽好，却难以大面积推广。

三、仿作式写作教学

仿写是一种成功的作文法则，古人早就总结出许多如何模仿他人的范文以尽快提高自己写作水平的经验。从自修者的角度看，仿作就是多读多写。叶圣陶曾经指出：“读与写关系密切。善读必易于达到善写，善写亦有裨于善读。二者皆运用思考之事，皆有关学科知识与生活经验之事，故而相同。”[1]因而从阅读中汲取写作营养是提升写作水平的重要途径。鲁迅也认为，“凡是已有定篇的大作家，他的作品，全部就说明着‘应该怎样写’”，但是，鲁迅又说，大作家作品中的“应该怎样写”，一般读者“很不容易看出，也就不能领悟”[2]。照此推论，名家名篇中隐藏着的“应该怎么写”，中学生自然也是不容易领悟的。从另一个层面看，一般中学生由于读书少、阅历浅，对作品优劣的判断力和选择力不高。因此，这就需要教师在“仿什么”“仿哪里”“怎样仿”等方面给学生足够的指导，以提高仿写的功效。这就是有组织的仿作教学和要学生简单模仿的区别。

从仿作对象看，一般有三种易于操作的写作教学方式：

（1）模仿语文教材中的课文。编入教材的很多课文都是经过反复挑选的，有的课文还是历代语文教材的常客。以语文教材中的名篇为仿作对象有几大好处：一是这些课文思想内容和表达方式的特点突出，学习价值典型；二是通过阅读教学，这些课文的特点多数已经被分析透彻，易于学生把握。以教材名篇作为仿作参照对象，可大大节省教学时间。

---

[1] 叶圣陶. 向善读善写方面努力［M］//叶至善，叶至美，叶至诚. 叶圣陶集（十六卷）. 南京：江苏教育出版社，1993：151.

[2] 鲁迅. 不应该那么写［M］//鲁迅. 且介亭杂文二集. 北京：人民文学出版社，1973：77.

（2）编写专门的仿写辅助教材。一般语文教材毕竟是针对阅读教学而编写的，往往有一套自己的价值体系，因而对写作的参考价值有一定限度，有时很难覆盖一些重要的写作教学内容。因此，编写一套专门的选文集供学生写作学习之用，就是一种不错的选择。从这个角度看，叶圣陶等主编的《国文百八课》，20世纪80年代陆继椿编写的“双分”（即分类集中、分阶段训练）语文教材，都可以看成是供学生仿照的写作教材。20世纪80年代至90年代，国内出版的相当一部分作文训练参考书，如中学语文编辑室编写的《写作》教材（人民教育出版社，1984年），都本忱编的《中学生作文训练》（甘肃人民出版社，1984年），欧阳代娜主编的初中写作教材[1]等，都是用范文或示例的方式帮助学生理解写作要点，从范文和引导中体悟写作门道，因而广义上也属于仿作教材。

（3）模仿优秀的学生习作。让学生参考同龄人的习作，从中感受思想、学习写作经验，也是一种不错的写作教学路径。读同龄人的习作，不仅在思想和情感内容上容易引起共鸣，写作水平的差距也没有那么大，因此用优秀的学生习作作为仿作教学的媒介会有特殊的效果。

不过，采用仿作式教学，教师在文本类型的挑选、学习系列的安排及教学指导上也不能放松，如果仅仅由着学生自己读、自己写，其作用也有限，这就是一些专门的读写结合的教材总是“看上去很美”的原因。

另外，仿作式教学的另一个瓶颈是阅读范文的有限性和写作技能的无限性之间的差距：选出的阅读材料再典型、再精练，也仅仅是孤零零的几个写作技能例子。因此，若是能从一个例句、一篇范文拓展开去，为学生提供更丰富的语言材料，帮助他们慢慢过渡到自由阅读和写作的境地，才能真正体现出这种教学方法的效果。

四、关键问题突破写作教学

为什么学生在写作上花了大量时间而写作能力却没有明显提高呢？

[1] 该教材最早名为《初中实验课本・写作》，由鞍山市第十五中学实验教材编写组编写，1982年印制。1991年由辽宁教育出版社正式出版，名为《辽宁省初中语文实验教材・写作》。

一定是在某个关键地方出了问题。从 20 世纪 80 年代以来，人们对影响写作教学效果核心问题的追问就一直没有停止过。那么，找到这个影响写作教学效果的龙头，并设法牵住它、制服它，也许就可以从根本上解决写作教学低效的问题了。

20 世纪 80 年代以来，人们提出了许多写作教学的新方法，共同之处就是寻找写作教学的切入点，希望做到突破一点而带动写作教学全局，也就是教师在某一关键问题上介入学生的写作活动，借此找到打开写作大门的钥匙。譬如“以观察带动写作”的尝试，就是本节表 3-1 中“写作前的准备”阶段教师介入，以解决写作材料的来源问题；一些学校开展的“真实写作”是教师介入学生的“前写作”过程，即通过预设读者或布置真实的写作任务唤起学生自然的表达状态；“快乐写作教学法”主要是教师介入学生的“前写作阶段”，以解决学生的写作态度和写作动机问题；而“广义发表教学法”主要是教师介入学生写作后的阶段，以帮助学生保持长久的写作动力。

在人类对写作能力的认识和写作教学规律的把握整体上仍然是一个难以窥破的黑框的条件下，从一个要点切入写作教学并慢慢逼近写作教学黑框的中心，符合人类认识未知世界的一般规律，这种做法对提高写作教学的质量是行之有效的。如由北京市月坛中学的特级教师刘朏朏、北京师范学院高原教授提出并探索的以观察为抓手的“作文三级训练体系”，20 世纪 80 年代中后期曾经在全国 1500 多所学校的 5000 多个教学班开展过多轮教学试验，在语文教育界产生了很大反响。[1]

不过，也正因为这些主张和做法多是从外围去逼近写作，或以写作中的某一点带动写作，其主张和做法在学生作文水平提高方面显示出的统计数据并不一定全是该方法运用的直接反应，而很可能受了其他因素的共同影响。这犹如“试验田效应”：试验班往往会受到更多关注，师生在时间和精力上对试验班的投入也比对比班多，试验班的教学效果自然也好过对比班，其效果就不全是自变量直接带来的。如下面这段“游戏作文”：

---

[1] 王显槐. 锐意开拓作文训练的新路［M］// 黄麟生，倪文锦. 先进教育思想　高超教学艺术. 桂林：广西师范大学出版社，1991：39.

环节一：出示题目“长、短两根线条”。

环节二：学生自由想象“由线条想到什么”。

环节三：学生交流想象的成果。

环节四：学生自由写作。

环节五：交流评议。[1]

可以想象，在这样的课上，学生自然很活跃，写作也有积极性，若长期坚持，他们的写作水平也一定会见成效的。但这种写作水平的提高，主要还是伴随着学生对游戏的喜好而增加投入所产生的，并不是写作教学的直接结果。近年来，大规模写作教学试验活动不再如以往那样具有轰动的效果，这也从一个侧面说明了这些试验活动用于常态化课堂教学方面的局限性。如今，课程建设已经日益规范，在探索写作教学创新之路的同时，如何将写作教学常规化，如何把写作教学的突破点向其他能力点延伸，如何提高写作教学对学生写作水平的直接作用，应该是“关键问题突破式”写作教学面临的三大任务。

五、重点技能训练写作教学

追求效率是现代教育的核心取向之一，写作教学自然也不例外。我国语文教育界在写作教学方面对效率的追求大体上有两个阶段。早在20世纪二三十年代，陈望道、夏丏尊、阮真、叶圣陶等语文教育开拓者就意识到解决写作教学效率问题的重要性，无论是陈望道的《作文法讲义》、夏丏尊和刘薰宇的《文章作法》、夏丏尊和叶圣陶的《文章讲话》，还是阮真的《作文研究》，呈现的写作教学路径都大同小异，都是试图构建出一个学生必须掌握的基本写作技能的框架，并围绕这个框架进行成序列的训练，即写作能力要素化、写作训练科学化，并且教师还可以借此介入学生写作的每一个步骤，这应该是一种理想的写作教学路径。如陈望道在1922年出版的《作文法讲义》，分别列有选词、造句、分段等5个基础理论板块，另分有记载文、解释文、论辩文等5个文体板块，在每一个板块之中再细分3～5个技能点，围绕这些技能点，分别讲解知识，

[1] 何捷. 何捷老师的游戏作文风暴[M]. 福州：海峡文艺出版社，2012：6.

布置训练题[1]。如果对影响写作的诸要素分解科学，过程设计合理，且训练到位的话，写作教学的成效是可以期待的，可惜由于各种原因，前辈们对这种写作教学路径的开拓没有深入下去。

20世纪80年代起，随着全社会对现代化的迫切需求，写作教学中“少慢差费”的问题日益突显，如何提高写作教学效率再一次成为人们关注的问题，写作教学科学化探索之路径也再一次开启。20世纪80年代初，国内不少语文教育先觉者都在尝试开发写作教学科学化的训练计划，其中，杭州第四中学的陆鉴三开发的《初中作文训练百题》和《高中作文训练百题》可以看作科学化写作训练的代表。“训练百题”方案“根据记叙文、议论文、说明文的各自特征”，“设计并编制科学的序列，使整个初中阶段每个学年、学期、单元直至每次作文训练都有明确的序列与规格”[2]。

1981年至1982年，中央教育科学研究所教改试验小组也推出了一套初中实验课本《作文》(1～6册)。这套教材以要求初中生应基本掌握的记叙文、说明文、议论文的文体知识和写作过程中的列提纲、写初稿、修改、打开思路、收集积累作文材料、语言和文风、审题、构思等8个写作环节作为训练单元，每一个单元又分别由“知识介绍”“范文示例”“练习题”以及“名家论写作”四个板块组成，力图使全套教材构成一个完整的体系。

重点技能的科学化排列为写作教学的现代化、高效化开启了一扇大门，因为有序和有效往往是连在一起的。不过，人们对这条路径的质疑从来没有间断过。首先，写作过程始终伴随着直觉、情感、想象、创造等复杂的高级智能活动，各项写作要素之间不像物质世界那样存在直接的因果关系，而科学思维路径能否完全反映和解释人类复杂的心智活动，这是一个很大的疑问。其次，即使科学序列所列的重点技能体系在逻辑上站得住脚，也还存在如何将知识化为训练过程的问题。我们看到，几

[1] 参见陈望道. 作文法讲义[M]. 上海：上海人民出版社，1980.

[2] 叶云鹏. 继承·改革·创新[M]//黄麟生，倪文锦. 先进教育思想　高超教学艺术. 桂林：广西师范大学出版社，1991：126.

乎所有科学化写作序列的方案，包括20世纪二三十年代和80年代的多种方案，都只有“写作知识介绍”、“范文示例”、“写作训练题”和“名家论写作”等几个板块，这等于课程设计者或教师只向学生提供了一些写作原理，而真正的写作奥秘还是要靠学生自己去领悟，这就大大影响了教学效果。最后，大多数教师的写作教学，往往最终变成了这样的模式：（1）教师讲解写作知识；（2）学生自主完成写作；（3）教师泛泛讲评。现实中，人们对写作教学的诸多不满，其实多源于这种近于灌输知识的教学。本文未把“教师布置作文题—学生自由写作—教师讲评”列为有效的写作教学路径，理由也就在这里，因为它只不过是“重点技能训练”做得不彻底、不到位的一种表现。

为什么科学序列更依赖过程化指导呢？这是由其设计思路所决定的。因为感悟式教学不靠过程指导，“激发兴趣”不强调过程指导，“点拨式”本来有一定的写作过程指导，而“重点技能序列训练”的立足点是以较少的时间投入和较少的训练量来获得最基本的写作技能，因此过程指导对教学效果的影响就显得尤为重要，否则，它可能连“读写结合”式教学那种基本的阅读量也没有，对写作能力的提高就更难以保证了。

写作教学是世界级难题，以人类目前对认知活动的认识水平来看，未来一段时间里要想在这个领域的理论和实践上取得革命性突破仍然不可期待。那么，从以往的写作教学传统和经验中汲取营养以提升写作教学质量，就不失为一种明智之举。本节借助对教师介入学生写作活动方式的考察，希望能得出这样几点启示：（1）目前，影响写作教学效果的不是理论问题而是实践问题。（2）不同写作教学路径从不同角度介入并影响学生的写作活动，介入方式决定了影响程度，如果能用其所长，并突破其瓶颈，写作教学方有所作为。

第二节 “读写结合”教学的问题与对策

阅读与写作虽然是两种不同的智力活动，但古人从大量的写作经验中早就发现了它们之间的密切关系。唐彪在《读书作文谱》卷一中说：“文字俗浅，皆因蕴藉不深；蕴藉不深，皆因涵养未到。”那么，解决涵养不深的重要途径之一便是多读书。通过读书，体会前人的写法，再通过反复练习，达到熟练掌握的目的。在《读书作文谱》卷五中，唐彪又说：“文章读之极熟，则与我为化，不知是人之文、我之文也。作文时，吾意所欲言，无不随吾所欲，应笔而出，如泉之涌，滔滔不竭。”这种写作教学方式在私塾中比较普遍。叶圣陶也曾指出：“读与写关系密切。善读必易于达到善写，善写亦有裨于善读。二者皆运用思考之事，皆有关学科知识与生活经验之事，故而相同。”[1]“单说写作程度如何如何是没有根的，要有根，就得追问那比较难捉摸的阅读程度。”[2]以今天的眼光来看，这种多读多写的写作教学思想，仍然不乏学科性，值得深入研究和继承。

只不过，阅读与写作毕竟是两种很不相同的智力活动，在实施中也体现为相互独立的两个过程，所以两者之间尚隔着一层障碍。一般读者尚不容易看出，那么刚刚克服文字障碍、初步体验阅读生活的中学生，对哪些文章更值得读，文章中哪些地方隐藏着写法之奥妙，自然更加不易明了。这就需要有人把写法奥妙的文章挑出来推荐给学生，在学生阅读的时候给他们一点提示，这样自然有助于他们吸收写作的营养。

从人们介绍的一些经验来看，虽然同样名为“读写结合”，但教师教学的价值取向不同，实施的侧重点和教学效果也大相径庭。

[1] 叶圣陶. 向善读善写方面努力［M］//叶至善，叶至美，叶至诚. 叶圣陶集（十六卷）. 南京：江苏教育出版社，1993：151.

[2] 中央教育科学研究所. 叶圣陶语文教育论集（上册）［M］. 北京：教育科学出版社，1980：58.

一、“读写结合”教学常见的问题

(一)目的与手段混淆不清

“以读促写”中“读”是手段,是过程,是凭借,“写”才是目的。“读写结合”的写作教学效率不高,其根本问题在于一些语文教师不能区分目的与手段,将“以写促读”与“以读促写”混淆在一起。可以说,目的与手段不分,是“以读促写”中的关键问题。说是上写作课,实际上上的是阅读课。一些老师在阅读课上引导学生进行片段撰写等写作活动,就以为是培养了学生的写作能力。下面是一位教师用泰格特的小说《窗》进行“以读促写”的教学目标:

1. 通过给小说拟写一个副标题的训练,让学生读懂小说的内容,理解小说主题,认识人物的形象,从而培养学生归纳文章的能力。

2. 通过对小说的缩写、扩写训练,让学生理解小说独特的写法,培养学生想象的能力。

这两项目标中都有写的活动,但是很明显,这两项目标表述中的“写”的活动都是手段,目的还是理解小说、培养学生的想象能力等。很明显这名老师将“以读促写”与“以写促读”弄反了。这样的教学当然很难明显地提高学生的写作能力。再者,看一节课是“阅读课”还是“写作课”,更简单的做法就是统计学生的学习时间:时间主要用于阅读理解、分析课文,属于阅读课;时间主要花在写作、修改上,属于写作课。

以“写”在“读”中的活动量等标准看,“以读促写”还可以分出两种做法。一种思路是“以读为主,读中带写”,即在阅读教学中,教师在完成引导学生理解文意的主要任务之外,结合阅读材料中某些值得学习和借鉴的表达特点,提醒学生从写作的角度加以注意,以备将来模仿学习之用。这差不多相当于在阅读理解中即时“插播”一些写作教学内容。至于“插播”多少,每个教师有自己的设计,在每一处的处理上也都不一样,如仅仅举例说明,有时可做点简单训练,当然,也可以要求学生在课后模仿原材料的写法做课外训练。“插播”式“读写结合”的优点是实施灵活,不会冲击原有的以理解为主的语文教学计划,不足之处是写作训练内容完全跟着原来的阅读课文走,没有稳定的教学点,没有足够的当堂写作实践活动作为保障，写作教学效果得不到保证。

另一种思路是"以写为主，以读促写"，这需要有一套以写作知识和技能为线索把阅读材料组织起来的专门教材。叶圣陶等主编的《国文百八课》，丁有宽探索的"读为基础、从读学写、以写促读、读写结合"的模式[1]，都尝试在课程与教材层面进行读写结合的探索。专门的"读写结合"教材弥补了以阅读为主的教材在内容上忽略写作训练的不足，但其瓶颈是如何处理与原来阅读教材和阅读教学的关系。因为在原来的语文课程计划之内，并没有预留另一套"读写结合"教材使用的空间，因此它的身份只能是课外读物（当年的《国文百八课》的定位就是自修教材）。因而专门的"读写结合"教材总是处在"看上去很美"的尴尬地位。

（二）"以读促写"，"读"可以"促写"什么，目标与路径不清晰

一些教师实施的"以读促写"的教学也确实做到了"读"是手段，"写"的能力提高是目的。但是，在这类教师的"以读促写"教学中，可以用"读"来"促写"一些什么，目的不清。在他们的写作教学中有以下五个方面表现。

1. 抽象地要求仿作。

针对课文的题材，要求写一篇同样题材的习作。如学习了《背影》，就布置一篇写"父爱"的文章；学习了《济南的冬天》，就要求学生写一篇关于家乡的冬天或者秋天的文章；学习了《荷塘月色》，就要求学生写一段景色，类似的不一而足。还有就是针对课文整体上的某一特点，抽象地要求学生模仿。如学习了《白杨礼赞》，就要求学生写托物言志的文章；学习了《我的老师》，就要求学生用二三事写一个人；学习了《荔枝蜜》，就要学生写一篇欲扬先抑的文章。这种教学只是提出抽象的要求，没有具体方法、路径的指导，却希望学生能提高写作水平，这几乎是不可能的事情。

2. 教师以为讲了知识概念，学生就能将之用于写作中。

"以读促写"的另一个常见的无效做法是教师根据课文讲解一些写作

[1] 丁有宽. 丁有宽与读写结合法［M］. 北京：国际文化出版公司，2003：56.

技巧，希望借此提高学生的写作技能。这种情况看起来比上述“抽象地要求仿作”要实在一些，实际上，“在以教师分析课文为主的讲授式教学中，学生得到的只不过是一些关于写作方法的术语。那些诸如‘间接描写’‘情景交融’‘夹叙夹议’等词，只不过是教师硬贴到学生脑门上的标签而已。充其量，这些术语只有在学生面对那些封闭型的客观试题时才会被想起，而在作文时，能自觉地想到并运用这些方法的学生恐怕难得一见”[1]。写作是一项复杂的实践性活动，没有写，没有写之后有针对性的修改，仅靠记住一些概念术语来提高写作技能，无疑与不下水，只靠记住游泳的规则就想能够游泳一样，实属天方夜谭。

3. 句的仿写比较多，表达一个相对完整意思的段落的仿写相对较少。

由于高考、中考试卷中仿句题出现得比较多，很多语文老师在阅读教学课上，常常会随机进行仿句训练，这自然无可厚非。只是，到了中学阶段，不应再是以写好教师给出的“命意”要求与句式规范的仿句作为写作训练重点。这种仿句训练对学生的语言表达能力可能也有潜移默化的影响，但是，在中学阶段需要着力训练学生起草列纲、谋篇布局等成篇的能力，而写作句意彼此有紧密关联的片段，则是写作结构严谨、逻辑严密的篇章训练时不可或缺的实践活动。

4. 比较多地模仿修辞佳句，比较少地模仿那些看似朴实却意蕴丰富的句子。

特级教师黄孟轲不止一次对教师过分训练学生模仿修辞佳句的现象进行抨击，他说：“说到作文的语言运用，很多教师都会采用排比、对偶、比喻等修辞方法，或让学生去摘抄一些名言好句来实现，以使文章精彩。这些虽是方法，但我觉得往往脱离语言的语境意义，脱离语言背后写作者的个性及情感支撑，有悖语言运用的本质意义，用这种方法教学作文，会将学生内在的语言潜质掩盖和扼杀。”[2]的确，修辞佳句的仿写是目前语文课堂的一大风景，而看似朴实无华却意蕴丰富的语段的仿写则比较容易被忽略。

[1] 陈建伟. 用合理的教学程序培养学生的写作素养 [N]. 中国教育报，2008-02-29（6）.
[2] 黄孟轲. 唤醒学生作文的语言潜质 [J]. 中学语文教学，2011（6）：24-26.

比如很多老师喜欢仿写《荷塘月色》中的博喻句或者通感句，却很少有老师引导学生关注“今晚却很好，虽然月光也还是淡淡的”这一类语言。作者运用转折关系的复句强调“今晚却很好”，并且用倒装句加强这一强调的意味，体现出作者从颇不宁静的家中走出，力图获得心灵的自由与宁静的自觉追求。结尾“这令我到底惦着江南了。——这样想着，猛一抬头，不觉已是自己的门前；轻轻地推门进去，什么声息也没有，妻已睡熟好久了”，这一句的意味也很丰富：破折号表达语气的转折与舒缓，“猛”“不觉”表达出作者回到家的行为是不由自主的。这样的语言很值得学生揣摩与模仿。

（三）“以读促写”所选择的“促写点”不典型

曾听过一节“以读促写”的写作指导课，教师执教《老王》一文，教学目标是学习记叙文选材应该选取不平常的事情，这显然有牵强之嫌。《老王》一文的核心教育价值不在于杨绛选择了什么特别的事件，相反，她所写的事情都是生活中的小事。

一般来说，书刊中发表的绝大多数文章不是专门为学习写作而写的，因而对写作教学的价值也各不相同。从学习价值类型看，有的阅读材料的篇章结构值得学习，有的是表达方法特别典型，有的是句式特点十分突出，有的是修辞手法比较丰富，也有的文章是话题和主旨比较有吸引力。在设计“以读促写”方案并开展教学指导时，教师需明确哪些“以读促写”内容对提高写作更加有效，从而让学生读出来，而哪些内容可能是低效或者是无效的，阅读中就可以相对忽略。一般来说，以篇章结构及表现手法的借鉴价值为高，而词语层面的特点在选题方面的参考价值较低。例如一名教师在教完《背影》之后，要求学生模仿《背影》写一篇表现父爱的文章，这属于“借话题”写作文，对写作水平的提高帮助不大。因为《背影》固然是一篇感情真挚、意蕴深厚的文章，学习这篇文章能促进学生对父辈的理解，不过，能激发学生对自己父母的情感，只是写好文章的有利条件，对直接提高表达能力却帮助不大。如果阅读时有意识地引导学生学习《背影》从细小处着眼的选材方法，或学习文章抓住“背影”写人物这种侧面描写的手法，或模仿文章那种“追忆式口吻”写过去的故事的方法，都可能使学生的表达力收到相对比较明显的效果。这才是有效的“读写结合”教学。

“读写结合”的另一个瓶颈是如何处理阅读范文的有限性和写作技能的无限性之间的矛盾，从范文中选出的阅读材料再典型、再精炼，也仅仅是孤零零的几个写作技能的例子。因此，若是能从一个例句、一篇范文拓展开去，向学生提供更丰富的语言材料，“读写结合”才可能收到可见的效果。

以往“以读促写”的写作指导之所以效果不理想，究其原因，是教材中的“以读促写”设计缺乏系统性，没有给教学以有力的支撑，另外就是教师没有很好地抓住课文可以“促写”的点。

二、“以读促写”教学的实施策略

提高“以读促写”教学的效率，一定要厘清“以读促写”教学中的“读”为“写”提供哪些支撑，并据此设计相应的教学方案。

（一）“写什么”的积累与触发

1.“以读促写”的目的之一是积累写作素材。

学生畏惧写作的一个关键原因是觉得自己没什么可写，而阅读则可以直接或间接地为写作积累素材。黎锦熙就主张“日札优于作文”，并要求学生养成写“修养日记”和“读书札记”的能力和习惯。其中“读书札记”，他要求学生记录自己听讲或阅读中的体会心得，强调学生要随手笔录，一事一条，长短不论，贵在坚持；每条笔录的眉端应标上分类序号，以便日后使用。他指出：“札记届满一学期或一学年，即可按标类之数码，检集同类各条，组成单篇，分标题目：积久即为各种专题研究论文之资料。”[1]

从阅读中获取素材应该是阅读教学的常规。1929年颁布的《初级中学国文暂行课程标准》中有六条关于写作的规定，其中三条与阅读有关，且看得出强调积累的意图。具体内容如下：

（2）翻译。翻文言文为语体文，或翻古诗歌为语体散文或语体诗歌。

[1] 黎锦熙. 各级学校作文教学改革案［M］// 饶杰腾. 民国国文教学研究文丛：写作卷. 北京：语文出版社，2016：154-157.

（3）整理材料。由教师供给零碎材料，令学生作一有系统的文字。

（4）变易文字的繁简。或发一简约的文字，令学生就原意演绎变详；或发一冗长的文字，令学生就原意节为简短。[1]

德国的语文课程将写作的程序描述为“拟纲”“行文”“修改”，“行文”一项中关于“读写结合”也有比较详细的表述，如：（1）能缩短较长的和较难的文章，并能用客观平实的语言说明其主要内容；（2）能归纳线性的和非线性的文章的主要内容，并做到章节关联、内容正确；（3）能举例说明作品中某些表现手段及其作用方式……[2]

2.“以读促写”的第二个目的是通过阅读文章为写作提供话题，触发学生的写作动机。

苏霍姆林斯基非常重视读书笔记的写作，很多写作题目可以从读书中引出，如有的是让学生对作品中的人物形象进行评析，如《堂·吉诃德是怎样的人》《在我们今天还有变色龙式的人物吗》等；也有对作品的主要思想内容进行分析并发表感想，如《黑暗里的一线光亮——读〈大雷雨〉后》；还有对作品中的格言和谚语展开议论，如《天生爬行的人不会飞》《种瓜得瓜，种豆得豆》等。

《刘半农写作教学述评》中介绍了写作教学12条做法，其中由读促发写的活动有7项。

4. 化韵文为散文。（如古诗及白香山纪事诗，均可改作散文，兼采词曲）

6. 以一段冗长之文字，令学生删繁就简，作一短文，其字数至多不得逾原文三分之一。

8. 以一段文字，抽去紧要虚词，令学生填补之。

9. 以一篇不通之文字——或文理不通而意义尚佳之小说杂记等——令学生细心校订，不许掺入己意。

10. 以一篇之文字，颠倒其段落字句，令学生校订之。

[1] 课程教材研究所. 20世纪中国中小学课程标准·教学大纲汇编：语文卷［M］. 北京：人民教育出版社，2001：283.

[2] 倪仁福. 德国完全中学10年级德语课程标准译介［M］//洪宗礼，柳士镇，倪文锦. 母语教材研究（6）·外国语文课程标准译介. 南京：江苏教育出版社，2007：226-227.

11. 以一段简短之文字，令学生演绎成篇。

12. 预先指定一书，或书之一部分——其篇以一万字至三万字为限，且文义不宜高深，要以学生能自行阅看，全无窒碍为度——令学生阅看，即提纲挈领，作一笔记，或加以论断，字数不得逾千。[1]

这些中外优秀教师的写作教学设计，今天看来还有它的生命力。学生通过阅读，对写作有感受、有思考了，写作起来自然就有话可说了。

（二）“如何写”的借鉴，核心价值是构建语言模型

“如何写”借鉴的是章法技巧等，也就是通过对范文的借鉴，形成自己的若干大大小小的语言模型：或句或段或篇章，或细节描写或环境渲染，或朴实或优美或幽默，不一而足。刘永斋针对“读写结合”训练提出三种类型，即仿写型、评论型、感触型（实际相当于读后感）训练。其中仿写型读写训练，就是指以训练语文基本功、培养初步读写能力为目标的读写训练，具体包括构思立意的指导、结构形式的模拟、语言修辞的借鉴、手法技巧的仿照[2]。众多老师以读促写的指导课也以此为多。

这类教学需要克服两个难题：一是怎么保证阅读材料中蕴含的语言模型足够典型和丰富，二是怎么排列这些语言模型的学习顺序。钱梦龙在“以读促写”的教学上主张教学的基本程序为：模仿—改写—仿作—评析—借鉴—博采。香港大学谢锡金教授提出的模式更为简洁：仿写—改写—借鉴—博采。谢锡金教授认为在这一过程中，模仿的成分越来越少，创造的成分越来越多。

（三）缩写、扩写、续写、改写等写作能力的培养

上文介绍的第一种读写结合模式主要是借鉴写作素材，第二种读写结合模式主要是借鉴表达方式，而这一模式则有多方面价值，学生不仅可以从原文里借鉴话题，还能模仿结构、训练表达，能实现读与写的深度交融。《义务教育语文课程标准（2011 年版）》在 7 ～ 9 年级的学段目标中有规定：“能从文章中提取主要信息，进行缩写；能根据文章的基

---

[1] 张汉清. 刘半农作文教学述评［J］. 毕节师范高等专科学校学报，2001，19（1）：61-63.

[2] 刘永斋. 读写结合训练的三种类型［J］. 教育实践与研究，1999（4）：16-18.

本内容和自己的合理想象，进行扩写；能变换文章的文体或表达方式等，进行改写。”所以，初中阶段必须培养学生缩写、扩写、改写等能力。这就意味着以读促写的写作指导离不开这几种写作活动的设计，并达成相关能力的培养。新加坡“华文教学：悦读乐写”反刍式教学研究项目在新加坡有一定的影响，倡导的就是“读写结合”的教学模式。反刍式教学的具体类型包括以下几种：课后写作小练习；翻新和再造课文，包括缩写、续写、改写等；整篇文章和一类文章的模仿训练；写评论文、做笔记等[1]。在这几种写作训练中，读与写是相辅相成的。

除以上所谈的几种作用以外，“读写结合”在语文学科考试评价的地位也是世界性的。如日本东京大学2012年的高考题：

3. 阅读中国古典典籍《左传》中“昭公二十年·晏子对齐侯问”章节，回答问题（文字略）：

从国家政治的角度，晏子是如何论证君臣之间“和”与“同”的本质区别的？从中可以看出，国家治理应有的状态和理想境界是什么？

法国统一中学毕业会考、德语基础课考题与能力课程考题、美国SAT考试等均有根据阅读材料（包括典籍等）进行写作的试题，如德国汉堡市有“从启蒙到古典时期的文学——歌德的诗歌”“从启蒙到古典时期的文学——伦茨的作品：《庄园管家》”等试题。[2]

当然，对促进写作教学而言，培养语感十分重要，效果也十分明显。但在自然阅读状态下，学生的语感似乎是自然生成的，与教师的教学关联不密切。故在写作教学话语中，教师对“读”的目的越清晰，教学中的指向性越强，“以读促写”的教学效果也应该越明显。

[1] 何晓玲．“反刍·迁移”为学生的写作插上腾飞的翅膀双翼：华文教学如何促进学生悦读乐写［J］．中学语文教学参考，2008（11）：36-37.

[2] 都说中国高考难，放眼世界一看，原来“洋考”也不简单——考的不是知识，是思想［N］．文汇报（上海），2012-06-28.

第三节　古代写作教学经验再认识

中国有长达数千年的文字运用史，有卷帙浩繁的历史文献。丰富的典籍既是中国传统文化的载体和代表，也深深影响了中国人的表达习惯和学习方式。譬如，中国的文人学子历来有通过写文章来显示其生命存在的传统，即借助文章表达独特见解——立言，证明自己的才华、获得社会承认——立身，青史留名——立名。这种强烈的表达愿望，成为古代知识分子热衷于写作的内在动机。反过来，古代社会也常常以一个人的文字表达能力——写诗作文之优劣，来衡量他是不是有才干及是不是值得任用。例如，隋唐以后兴盛的科举制就把这种观念用制度的形式固定下来，这种人才选拔机制成为中国文人们热衷于写作的外在动机。

社会对人才能力的需求取向自然会反映在人才培养的内容和培养模式上。社会对书面语言表达的重视激发了古人对写作学习的强烈需求，逐渐催生出一门专门研究如何写作的学问，即写作学或文章学。宋代大儒朱熹记载，“伊川曰：古之学者一，今之学者三，异端不存焉。一曰文章之学，二曰训诂之学，三曰儒者之学”[1]。这段话说明，当时很多人是把如何读文章、如何写文章放在读书学习和人才培养的首要位置上的。

的确，在中国古代流传下来的许多文字材料中，包含着大量关于如何写作的论述。如杜甫的“读书破万卷，下笔如有神”，就是谈阅读与写作关系的名句。与古代相比，虽然今天的社会生活发生了巨大的变化，但是人类的喜怒哀乐等基本的感情类型并没有发生多大变化，写文章的基本目的是为了满足社会交流的需要这一基本功能也没有变化，而且，中国人重伦理礼仪、温婉含蓄、偏重直觉感受的表达方式多年来也一脉相承。因此，古人在长期的写作实践及写作教学中总结出的许多做法和经验，

[1] 朱熹，吕祖谦. 近思录（卷二）[M]. 北京：中华书局，2011：37.（伊川是宋代大儒程颐的字，程颐是朱熹的老师。《近思录》记录的是周敦颐、程颢、程颐、张载等人的语录）

对今天的人来说并没有完全过时，如果语文教育专家们能从古人的写作教学实践中总结经验、提取精华，如果语文教师能适当地把古人的写作经验用于自己的写作教学中，对提高写作教学的效率，无疑会有积极的作用。

只有了解古人在写作方面的基本主张和特点，才能吸取其精华，为今天的写作教学所用。我国古代的写作主张和做法可以简要地概括为以下几点，也可以称之为三个传统。

一、“言志”“载道”的写作价值传统

人为什么要写文章或文章的主要社会价值是什么？这是写作学的基本问题。中国传统写作的价值标准可以用两个关键词来概括，即“诗言志”和“文以载道”。

《尚书·尧典》记载，舜帝说“诗言志，歌永言”（司马迁的《史记·五帝本纪》记作“诗言意”），即诗文是表达作者思想感情的。朱自清认为，这是中国诗文创作和评论理论中“开山的纲领”。后来的历代文论中，这一思想被以各种方式反复表述，成为中国古代写作的核心思想，如《毛诗序》有云：“诗者，志之所之也。在心为志，发言为诗。情动于中而形于言。”《左传·襄公二十五年》中的“言以足志、文以足言”，荀子的“心合于道，说合于心，辞合于说”，白居易的“文章合为时而作，歌诗合为事而作”，黄遵宪的“我手写我口”，共同点都是主张写作要表达真情实感，反对无病呻吟。这些主张与我们今天所强调的写作要“关注现实生活”，写作应“表达真实的思想感情”的要求非常吻合。

“文以载道”是北宋理学家周敦颐提出的为文主张，也可以看作是中国传统写作学衡量文章价值的核心标准。一般认为，所谓的“道”指的是儒家经典中的基本教义，如儒家强调的纲常伦理。其实，这是对“道”的狭义理解，广义的“道”是指文章的内涵或思想感情，是“志”的另一种说法。因为早在先秦诸子的著作中，人们就常用“道”来表示文章的内涵。如荀子提出“文以明道”主张，这里的“道”固然是指客观事物的规律，但也应包含文章作者对客观事物规律的独特理解，是每个人心目中的道。也就是说，文章是表达作者思想感情的，文章的言辞是为

了阐明道理的。后来韩愈的“文以贯道”、苏轼的“文与道俱”，与这种思想一脉相承，他们眼中的“道”都不是单纯的儒家学说或当时社会的主流价值观，更多的是个人的思想情志，否则就没法解释他们那些丰富多彩的诗文创作了。

当然，不可否认，在中国两千多年的文章写作史上，“言志”“载道”屡屡因社会政治文化因素的影响而走向极端，从而对写作实践产生巨大的负面作用，例如明清以后的科举写作，但这并不是“言志”“载道”主张本身的问题，而是限制了“志”和“道”的内容，使文人们不能真正地“言志”和“载道”。我们甚至可以这样说，封建社会后期的科举文正是违背了写作活动应该具有的“言志”和“载道”的本质功能，才走上了僵化、虚假、空泛的道路。

近三十年来，国内高考写作中出现了“虚假”“空泛”的写作倾向，其中一个重要原因也是当今的写作活动脱离生活实际，学生作文中缺少真我和真情。因此，回归中国诗文写作中健康的“言志”“载道”的传统应是纠正写作弊端的良药之一。

二、多读多写、读写合一的写作实践理性

阅读与写作是两种不同的智力活动，但古人从大量的写作经验中很清楚地认识到它们之间的密切关系，唐彪在《读书作文谱》卷一中说：“文字俗浅，皆因蕴藉不深；蕴藉不深，皆因涵养未到。”那么，涵养不深这一问题的解决途径便是多读书。通过读书体会写法，通过多练习达到熟练的程度。

在《读书作文谱》卷三开头，唐彪指出：“天下事，未经历者，必不如曾经历者之能稍知其理也；经历一周者，必不如经历四五周者之能详悉其理也；经历四五周者，又不如终身练习其事者之熟知其理而能圆通不滞也。故凡人一切所为，生不如熟，熟不如极熟，极熟则能变化推广，纵横高下，无乎不宜。读书作文之理贵于熟，何待言哉！”在卷五中，又说“文章读之极熟，则与我为化，不知是人之文、我之文也。作文时，吾意所欲言，无不随吾所欲，应笔而出，如泉之涌，滔滔不竭”。

以今天的眼光来看，这种多读多写的写作教学思想仍然不乏科学

性和可取之处。首先，写作是一项习得性很高的学习活动，不是靠讲解知识就能够提高的，没有一定量的阅读和写作的积累，要想提高写作能力当然是不可能的，这也是很多语文教师和教育专家在今天仍认为“多读多写”是提高学生写作能力不二法门的依据。其次，学生习得写作经验的过程，是学生的主体学习和能力建构过程。最后，教学中教师放开课堂，让学生自主阅读体悟，只是在适当的时候对学生的写作进行很少的点拨，即不统一作文题目，也不统一交卷时间，当然也不用统一的标准衡量学生的作文。这既尊重了学生的个性，又体现了因材施教的思想，有相当的可取之处。反观今日的许多教师，常常在课堂里讲很多写作知识，又对所有学生提出统一的要求，如果这些教师能借鉴一些古人的写作教学经验，对纠正写作教学中的偏差一定不无好处。

三、重视篇章、突出交流功能的语用取向

中国是一个文章大国，在数千年的文明史里，产生了大量的优秀文章。稍加考察即可看出，这些文章几乎都有一个具体的写作目的，例如，《左传》《史记》等都是记录历史事件以便吸取历史经验教训的“应用文”，李斯的《谏逐客书》、诸葛亮的《前出师表》《后出师表》、魏徵的《谏太宗十思疏》都是写给皇帝的奏章，王羲之的《兰亭集序》和范仲淹的《岳阳楼记》都相当于介绍一项活动过程和价值的“说明文”，还有很多古文名篇属于私人间的通信。总之，这些文章往往都有实用的目的。正如王充在《论衡》中说，“为世用者，百篇无害，不为用者，一章无补”。

正因为这些文章都有写作目的，也催生了若干不同的文体，以及依附于这些文体的表达样式。其实，从表达的角度分析文章、指导写作，在中国有悠久而深厚传统，曹丕在《典论·论文》中就曾提出“奏议宜雅，书论宜理”的主张，即认为表达意图与文体样式及语言风格之间应有内在联系。这也可以看成他以多重身份长期写文章、看文章得来的经验之谈。刘勰在《文心雕龙·知音》中说“将阅文情，先标六观：一观体位，二观置词，三观通变，四观奇正，五观事义，六观宫商。斯术既形，则优劣见

矣”，衡量文章的六条标准中的第一条就是看文体。谢枋得的《文章规范》、李耆卿的《文章精义》、吴讷的《文章辨体》等，都曾对古代文章做过专门考察；吕祖谦的《古文关键》、姚鼐的《古文辞类纂》、唐彪的《读书作文谱》，也都是以不同文体为标准编纂古文选集，以利于读者从某一表达角度揣摩古人的文章，吸收表达方面的养料。如果今天的语文教师也能借鉴前人的读书经验，在设计古文作为阅读教学材料时从文章学的视角着手，找到文章“表达需要—文体特征—表达特点”之间的联系，借以指导学生，必将促进他们写作上的进步。例如学习柳宗元的《捕蛇者说》，教师固然可以通过文句释读、关键词理解、人物形象分析，甚至可以直接通过背诵文章的结论去指导学生理解封建社会“苛政猛于虎”的现实，但是，这篇短文在叙述结构上也很有特点，其叙述模式可以表示如下：

- 永州人能捕蛇——当租入。
- 蒋氏专其利——几遇死。
- 建议更役为赋——生不如死。

从上面的叙述形式看，这篇短文让我们感到：捕蛇者每一次遇到“好事”，每听到来自当政者的“好消息”，都会陷入更深一层的危机中。其记述过程和传达的情绪扬抑交替，矛盾越来越重，危机愈陷愈深，主旨表达巧妙而深刻，这种写法非常值得借鉴。

中国古代的文人学士除用优秀的作品进行写作示范外，还有不少人直接用言论的形式介绍自己读书、写作的体会，代表形式便是中国古代一种特殊的文体——“诗话”“词话”“文话”，一些著名的文人如欧阳修、王安石、姜夔、朱熹、元好问、宋濂、严羽、袁枚、杨慎、王夫之、姚鼐、刘大櫆等，都有自己谈诗论文的专辑，如严羽在《沧浪诗话》中提出的妙悟说，王士禛在《带经堂诗话》中提出的神韵说，袁枚在《随园诗话》中提出的性灵说，王夫之在《姜斋诗话》中对诗的情景关系的辩证分析，刘大櫆在《论文偶记》中提出的节奏说等，都见解独到，对指导诗文鉴赏与创作有很高的参考价值。另外，散见于历代学人论著及书信中有关文章体式的大量论述越见丰宏，例如苏辙在《上枢密韩太尉书》中便详细阐述了对“文气”的见解。前人的研究与探索成果为我们留下大量关于如何从文章角度学习古文的经验，语文教师应适当掌握一些这方面的知识，结合古文阅读和写作教学让学生了解和运用这些知识，并逐渐形成适合自己的读书方法。这也是古人所提倡的“授人以渔”主张。明清以后，专门总结语言方法的著作开始出现。

李扶九在《古文笔法百篇》一开始就把读书法分为两等：

上等读法

将读此首文，先宜知人论世，考明题目来历，了然于心。如我当境作文一般，要如听用意下笔遣词，再四沉思。思之得不得，得之其深浅高下俱有成见，再去读其文；看其文合我与否，合我者高几著？出我者远几层？得失自知矣。所谓“文章千古事，得失寸心知”者此也。于是读之而喜，拍案叫绝，起舞旋走；读之而悲，涔涔泪落，脉脉欲诉。斯时不知古人为我，我为古人，但觉神入文，文入心，永不失矣，日后动笔辄合，在己亦不知何来。然在初学或不易企。

次等读法

亦须知人论，先考明题目来历。然后逐字逐句而细读之，看其措语遣词如何锤炼；又逐节逐段而细思之，看其承接起落如何转变；又将通篇抑扬唱叹缓缓读之，审其节奏；又将通篇一气紧读，审其脉络局势，再看其通篇结构照应章法一一完密与否，则于此首古文自有心得矣。能读古文，异日自能作古文者也。初学最要，若古人字句险僻不亮，用意深晦不明者，可解则解，否则不求甚解，盖读书贵得大意，此古人所谓善读书也。如必字字句句不遗，将皆可适用乎哉！然特为执着者开一门，如易解而不求深解，则又不可。[1]

应该说，19世纪上半叶的语文教育家普遍受益于古人的读书传统和读书方法。许多人的写作理论都或多或少带有古代文论的因子，如梁启超将记叙文分成“记静态之文”和“记动态之文”，夏丏尊、叶圣陶提出的文气说，都直接源于古代文论，所举的范例也多为古文名篇。这对古人的写作经验无疑是一种较好的传承。后来，由于时间阻隔和社会动荡，

[1] 李扶九. 古文笔法百篇 [M]. 长沙：岳麓书社，1983：8.

尤其是后来受极左思想和历史虚无主义思潮的影响，在语文教育包括写作教学研究领域，古人的写作经验一度受到较严重的遮蔽，直到改革开放以后，部分学者和语文教师才开始重新挖掘古人的这部分资源。不过，在教材编写和写作教学实践中，对古人写作教学经验进行现代化阐释和有计划地吸收等，都做得不够充分，有待语文教育研究者更自觉地完成。

第四节　20世纪80年代语文名师的写作教学探索

20 世纪 80 年代是中国语文教育史上一个辉煌的时期。从国内的社会环境看，结束了“文化大革命”以后，经过几年的恢复和适应，各行各业渐渐步入正常轨道，人们的关注重点完成了从观念的调整、机制的重建和人员的配备到专业发展的转移，开始心无旁骛地为建设“四个现代化”努力工作。从当时的人才培养观念来看，完成小学、中学教育，通过高考顺利进入大学，是人才培养和个人发展的理想渠道，因此大多数家庭对教师充满信任，全力支持学校的教学改革。从国际视野来看，改革开放以后的民众对中国现状和国际发展大势有了初步了解。因此，大力发展教育已成为全社会的共识。

在这样的背景下，广大语文教师也与其他学科的教师一样，以极大的热情投入教育改革中，他们有的钻研教育理论，引领教育观念的变革；有的探索教学模式，在课堂教学中大显身手。一时间，语文教育呈现出百花齐放的局面。短短数年时间，不仅涌现出一个以于漪、钱梦龙、魏书生为代表的具有全国影响力的语文特级教师群体，也诞生了许多富有创造性的语文教学主张。20 世纪 80 年代堪称语文教育探索的黄金时代。在写作教学探索中，许多语文名师不仅有独立的思考和开拓，在写作教学实践上也身先士卒，一时群说并立，流派纷起。譬如丁有宽的“读写结合”、宁鸿彬的思维训练、陆鉴三的“格与序”、刘朏朏的“三级训练体系”、陆继椿的“双分”、欧阳代娜的整体语文改革等。

30 多年时间过去了，网络化、全球化及认知科学的飞速发展广泛地影响着社会生活，同时，教育观念、社会教育模式也发生不同程度的变化。写作教学也应该有一些新的气象，但与其他语文教学领域相比，写作教学的探索似乎显得冷清，也少见富有创造力、影响力的写作教学主张和教学实践大家，相反，学校写作教学对学生作文水平的积极作用还受到越来越多的社会舆论的质疑。有鉴于此，重新回望 20 世纪 80 年代那一代语文教师在写作教学上的探索，从中汲取有价值的营养，对反思今天写作教学中的问题及在写作教学探索上少走弯路，有很强的现实意义。

一、写作课程的顶层设计

写作也许是语文学习甚至整个学校教育阶段所有学科学习中最为复杂的智力活动，它的复杂性可以用若干组对立关系说明。比如写作既是一种语言表达活动，背后又涉及复杂的思维活动；既表现为写的活动，又与听、说特别是阅读活动密切相关；既离不开写作知识的支持，又更多地依赖默会的能力；既是一种语言实践活动，又需要社会实践活动作为内容；写作过程既是作者独立的劳动，又涉及读者、环境等因素；写作教学中，既需利于指向实用的生活交际需求，又要借助记叙文、议论文等抽象文体做训练；中学生的写作既要遵循真实原则，又需借鉴一定的文学的甚至虚构的表达技巧；写作教学既要向学生传授共性的写作规范，又要考虑不同学生的个性特征；写作是个性化的劳动，很难有统一的评价标准，但在高考等大规模的考试中写作评价又需要一定的客观标准；教师的教学取向既要有利于学生语文素养的长期发展，又要满足学生应对选拔性考试的迫切需求。如此错综复杂的矛盾纠结在一起，很难从一个角度参透写作教学的堂奥，自然也无法用一种简单的着法去破解。应该说，写作教学之所以长时期在较低的层次上徘徊不前，一个很重要的原因就是不能从整体上思考写作中若干构成要素的关系，科学地分析影响写作的原因，从而总结写作教学的客观规律。

在中国传统的写作理论中，其实不乏从整体角度考虑的思想，比如刘勰的《文心雕龙》即从“写作目的”“文体形式”“构思过程”“作者个性”“表达手法”“语言风格”“评价鉴赏”等方面阐述了对写作活动的认识。不过，受当时人们的思维方式和认识事物水平的制约，即使是《文心雕龙》这部被誉为“体大思精”的文论巨著，对写作规律的认识也难免从个人感受出发，对写作知识的界定也比较笼统、模糊，因此它可能更适于具有相当写作水平的人自己去意会，而不适合向初学写作的人作言传。因而在现代教育模式之下，《文心雕龙》对学生写作的直接指导价值自然有限。

古人在写作教学理论的整体性建构上进展缓慢，除受思维方式和认识水平的制约以外，也与当时社会对写作教学的需求模式息息相关。唐宋以前，写作能力虽然也是人才选拔的主要指标，但普通民众参加科举的人数不多，写作教学社会化因没有规模效应而缺乏动力，因此，对写作经验的总结一般只有两种用途：一是用于官宦或诗书人家对本家子弟的文化教育，二是限于文人之间相互的经验交流。这种总结难免是零碎的、感性的。这种情况直到明清时期才有所改变。明代和清代都有一段社会相对繁荣稳定的时期，尤其是江浙及徽州等地，经济发达，人口稠密，富庶的人家相对聚集，文化教育活动也由原来的达官贵人家庭向一般富裕阶层甚至中低层人家转移。教育社会化的需求催生了一种新的职业——塾师。明清两代许多有名的文化人如王阳明、归有光、徐文长、郑板桥、蒲松龄、刘大櫆等，都有过开馆授徒或当塾师的经历。

学馆、私塾的主要教学目的虽然是围绕科举考试，但是塾师与东家间的雇用关系使得塾师与学童的角色关系完全不同于父子相授及师徒教学。一方面，塾师要同时面对十多个甚至上百个学生；另一方面，不同学馆和塾师间有比较、竞争，面临着被选择和淘汰的问题。出于提高教学效果和教学效率的需要，从整体上考虑识字、读书、写作等教学效果，总结语文教学的规律和有效方法便成为部分塾师的研究动力。譬如王阳明在《教约》中所提的学习建议，“每日功夫，先考德，次背书诵书，次习礼，或作课仿，次复诵书讲书，次诗歌”[1]，就综合考虑了德与能、读和写、文和诗等因素的关系。清代唐彪的《读书作文谱》则较详细地论述了读与写、教师点拨与学生自悟、新撰与修改、章法与内容、好学与质疑等关系。为了交流教学经验和提高教学技能，一些私塾教育发达的地方还成立了专门的塾师组织。譬如康熙年间安徽歙县的塾师协会——“塾讲”，负责制订“塾讲约规”，定期举办交流培训活动，对当地语文教育的发展产生了积极作用。

明清时期的写作教学探索让我们看到了语文教育中一种从顶层思考

[1] 王阳明. 王阳明全集 [M]. 上海：上海古籍出版社，2015：78.

语文教育、整体构架写作教学的体系的萌芽。不过，我国写作教学的研究真正脱离个人的经验层面而进入学科轨道，从根本上改革传统的语文教育模式，是20世纪初以后的事情。而在促成这个转变的过程中有几个因素至关重要：一是现代教育制度的采用为教育改革奠定了组织基础；二是大量文化精英进入教师队伍为教育改革提供了人才基础；三是西方学科思维思想的影响和现代教育学、心理学、逻辑性、课程论等与教育有关的知识的大量引进，为教育改革提供了思想工具。这使得从整体上思考写作问题、建构写作教学整体框架成为可能。梁启超是推动我国写作现代化的第一人，他在1922年发表的《中学以上作文教学法》中，曾就写作目的、写作训练的基本文体、写作教学方法等提出整体设想。叶圣陶在1924年发表的长文《作文论》中，从写作性质、写作动机、写作材料来源、构思方法、不同文体的特点及写作要求、主要表达方法及应用、语言风格的影响因素等角度对写作进行了较全面的讨论，并通过编写《国文百八课》教材来实践自己的写作课程观。1929年出版的阮真的《中学作文教学研究》一书，则着重就当时写作教学中存在的问题、写作课程内容的细化、作文命题原则、书面作文及口语训练的关系、评分标准的科学化等问题，做了细致构想。可以说，20世纪30年代，梁启超、夏丏尊、黎锦熙、陈望道、章衣萍、叶圣陶、朱自清、阮真、沐绍良等一大批学者在写作教学探索上有一个共同点，即从整体上思考现代写作教学内容的构成和训练框架，迈出了写作教学现代化的第一步。但是，当时的写作教学整体框架还显得有些粗疏，他们的理论主张也没有经教学实践的检验。从主观原因看，大部分人的学者身份和兼职状态影响了其对写作教学探索的专注和投入，更重要的原因是，社会动荡无法保证他们在写作教学探索上的连续性。中华人民共和国成立后，叶圣陶、朱德熙、张志公等语文教育家曾多次试图接过20世纪初即开始但一直没有完成的写作教学研究课题，但他们的努力也因社会风向屡屡变化而显得断断续续，这种情况直到改革开放才结束。

20世纪70年代末以后的一段时期里，社会相对安稳，干扰语文教育的重大因素也基本排除，语文教育回归到以培养学生的语言能力为主的正常轨道。此时，全面梳理语文教育的若干重大问题，重新建构写作教学整体框架的条件已经具备，这一使命历史性地落在了活跃在教学第一线的语文教师身上。在短短的十年里，一大批有志有识的语文教师以极大的热情投入语文教研改革中，他们的探索体现在许多层面，其中既有关于写作教学基本问题的深入思考，也有写作教学内容的整体设计。

（1）关于写作教学的功能和目的，有上海于漪的情感熏陶、思维训练、语言培养合一的“育人为本”思想，湖北洪镇涛的“语感培养”思想，辽宁欧阳代娜的“语文与美育融合”教学思想，以及他们的教学实践。

（2）关于写作与生活的关系，有河北张孝纯的大语文教育观与教学实践。

（3）关于写作与思维的关系，有北京宁鸿彬、章熊注重写作中思维训练的主张和教学实践。

（4）关于写作知识和能力的关系，有北京的顾德希、上海的张大文等重视基础知识、协调知识与能力关系的主张和教学实践。

（5）关于读与写的关系，有广东丁有宽的“读写结合”主张和教学实践，上海沈蘅仲、卢元等结合课文教写作的主张和教学实践。

（6）关于写作课程内容开发和写作序列建设，有黑龙江常青的“作文分格法”，浙江陆鉴三的写作教学“序与格”，上海陆继椿的“双分教学”构架，北京刘朏朏和高原创设的“三级训练体系”，江苏洪宗礼的系统语文思想。

（7）关于教与学的关系，有上海钱梦龙的“三主四式”教学法，江西潘凤湘的“教读法”，安徽蔡澄清的“点拨教学法”等主张和教学实践。

（8）关于写作能力培养与训练的关系，有北京顾德希、章熊提出的重视训练过程的思想。

上述写作教学思想中，以陆继椿提出的“分类集中、分阶段训练”（简称“双分教学”）设想和以此编写的语文教材，课程特点最鲜明[1]。

---

[1] 陆继椿. 语文教学新探：“双分”教学的理论与实践[M]. 上海：上海教育出版社，1995：16.

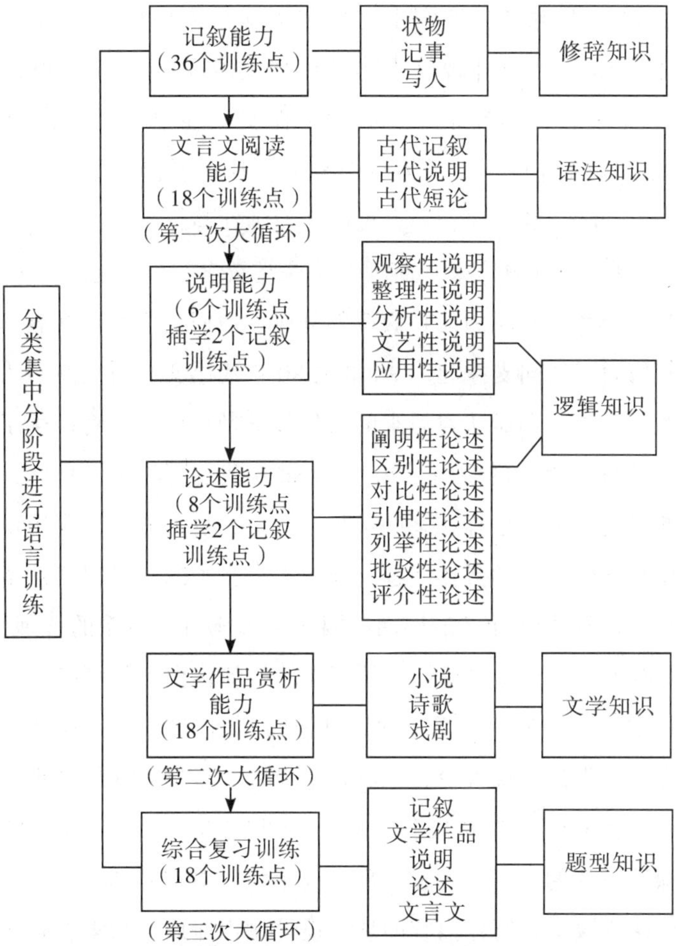

图 3-2　陆继椿“双分”语文教材的内容结构图

这些看上去如此不同的写作教学主张有一个共同特点，即教学目的都不是单纯地教学生几样写作技能，而是把写作看作一个人的语文素养的有机组成部分，从顶层思考学习目的、学习内容，处理写作与阅读、写作与思维、写作与生活的关系，从整体上设计学生在整个基础教育阶段应该完成的写作训练计划，也就是说，他们的写作设想背后有着鲜明的课程意识。不少教师还按自己的写作教学主张编写了成套写作教材，如刘朏朏、高原的《三级训练体系写作课本》，陆继椿主编的《分类集中分阶段进行语言训练实验课本·语文》，欧阳代娜主编的《辽宁省初中语文实验教材·写作》成套教材，参与试用这几套实验教材的学校都超过5000所，在全国产生了广泛影响。

当然，也有人主张应该突出写作在语文学习中的独特性，例如北京景山学校的龚肇兰等教师曾经提出“以作文为中心”的思想，主张“在制订明确而具体的教学计划时，必须把作文放在语文教学的首位，其他环节都要围绕它来进行”[1]，为写作教学课程建设提供了另一种思路。

总之，20世纪80年代，一大批语文教师在写作教学上既有扎实的基本功，又有敢为天下先的勇气，还有埋头于课堂教学、不怕吃苦的实干家精神，由此成长为一个颇具影响力的特级教师群体。他们与广大语文教师和教育研究人员一起努力，共同支撑起了20世纪80年代语文教育改革蔚为壮观的局面。他们的很多主张和做法对后来的写作教学乃至语文教育产生了影响。

但是，受各种因素的制约，20世纪80年代的写作教学探索，在整体性的设计和课程化追求上也存在某些不足：其一，自下而上的顶层设计难免过多针对写作教学中存在的具体问题，导致不少教师的目光仍然停留在缺什么补什么，什么重要强调什么的层面，因而会影响写作体系的合理性；其二，20世纪80年代初主导这次写作教学探索的教师，很多是刚经历了长期的封闭状态，才重新回到教学生活中的，且他们又囿于教学第一线的繁重工作。其时，西方比较先进的课程论、学习理论尚未大量进入他们的视野，语文教师们的知识体系和学术眼界几乎都还是20世纪五六十年代积累的结果，因而他们的课程设计的立意高度和学理性还不强。更重要的一点是，整个国家也刚刚尝试课程改革，写作内容的顶层设计意识滞后，很多教师在做写作顶层设计及写作课程建设时都是各自为政，没有形成合力，这就使得许多写作教学框架设计看起来很宏伟，相关的教学实验也颇为热闹，但是因为都没有进入国家课程层面，因而没有足够的力量对抗后来汹涌澎湃的功利主义潮流，进入20世纪90年代中期以后，许多有价值的主张便销声匿迹，这是颇为可惜的。

二、对写作教学内容的科学化追求

“实现现代化”是20世纪80年代中国社会最响亮的口号，在语文写

[1] 龚肇兰. 以作文为中心科学地安排语文教学［M］//《中国语文》编辑部. 语文教学问题. 北京：中国社会科学出版社，1979：266.

作教学方面，现代化的主要含义是科学化，即科学地分析影响写作教学的对象和各种因素，总结写作教学规律，提高写作教学效率，核心是科学思维或分析思维。

分析是人类作为主体发展认知能力、把握外部客观世界的一种基本思维方式或路径。比如古巴比伦人用星座来划分天外空间格局，古代中国人用五行来理解自然界的构成关系。在古代文明中，人们几乎对每个领域都使用这样的思维进行分析或分类，如三品、六艺、九族、二十四节气。这种把世界分门别类加以划分理解的思维方式，到近代欧洲，慢慢演变成一种具有严谨思考步骤和检验标准的思维方式和研究规范，简单说来，就是"科学方法"或"科学思维"。

现代科学思维诞生于近代西方，但在中国，写作教学中的"科学思维"也并非全无基础，其源头上可追溯到远古时代的写作思想。比如"风雅颂""赋比兴"，其本质就是从表达功能和表达方式的角度为诗歌分类；孔子的"兴观群怨"说可以看作是从社会价值的角度为诗歌分类；刘勰的《文心雕龙》从第六章"明诗"到第二十五章"书记"，姚鼐的《古文辞类纂》把文章分为论辩、序跋、奏议、书说、赠序、诏令、传状、碑志、杂记、箴铭、颂赞、辞赋、哀祭等十三类，都是按表达功能为文章分类。南朝梁代钟嵘的《诗品序》把诗歌分为"三品"，是按自己的美学标准为诗歌分类。南宋吕祖谦的《古文关键》从章法的角度引导人们认识古文写作手法。清代唐彪的《读书作文谱》不仅第一次从写作内容的角度列出了一份简要的学习序列——"一曰章法，二曰股法，三曰句法，四曰字法。四法明，而文始有规矩矣"，还将写作手法细分成"虚实""开阖""描写""衬贴"等三十一种，将题目类型分解为"口气题""暗比题""明喻题""叠句题"等十一种，将扣题知识分为概念、特点及审题技巧。从对写作内容的建构可见，唐彪对写作教学的认识已经体现出相当的"科学分解"意识，这也是五四时期那一代学者总结写作经验的重要参考资源。

把科学概念引入写作教学课程建设是新文化运动的自然结果。当时，梁启超、胡适、陈望道等一批受过西方教育熏陶的学者，都痛感传统写作教学效率低下的弊端，希望借助科学思维来改良传统的写作教学。梁启超说，"我所讲的这种研究法，可以成立与否，还不能定，不过我总希望多带一点科学的精神"[1]。梁启超所说的科学精神，在《作文入门》里最显著的体现就是对写作目标的层层分解。比如关于文体，他先把文章分成"记述文""记事文""论辩文"，再把其中的记述文分为"记静态之文"和"记动态之文"两种二级文体，然后再将每一种文体细分出若干知识点和写作操作要领，即通过要素的逐级分解，实现写作教学内容的科学建构目的。梁启超借鉴科学的思维方式来分解写作教学内容，但在具体表述中吸收了中国传统文章学和写作教学的某些营养，从中能看出那一代人从自己感性的写作经验出发总结写作经验，提升写作现代化理论水平的努力。

如果说，五四时期人们提出写作教学科学化的问题，还只是中国从传统社会步入世界文明发展进程，社会精英接受科学思想在语文教学领域里的一种自然体现的话，那么，20世纪70年代末开始的写作教学科学化运动，则变成了整个语文教育领域发展的内在需求和自觉行动。1978年初，张志公等人在《中国语文》杂志上发表文章，提出语文教学效率的问题。张志公认为，学生语文学习的效率很低是不应该的，其主要症结是"语文教学缺少科学性"。张志公呼吁"这种现象不应当再继续下去了"，"不能继续把提高语文能力这件事神秘化而听其自然，要力求做到教学科学化"[2]。同年3月16日，吕叔湘在《人民日报》上发表《语文教学中两个迫切问题》一文，对以往语文学习"少慢差费"现象提出质疑，在社会各界引起强烈反响。一时间，反思传统语文教育的弊端，提高语文教育的科学性，推动语文现代化，几乎成为全社会的共识。写作教学科学化的关键路径是对写作规律的探究和掌握，如叶苍岑所言："每一客观事物的发展都是有规律的，它们的规律都是可以认识的。语文教学也不例外。课文教学、结合课文进行语文基础知识的教学和阅读、写作、听说能力的训练，都是有规律可循的。"写作教学能否实现科学化，关键是我们要"从实践中总结出语文教学本身固有的而不是臆造的规律，

---

[1] 梁启超. 中学以上作文教学法[M]//梁启超. 作文入门. 北京：教育科学出版社，2007：3.

[2] 张志公，田小琳，黄成稳. 语文教学需要大大提高效率：泛论语文教学科学化和进行语文教学科学研究的问题[J]. 中国语文，1978（1）：3.

转过来用以指导语文教学的实践，把语文教学放在科学的基础上，实现语文教学的科学化”[1]。1983年12月召开的全国中学语文教学研究会第三次年会的主旋律之一也是“语文教学应当朝着现代化（中心是科学化）的方向努力”[2]。语文教学大纲也明确指出，“为了有效地提高学生的作文能力，要研究中学生作文能力发展提高的一般过程及其规律，研究作文训练的途径、步骤和方法，使作文教学更有科学性和计划性”[3]。可见，语文现代化、科学化已经成为多数人的共识。

从语文教学层面实现写作教学科学化，必须解决一个观念和三个技术问题。一个观念即传统的写作教学必须引入学科思维以提高教学效率，三个技术问题即“写作学习目标及基本知识的准确定位”“写作教学序列的合理安排”“写作过程的规范有效”。20世纪80年代致力于写作教学科学化的教育研究专家和语文教师对这几个问题的认识达到比较高度的一致，以下几位教师的观点比较典型：

欧阳代娜：影响中学语文教育教学质量提高的因素是多方面的，需要做综合治理。但从我们语文教学本身来看，长时间以来没有一个系统、科学、经过努力可以实现的高标准的目标要求，则是我们内部最根本的原因。[4]

陈瑞衡、郭勋友：语文学科原来是有体系的，但不科学。语文学科科学体系的建立既是必要的，也是可能的……新中国成立以来，我们有二十几年正反两方面的经验，同时，与语文学科密切相关的语音学、文字学、词汇学、语法学、修辞学、逻辑学、文艺理论等，已经有了比较系统的知识和教学体系，如果合理利用并加以参照，完全可以建立起一

---

[1] 叶苍岑. 向语文教学科学化前进［M］//叶苍岑. 中学语文基础知识丛书. 北京：北京师范大学出版社，1982：序言.

[2] 张志公. 在全国中学语文教学研究会第三次年会上的发言［M］//刘国正，陈哲文. 语文教学在前进：全国中学语文教学研究会第三次年会论文集. 北京：人民文学出版社，1984：11.

[3] 中华人民共和国国家教育委员会. 全日制十年制学校中学语文教学大纲（试行草案）［M］//课程教材研究所. 20世纪中国中小学课程标准·教学大纲汇编：语文卷. 北京：人民教育出版社，2001：460.

[4] 欧阳代娜. 国民素质教育的基础，关键在于国民母语能力的过关［M］//张定远. 中学著名语文特级教师教育思想精粹. 北京：语文出版社，1999：551.

个学科的语文学科科学体系。[1]

顾黄初、张泽民：写作教学科学化，就是对这些因素做出合理安排，做到“由简到繁，循序渐进”，“形成一个有主次、多股交叉的综合的训练体系”，“单元之间既相互独立，又存在一定的内在联系，共同构成一张写作基本知识和能力结构的网”。[2]

陆鉴三：写作教学科学化，关键是做到“有格和序”，“格，即规格、标准、要求；序，即秩序、体系”，这是提高写作教学质量的当务之急。[3]

及树楠：写作教学“不仅指单篇训练，就作文的整体训练而言，也应当有个完整的规划，按序列进行训练”。这个系列的设计原则是“使作文教学形成相互联系的知识——能力网，在此基础上本着由点到面，由浅入深，循序渐进的原则，把这个网中的每一个点设计成生动、活泼、形式多样的训练内容”。[4]

确定知识目标和训练序列是写作教学科学化的前提，当年叶圣陶等人设计的《国文百八课》就有一套相对完整的知识体系和序列设想，但是，由于各种原因，这套教材的教学效果并没有得到可靠的教学实践检验，而且半个世纪过去以后，社会生活也发生了较大变化，因而重新确定写作学习内容并将其序列化，是写作教学科学化绕不过去的一道坎。20世纪80年代，许多语文教师为此可谓呕心沥血，值得庆幸的是，成果显著，各地先后推出了十几套写作序列教材，也曾经开展过较大规模的试验教学。其中，广东丁有宽的“读写结合”教学、黑龙江常青的“写作分格法”、辽宁欧阳代娜的整体写作训练、北京刘朏朏和高原的“三级训练体系”、上海陆继椿的“双分教学”等主张，在写作教学内容建构和序列化设计方面较有代表性，在全国的影响也较大。

---

[1] 陈瑞衡，郭勋友．也谈语文教学科学化的问题［M］//《中国语文》编辑部．语文教学问题．北京：中国社会科学出版社，1979：26-29.

[2] 顾黄初，张泽民．初中作文教学设计［M］．北京：北京师范大学出版社，1986：1984版编辑说明.

[3] 陆鉴三．作文提高之路：陆鉴三谈作文［M］．杭州：浙江教育出版社，1986：8.

[4] 及树楠．我的语文教学改革综述［M］//张定远．中学著名语文特级教师教育思想精粹．北京：语文出版社，1999：22.

20世纪80年代有如下几种写作教学序列的知识分类思路(见表3-2):

表3-2 20世纪80年代6种代表性的写作教学序列的知识分类思路

名称及成果	设计思想	知识或技能点	主要内容	主要特征
丁有宽"读写结合"	读写结合：读为基础，从读学写 从仿到写，从说到写	60多种基本功	句子结构法1种 句群结构10种 段落结构法18种 篇章结构法15种 表达法（包括记事顺序法4种，景物描写法5种，人物描写法8种）	阅读与写作同步，听说读整合 适合小学阶段
常青"分格作文法"	以思路训练为核心，定格立式 按格想文，按格说文，按格写文 先立格，后破格，各个击破，力求速成	100多项写作技能（格）	从素起步（即准备） 从微深入（即观察，包括五觉辨析5格，七情辨析8格） 从神思起飞（即想象19格） 从我下笔（即表达，包括记叙19格，抒情4格，说明13格，议论16格）	独立的写作课程以写作技能为结构线索 适合零基础的小学阶段
顾黄初、张泽民《初中写作教学设计》	按文体设计，强调实用、力求系统、注重启发	48个训练单元	实用文6个，记叙文26个，说明文6个，议论文10个。 含写作基本能力（包括审题、立意、选材、布局、表达、修改）；思维的基本能力（包括观察、分析、综合、推理、想象、联想）；驾驭文体能力（包括记叙、描写、说明、议论、抒情）三大类	按教学大纲要求，与语文教材配合使用 适合初中阶段
欧阳代娜《阅读》与《写作》课本	以能力训练为经，以传授知识为纬，以思维训练为方法	98个训练点	听的能力12个 说的能力18个 读的能力36个 写的能力32个	以教学大纲为依据，口语训练和书面写作结合 适合初中到高中阶段

续表

名称及成果	设计思想	知识或技能点	主要内容	主要特征
刘朏朏、高原“三级训练体系”	以认识论为指导，以学生心理发展规律为依据，以提高基本能力为目标	三级六段44步写作训练	观察训练（包括观察方法、内容） 分析训练（包括分析角度、方法、重点） 表达训练（包括语感、章法训练）	独立的写作课程，以写作过程为线索 适合初中阶段
陆继椿“双分”教学课本	分类集中、分阶段训练。一课有一得，得得相联系	108个训练点	记叙能力36个 文言文阅读能力18个 说明能力6+2个 论述能力8+2个 文学作品赏析18个 综合复习18个	以写作能力为主，强调学习收获 适合初中阶段

说明：资料来源于丁有宽《丁有宽读写结合教学教例与经验》，人民日报出版社1996年出版；常青《速成写作分格法》，河南教育出版社1987年出版；欧阳代娜《国民素质教育的基础，关键在于国民母语能力的过关》，见《中学著名语文特级教师教育思想精粹》，语文出版社1999年出版；刘朏朏、高原《作文三级训练体系概论》，光明日报出版社1989年出版；陆继椿《语文教学新探："双分"教学的理论与实践》，上海教育出版社1995年出版。

上面介绍的几位教师的写作教学科学化课程建设思路有许多共性：（1）都是针对以往写作教学缺乏计划性、系统性、科学性的问题，用要素分解的思维方式对写作能力的构成要素做分解，通过分项训练提高学生的整体写作能力。（2）都是从基础知识和基本技能出发。比如丁有宽和常青的写作训练计划，都适合在小学阶段开展；刘朏朏、高原的“三级训练体系”，陆继椿的“双分”训练，都预设在初中阶段实施。当然，这样设计的合理性是可以理解的，因为越是基础性的知识，其确定性也越高，概念内涵越容易描述清楚，操作性越强，实施效果也越容易得到检验。（3）都没有将写作能力看成一种可以通过识记就能独立获得的陈述性知识，而是引导学生通过观察、阅读和其他语言实践活动感受知识，巩固能力。（4）都强调技能训练，通过大量习得活动促进学生写作水平的提高。（5）都曾经在各自的周边地区乃至全国部分省市的数千所学校开展较大规模的试验性教学，在试验教学中取得了显著的效果。除上面所列的几位教师外，各地还有不少语文教师也在写作教学科学化上做过许多有益的尝试。比如，杭州陆鉴三的“作文训练百题”、北京宁鸿彬的《写作100法》、河北阎福新的《作文序列训练》等，都是从写作技巧的角度加以训练，使学生把握写作规律；于漪系统性地讲评作文，一次讲评围绕一个问题加以讨论，引导学生认识写作规律的做法[1]，章熊、蔡澄清提出的写作训练的“运动量和发展量”思想[2]，也体现了一定的系统性和科学成分。下图为于漪执教“观灯展”作文讲评课时的板书，意在引导学生掌握规律。

立足点和观察点

- 区别
  - 立足点：观察时所站的位置。
  - 观察点：目光集中的地方。
- 联系
  - 一动一定
    - 立足点不动，观察点移动——定点换景。（按顺序表达）
    - 观察对象不动，立足点移动——定景换点。（讲究多角度）
  - 二动——立足点、观察点都变化——移步换景。（交代清楚立足点）

图3-3 于漪老师执教“观灯展”作文讲评课时的板书

20世纪80年代语文教师在写作教学科学化方面的努力，推动了探讨写作教学规律的热潮。但是，20世纪80年代那场轰轰烈烈的写作教学科学化热潮，仅仅持续了十多年便悄然沉寂。后来，随着一些语文名师退出语文教学和教改实验第一线，他们的写作教学主张连同一些很有特点的写作教材也渐渐被人遗忘，内中缘由也值得深究。

[1] 于漪. 于漪老师教作文［M］. 上海：华东师范大学出版社，2009：序言.
[2] 蔡澄清，陈军. 积累·思考·表达：写作能力的培养［M］. 北京：语文出版社，1990：序言.

从提倡和推动写作教学科学化的语文教师主观的一方来说，是对写作教学规律的认识还不够深透，写作教学课程设计尚存在较大缺陷。我们知道，要确保写作教学科学化富有成效，除准确制订写作学习目标、合理建构写作教学序列外，还有两个要素不可或缺：其一是教学或训练过程的可控性，其二是写作教学效果的可评价性。如果缺了这两个要素作为保障，写作教学科学化就会停留在图纸阶段，即使匆忙施行，也势必会成为有始无终的“半拉子工程”。20世纪80年代的写作教学科学化探索，在目标确定和写作序列方面着力较多，成果较明显，而在写作过程的落实和写作评价方式的研究上涉及较少，这就影响了写作教学科学化设想的实效。

以写作过程为例。一般认为，写作教学或训练过程包括这样两层含义：(1)指对一个人完整的学习阶段的写作教学或训练，包括初级写作、中级写作、高级写作及专业写作的学习；(2)指对一次写作活动全部过程的教学或训练，包括写作准备、构思、行文、修改到写后总结五个环节[1]。其实，写作过程还应该存在第三层含义，即学生的行文过程。以往很多写作教学之所以效果不明显，所缺的正是对学生行文过程的合理介入和有效指导。

问题是，传统的写作教学方式主要靠学生多读多写自己悟出门道，因此对写作过程的指导依赖性不大，而科学化写作教学的独特价值恰恰在于对写作目标的精准定位和对学习过程的可控。如果离开了对学生行文过程的有效指导，那么其科学性就无法得到保障。因此，写作教学科学化尤其依赖学习过程的有效性。

对学生写作过程的影响和控制，一般通过两种途径来落实：其一是教师在教学实施中的引导，其二是课程设计的规范。前者是教师通过自己的教学设计和教学实施，将某一写作教学目标转化为带有过程性的教学活动（参见本书第七章“写作教学过程化”第二、第三节有关内容）。例如章熊的这则写作教学设计：

写作学习目标：科学描写空间顺序

[1] 苏支超，胡凤英. 写作训练原理［M］. 南京：江苏教育出版社，1992：128.

一、知识要点

进行空间描写，首先要能够把事物之间（或事物各部分之间）的位置关系交代清楚。空间位置总是相对的，因此常常不容易说清楚。

教学借助的知识是给空间顺序找基准点：要说明事物的位置，必须先有个基准点，然后才能给这事物定方位。例如，“墙上写着几行粗大的字：‘屋后边有干柴，梁上竹筒里有米，有盐巴，有辣子。’”（《驿路梨花》）

当我们连续描写几个位置不同的事物时，可以让先写的事物成为后写的事物的参考点，也可以让这些事物共有一个参考点（多种事物共用一个参考点时，我们习惯上把这参考点称为“观察点”），再加上由近及远、由外而内等，就形成了作者空间描写的顺序。

二、练习

1. 请你写一段连贯的话，把下面各组建筑物（或建筑群）的位置说清楚：

A. 北大附中的三座楼

B. 颐和园　北大附中　北京大学

C. 天安门　人民大会堂　历史博物馆　毛主席纪念堂

2. 下面是一间房间和几件家具（图略）：

一间大的房间，有窗、门。房间内有床、书桌、扶手椅、书架、书桌、方桌、椅子。请你把房间布置一下（把家具“画到”房间内），然后运用语言进行描述。允许想象的范围：

A. 家具和墙壁的色彩

B. 房间主人的性格

C. 可以增添一些台灯等用具和小的装饰品

3. 请你设计一座雕塑或纪念碑，把一切细节想好，然后把它描述出来。[1]

看得出，这则设计具有以下几个特点：一是聚焦于“描写顺序”，教学目标定位单一、集中；二是介绍“空间顺序”及“观察点”概念，概

[1] 王增佑. 初中作文优秀教案选［M］. 太原：山西师院学报编辑部，1983：126-128.

念清晰、准确，明确的知识是学习效果的基本保证；三是学习活动提供了较详细的、过程完整的训练支架，学习支架既对学习过程形成必要约束，也给学生留下了自主发挥的空间。

但是，这样的设计对语文教师个人的观念、能力等提出了很高的要求，因此很难大面积、持久地推广。一些曾经颇具影响的写作教学主张和做法往往也会随带头教师离开语文教育阵地而偃旗息鼓。更好的做法是从课程设计层面着手，不仅要考虑知识目标和写作序列，还要为一个个目标设计具体的可操作的教学过程，包括进一步分解学习内容、提供训练步骤等。这就像为普通教师提供一张张写作活动的"导游图"，教师或学生只要"按图下笔"，就可以大体上走完一次写作活动的全程，从而基本达到学习目的。不过，这项工作不能靠语文教师个人的单打独斗，否则那几乎是不可能完成的任务。

20世纪90年代以后，写作教学科学化探索热在中国渐渐式微，这有着复杂、深广的社会背景。从全社会来说，20世纪末，中国社会进入全面转型期，在市场经济大潮之下，追求效率的风气骤起并渐渐占据上风，对人文素养、育人取向乃至社会价值观形成了巨大冲击，因而在20世纪90年代初引发了文化领域人文精神大讨论。从语文教育领域来看，20世纪80年代中期开始推行的语文标准化运动将语文教育科学化引向极端，将科学化等同于标准化，背离了语文的学科特点和语文教育的育人目标，反过来引起人们对语文教育科学化的反感和质疑，使得人们将对标准化的抵触，对语文应试教育的不满，都发泄到语文教学科学化上，也殃及了一些教师对写作科学化的正常探索。

从语文教师队伍内部来看，写作教学科学化的口号在一开始就存在争议，争论的焦点在以下几个方面：如何定位语文学科的育人性质，如何看待语文学科的特殊性，如何兼顾语文教学的基础目标和学生的个性需求，如何对待传统的语文教育经验等。如果对这些问题及背后的原理理解不透、把握不够，写作教学科学化之路是很难走的。对此，热心于科学化的一些教师显得过于乐观，而叶圣陶无疑有十分清醒的认识。在原则上，叶圣陶对写作教学的科学化探索无疑是支持的，毕竟年轻时他与夏丏尊等人创制的《国文百八课》走的就是按要素设计写作任务的思路，针对的就是以往“在学校教育上，国文科一向和其他学科对列，不被认为一种科学。因此国文科至今还缺乏客观具体的科学性”的问题，强调“本书编辑旨趣最重要的一点就是想给予国文科以科学性”[1]。但是，丰富的阅历和深刻的思考，使他并非无条件地盲从。在1979年12月召开的全国中学语文教学研究会成立大会的书面发言中，叶圣陶提醒大家，推进语文现代化“特别需要调查和研究的是语文训练的项目和步骤。为了培养学生具备应有的听、说、读、写的能力，究竟应当训练哪些项目，这些项目怎样安排组织，才合乎循序渐进的道理，可以收到最好的效果，对这个问题，咱们至今还是心里没数”[2]。吕叔湘也用一个比喻告诫大家，语文教学像农业而不是工业，不能机械地照流水线设计。一个人的写作能力不是线性发展，更深层的障碍源自人类自身对写作活动的认识缺陷。以目前人类对与写作活动有关的语言、思维乃至整个智能活动的了解程度来看，把这项重担全部放在语文教师肩上也是不合理的。

以今天的眼光来看，写作教学科学化的口号当然有些极端，将情感、变化等同于科学研究，显然是不合适的。而借鉴科学思维方式，采用学科手段分析写作问题，研究写作教学中的一些课题，还是很有价值的。

20世纪90年代以后，虽然写作教学科学化的提法渐渐沉寂，但这场不小的探索热及其引起的讨论深化了人们对写作教学问题的思考，为后来的写作课程建设积累了经验。比如，人民教育出版社2000年推出的《全日制普通高级中学语文实验课本（必修）·写作与说话》，其编写思想是“运用现代科学的系统方法，采取能力分级、知识分类、训练分步、教材分编等形式，力求使各项训练在纵向发展与横向配合上都有相对合理的内在联系”[3]，就广泛吸收了20世纪80年代一些语文教师在写作教学整体构架科学化方面的探索成果。21世纪以后，语文教育界普遍接受的语文课

[1] 叶圣陶.《国文百八课》编辑大意［M］//中央教育科学研究所. 叶圣陶语文教育论集（上册）. 北京：教育科学出版社，1980：171.

[2] 叶圣陶. 叶圣陶教育演讲［M］. 北京：教育科学出版社，2014：79.

[3] 周正逵. 全日制普通高级中学语文实验课本（必修）·写作与说话［M］. 北京：人民教育出版社，2000：前言.

程目标、语文核心素养的观念，也与20世纪末的语文科学化脉络有相承关系。

三、基于教师个性的教学方式创新

与部分语文教师从顶层设计入手致力于写作教学改革、试图建构新的语文课程和写作教学体系的努力相比，20世纪80年代初，更多的语文教师立足于自己的班级和课堂，在教学实施的层面努力探索写作教学的具体策略和方法，呈现出百花齐放的局面。他们的写作教学做法和风格大体可以分为以下几种类型。

1. 精耕细作的园艺师。

对语文学习的性质，吕叔湘有一个精妙的比喻，即语文是农业而不是工业，农业生产的特点是生产周期长，劳动作用见效慢，但是只要农民把功夫花下去，且施肥灌溉及时，到了一定的季节，大地自然会予以丰厚的回报。在写作教学上，广东省特级教师丁有宽的“读写结合”教学，就类似于园艺师的做法。丁有宽的语文教学改革历程前后跨越30多年，影响广泛深远（见表3-3）[1]：

表3-3 丁有宽老师的语文教学改革

时间段	针对的问题目标	课题内容	主要活动	成果或经验
1963～1968	针对读写脱节、学生写作基础差等问题	读写结合，练好记叙文17个基本功	从篇着眼，从句入手；从有法到无法；从仿写到创作；从说到写	形成学生喜读爱写，多读多写的局面
1974～1981	解决学生厌读、怕写等现实问题	读书、观察、作文结合	带领学生做调查访问，鼓励学生大量写作	一个学期平均每人写文章56篇，最多的写70多篇
1981～1983	总结“读写结合”教学规律	以记叙文为主培养自学、自得、自写、自改的能力	在学校三个年级开展实验教学	学生喜爱读写，学期人均写作50多篇，最多的写200多篇；发表教学论文

[1] 丁有宽. 丁有宽与读写结合法 [M]. 北京：国际文化出版公司，2003：24-37.

续表

时间段	针对的问题目标	课题内容	主要活动	成果或经验
1983～1986	理论上层次、训练成系列	“读写结合”五步训练法	博采众长，形成体系。在16个省1000多个班级开展实验教学	总结读写应对、有机结合等8条经验
1987～1992	落实“读写结合”课程化	编写专门训练教材	在28个省市2001所学校的5000多个班级开展实验教学	出版《小学语文读写结合教材》《单元分组导练》
1993年以后	推广“读写结合”经验	优化内容、深化改革	全国1万多个班级开展实验教学	获得广泛认可

丁有宽“读写结合”体系的第一个特点是不直接针对写作，不急于在写作上出成果，而是通过大量阅读积累语感，这就有点像农业劳作的积肥、灌溉、深耕；第二个特点是周期长，往往以整个小学学段为时间单位，不搞突击应试；第三个特点是写作量大，比如 1978 年他带的教学班，一个学期平均每人写文章 56 篇，最多的学生一学期写了 70 多篇[1]；1981～1983 年的实验周期，平均每学期每个学生写作文 50 多篇，程度较好的写近百篇，个别尖子生写了 200 多篇[2]。学生写得多，教师批改的习作量必然也会多，日积月累，学生的写作不可能没有收获。当然，在周期长、写作量大的前提下，丁有宽也注意写作计划的序列性和传授写作规律，他总结的“记叙文三十法”“读写结合五步训练”“自学自探—互学解疑—精读多练—练习讲评四环节课堂结构”“记叙文写作训练五十法”使训练产生加倍的效果。

2. 学养丰富的专家型。

有人曾经研究过专家型教师与新任教师的区别，发现前者具有丰富的写作知识和教学经验，能深刻把握学习内容的核心价值，各种资源随心使用，教学中游刃有余。比如中国有悠久的辞章学发育、发展史，古人在数千年的写作实践中为我们留下的大量经典作品就是一个个成功的写作案例。从传统的写作教学资源中汲取表达的营养，为今天的写作教学所

[1] 丁有宽. 丁有宽与读写结合法［M］. 北京：国际文化出版公司，2003：29.
[2] 同［1］.

用，无疑是一条可行的写作教学之路。一些学养深厚的语文教师往往会依托语文教材中的优秀篇目设计写作教学思路，使学生在阅读中领会写作方法，通过写作反过来促进学生对文章的深入理解，提高学生阅读写作及思维的综合能力。比如沈蘅仲、潘凤湘、张大文等就属于这一类教师。这种写作教学策略的实施者，往往有扎实的语文功底和深厚的学养，善于发现传统名篇中语言表达的精微之处，又能够根据学生的写作现状，随时建立前人写作经验与学生学习需要的联系，写作教学效果会有比较充分的保证。

3. 教书育人的导师型。

写作是最为复杂的人类智能活动之一，单一的写作技巧教学往往不能解决写作中遇到的所有问题，纯粹的写作教学策略无法满足学生的多样化需求。而写作教学的核心任务是育人，育人不仅是终极目的，人的兴趣、情感、态度反过来还会成为学好语文，进一步提高写作水平的重要条件。因此，不局限于具体方法，而是用育人的核心目的去统摄写作方法教学，就能产生纲举目张的效果。这种写作教学法可以于漪为代表。于漪的写作教学有几个突出特点：(1) 能抓住影响写作的几个根本问题，如“文章的生命在于真实”，写作成功的前提在于兴趣，写作教学目的在于育人；(2) 能辩证地理解与写作教学相关的矛盾关系；(3) 既重视思想人文素养、阅读熏陶，又不放弃方法传授和总结规律，比如《于漪老师教作文》一书中，既有对“生活是写作的源泉”“让思想长上翅膀飞翔”“打开认识的窗户”“文无意不立”“文章的生命在于真实”“功夫在诗外”“模仿与脱胎”等话题的讨论，又有“立足点和观察点”“看仔细写具体”“先说与后说”“捕捉、截取、缝合”“描形绘状摹声”“围绕说明中心选材”“以事实来说道理”等具体写作技能的传授，还有写作教学内容序列化的考量[1]。因而于漪的教学观念显得不偏执，而是讲究辩证思维；教学方法并不固守一端，而是灵活多样。根据社会生活内容的变化、教育观念的更新、学生需求的差异开展写作教学，具体教法就不会过时。

[1] 于漪. 于漪老师教作文 [M]. 上海：华东师范大学出版社，2009：目录.

4. 能点拨迷津的智者型。

这类教师往往既有渊博的知识，又有丰富的写作经验；既有出色的语言表达能力，还有着对生活的透彻感悟。他们不仅对学生写作中的优点和问题把握准确，一语中的，以教学智慧引领学生智慧，还能以巨大的个人魅力让学生喜欢语文、喜爱阅读、喜欢写作。这类教师以钱梦龙为代表。在写作教学中他们往往并不刻意实践什么理论或追求什么技巧，也没有什么知识序列，但却往往“无招胜有招”。

5. 善于写“下水作文”的作家型。

在老一辈的语文教师中，有许多既富有个性又才华横溢的人，他们的正式职业是语文老师，每天要在课堂上完成教书育人的职责。但是，他们往往还有另一重身份，即闲暇时间舞文弄墨，时常有文章见诸媒体。这类语文教师，在教学中常常不屑于给学生介绍琐细的写作知识，而是更看重参与实际的创作，从中获得直接经验。他们引导学生参与文学社团、办班级刊物、参与社会考察的兴趣也往往高于课堂教学的热情。江苏的王栋生，新疆的毛荣富，上海的金志浩、黄玉峰就属于这一类。以“展开思路”的教学为例，王栋生从一个为人熟悉的成语入手，引导学生步步深入，实现思维的层层翻新：

1. 回忆庖丁解牛，认识不同思维方式的差异。

2. 辨析瓦特发明蒸汽机，反思思维定式对人的影响。

3. 借成语滴水石穿，初识多角度思维的意义。

4. 读故事“瓶子里装下什么”，拓展思维深度。

5. 课外作业：讨论校服问题/插队问题，迁移思维运用练习。[1]

这节课的教学设计充分展示了一个著名的杂文作家善于从小处着眼，又能以小见大的绝活。

在写作教学上，这些教师的一个绝招就是写“下水作文”，即与学生一起写同题作文，与他们比长较短，激发他们的写作兴趣，帮助他们摸索写作的门道。当然，这种教学法常常会带出一批写作上的小才子，而如何让普通学生的写作能力得到基本保证是这些教师需进一步考虑的问题。

---

[1] 王栋生. 王栋生作文教学笔记 [M]. 南京：江苏教育出版社，2012：185-192.

6. 精于设计的工程师型。

有人说，写作活动本身虽然像农业，但写作教学则不完全如此，至少大规模的写作教学应该像农业工程。工程的特点就是有周密的规划，有完整的设计方案，因此这类教师的教学知识描述精确，写作过程完整，写作结果能评价。20世纪80年代写作教学的“科学化”探索者,如常青、章熊、陆继椿等教师似乎应该归入这种类型。

7. 创意写作指导型。

20世纪80年代是一个主张个性、鼓励创造的年代，这一时代特点在写作教学上也得到了充分体现。许多教师敢于提出新主张，打出标志性的旗号，并带领一批志同道合的教师开展教学实验。那时，几乎每一个省市都有以教师个人名字命名的语文教学法或写作教学法，写作教学一时间出现了百花齐放的局面。当然，更多的语文教师是针对写作教学中的具体问题，如话题开拓、语感积累、写法创新、发布形式拓展等寻找解决问题的新途径。仅从《写作指引》[1]一书中介绍的激发学生写作兴趣的有限案例就可以窥见当年教师们在写作教学创新方面的努力之一斑：

- “写格言”“写缀语”“写语言小札”“写时事短评”“编写中学生活条目”（新疆石河子毛荣富，1993.1）
- 写公益广告（湖南株洲余志华，1997.11）
- 剪贴报纸（湖北宜城胡兴华，1991.7）
- 对对子（上海戴德英，1983.1）
- 自编刊物（江苏南通何鸿文，1982.9）
- 写日记（江苏南京陈良琨，1980.9）
- 写贺卡（山东青州阎会才，1997.9）
- 写影评（江西湖口王斌，1988.4）

20世纪80年代，一大批语文教师在写作教学上进行了积极探索，虽然他们的主张和做法有许多不同，但是也有一些优点是这个群体所共有的：（1）对教育事业充满热爱，对工作十分专注，心无旁骛地投入语文教学和语文教育规律的探索中；（2）具有扎实的基本功，语文知识丰

[1]《语文学习》编辑部. 写作指引[M]. 上海：上海教育出版社，2000：目录.

富不必说，也能提笔成文，就连板书也普遍写得漂亮；(3) 人文素养高，对学生平等可亲，对同行谦虚宽容，都是当地的语文名家，不少还是有全国影响的语文教育家；(4) 教学经验朴素实在，少有花架子。这些教师都是有几十年课堂经验的一线教师，其写作教学经验很多是从自己的教学实践中总结出来的，更接地气，易懂易学。他们的优秀品质和教学经验，值得今天的教师们学习和继承。当然，20世纪80年代的语文教师群体对写作教学的探索也存在两个明显的不足：(1) 受历史条件和工作性质的局限，他们的理论视野不够开阔，不仅对西方课程论、新的写作理论借鉴不多，就是对夏丏尊、叶圣陶等前辈的写作教学探索遗产的继承也不够，这无疑影响了他们在写作教学领域的探索深度；(2) 他们的研究组织普遍是各自为战，导致很多主张互相重叠，没有归纳提升为具有一定概括性和普遍性的概念，在教学实践上也没有形成合力，导致影响力分散，有的甚至还会互相抵消。这些教训都有待后来者吸取并引以为鉴。

第四章　新时期写作教学的趋向

按历史发展阶段，人们习惯把2000年以后的社会阶段称为“新时期”。新时期对中国不仅意味着时序的变化，社会生活状态与以前相比也有明显的不同，这种不同在一定程度上影响中国的教育，并使写作教学呈现出一些新的态势。一方面，随着应试竞争的加剧和教学模式的固化，写作教学受到越来越多的批评；另一方面，语文教师和研究者也在尝试调整自己的努力方向，以应对社会的需求。这就使写作教学课程建设和教学实践出现了一些变化，比较明显的变化有这样几点：在课程取向上向真实写作回归，在教学内容上增加了读者意识的培养，在教学组织上引入专题写作，在教学资源运用上注意与信息技术进行整合。

第一节　真实写作的回归

课程标准是课程建设的依据，对教材编写、课程实施及学习评价都有强烈的导向作用。进入 21 世纪以后，国内写作教学中出现了一种倡导真实写作、反对虚假写作的趋向，即写作教学要让学生面对真实的情境，抒发真实的情感，完成真实的交流目的。这与《义务教育语文课程标准（2011 年版）》的提倡是分不开的。2001 年，作为课程改革的标志成果诞生的一年，教育部颁布义务教育语文课程标准，基础教育从此告别了教学大纲开始进入课标时代。2011 年修订的义务教育阶段课程标准（以下简称“2011 年版语文课标”）发布，两个版本的课程标准的发布时间相隔十年，不少内容在表述上存在差异，其中对真实写作方面的阐述就有显著不同，体现了这些年语文教育观念的变化。

一、课程标准关于真实写作的阐述

写作是综合性的语文学习活动，包含观察、认知、记忆、思维和表达等多个维度，既有单纯的表达技巧，也有具体语境下的运用。语文课程在目标方面体现出来的总价值取向，将决定写作分阶段目标的制订，制约教学内容和教学方法的选择，一定程度上也影响学生写作素养的发展。2011 年版语文课标在“课程目标与内容”中对写作部分的表述是“能具体明确、文从字顺地表达自己的见闻、体验和想法。能根据需要，运用常见的表达方式写作，发展书面语言运用能力”。这个总目标包括了写作课程所涉及的主要内容，具体说来有这样几层含义：（1）在写作内容上，课标要求学生作文做到“具体明确”。“具体”是指写作对象集中在一个范围内，不要东拉西扯没有中心；“明确”是把见到的一个人、一件事情说清楚，把心中的一种想法说明白，让他人通过这篇文章能获得切身的感受。（2）在语言文字运用层面，2011 年版语文课标要求学生写作做到“文从字顺”。文从字顺应该包含书写正确，少有错别字，用词恰当，句子通顺，文气前后连贯，符合汉语的表达习惯，便于与他人交流等含义。(3)从写作动力和材料来源方面看，2011年版语文课标要求学生“表达自己的见闻、体验和想法”。(4)在写作的价值导向方面，2011年版语文课标要求学生应“根据需要”而写，也就是写作过程中要有对象意识、场合意识和交流意识，不是为作文而作文。

细读2011年版语文课标不难发现，这些要求的价值所指可以归纳为一个核心，即指向“真实的写作”。从社会发展史来看，写作是一种相对高级的社会活动，人们见到一件新鲜事，心里产生一种新的想法，急于告诉别人，但因时间、空间阻隔，或口语之不足以表达，才转而通过写作来实现。因此，绝大多数生活中的写作状态，都是作者内心有强烈的表达愿望。从王维的《九月九日忆山东兄弟》中感受到的是“每逢佳节倍思亲”的浓浓亲情，从林觉民的《与妻书》中感受到的是壮志未酬、爱难尽的无边悲愤，从海伦·凯勒的《假如给我三天光明》中看到的是一个盲人向往光明的呐喊，从法布尔的《昆虫记》中看到的是与自然真诚对话的童心。虽然鲁迅写的杂文针砭的对象多为中国社会、文化中的普遍问题或人性，但在具体的某一篇文章的写作中，他常常会聚焦于一定的“敌手”，这样在写的过程中，就会产生因情势所逼不得不回应的效应，也才起到一吐为快、痛快淋漓的作用。学生写文章，不管是介绍新奇的见闻或倾诉内心的感受，还是申明在某一问题上的主张，都伴随着丰富的情感活动，理应有真实的情境和对象。如果中学的写作教学也循着自然、真实表达的模式去设计和要求，那么也能使学生在写作过程中体验表达的快感，在很大程度上就能激发学生写作的兴趣，在不知不觉中提高学生的表达能力。

但是，自从将写作用于人才测试以后，写作的交际功能便开始向测试功能偏移，而学校教育的诞生则加剧了这种偏移。近代以来，以全日制班级授课为主要特征，以专项知识训练为主要内容的学校教育，在某种程度上使得一所所学校变成了快速复制人才的流水线，因此也带来了不少弊端，其中一个很明显的副作用就是造成了“教育与生活在某种程度上的分离”，反映在写作教学中，便是把学生的写作素养知识化，把写作过程机械化，把写作功能测试化。一句话，在某种程度上使表达者脱离丰富真实的生活，变成一种失去表达目的的“虚假”写作。而基础教育中的应试色彩，有可能使得写作的虚假性强化。

这里所说的“虚假”，倒不是说学生的写作活动是不存在的，或他们的写作动机是出于欺骗，而是指学生的写作动机、写作对象均是虚构出来的，具体表现在：作文题目不是来自表达者与他人的交流需要，而是命题人临时设定的，因而这种表达除了考试以外往往没有实在意义；学生的表达环境被抽去了具体的时间、空间标志，即既不知道写给谁，也不知道在哪里写，更不知道为什么写，只剩下一个概念或知识的空壳；文章没有具体的阅读对象，没有具体的语境，学生的心目中只有一个虚拟的阅卷老师，常常不知道这个老师是男是女、是老是少，更不知道他（她）有哪些性格特点，有什么阅读喜好。写作中学生缺乏倾诉的欲望和交流的快乐，自然也无需付出多少真情实感，所以学生写作文常常是一个机械的码字过程。于是，空话泛滥，无病呻吟流行，有的学生甚至刻意编造故事情节。例如，写以“母爱”为题的记叙文，为了突出母爱的伟大、亲情的可贵，一个班里竟然有近三分之一的学生杜撰了父亲早亡、生活艰难的虚构情节。顺便说一句，近年来一些教师在指导作文时片面强调材料要新颖，故事要感人，这种要求的作用很难预料。新颖和感人如果没有以真实写作为基础，很容易走上胡编乱造之路；而大量的“虚假”写作反过来又会降低学生写作文的兴趣，让学生对写作避之唯恐不及。

2011年版语文课标中强调的“具体明确”“根据需要”，无疑是对“虚假”写作的积极回应和反拨。除上文所引的总目标中的关键词外，这版课标还从不同的角度多次强调这层意思，例如，课标第一阶段1～2年级的阶段目标中仅有简短的3条具体内容，其中就有2条涉及真实写作，即“写自己想说的话”“根据表达的需要”；在课标第二阶段目标的6条要求中，涉及真实性的要求有“愿意与他人分享习作的快乐”，“写自己的见闻、感受和想象”，写“自己觉得新奇有趣或印象最深、最受感动的内容”，“用简短的书信、便条进行交流”，“根据表达的需要”等；在课标第三阶段的目标中，有“养成留心观察周围事物的习惯，有意识地丰富自己的见闻，珍视个人的独特感受，积累习作素材”等内容涉及真实写作要求，可见2011年版课标对真实写作的重视。

与内容要求相应，2011 年版语文课标在“教学建议”中也明确指出：“鼓励写想象中的事物，加强平时练笔指导，改进作文命题方式，提倡学生自主选题。”这与 2001 年版语文课标中的同类表述——“提倡学生自主拟题，少写命题作文”相比，要求更明确，内容更具体。2011 年版语文课标为教师培养学生的想象力，引导学生感悟并记录生活，保护学生的写作个性及让学生自主选择写作话题都给出更切实的指引。

其实，对写作本质的认识，古人早就有“言为心声”“我手写我心”的说法，2011 年版语文课标在这方面的表述应该看作学生作文由单纯的教学需要向真实的表达需要的回归。当然，在中国，这个回归过程不是自 2011 年版语文课标的颁布才开始的，而是 20 世纪初新课程改革以来确立的一个基本方向。比如 2001 年 6 月教育部印发的《基础教育课程改革纲要》提出的 6 个教育目标中，已经列有“实现课程功能的转变”和“密切课程内容与生活和时代的联系”等 2 个目标，而于同年颁布的各科课程标准无疑是对这些目标的具体化。2001 年版的语文课程标准对写作部分的总目标是“能具体明确、文从字顺地表述自己的意思。能根据日常生活需要，运用常见的表达方式写作”，两者相比，2011 年版语文课标的总目标几乎完全继承了 2001 年版语文课标的基本理念，只不过相对而言，2011 年版本语文课标比 2001 年版语文课标在观念上更加自觉，引导真实写作意图得到更多强化。例如，2001 年第三学段的目标之一是“根据表达的中心，选择恰当的表达方式”，而 2011 年版语文课标则改为“根据表达的需要，围绕表达中心，选择恰当的表达方式”。显然，前者仍然带有写作时“以文章自身的逻辑为中心”的痕迹，而后者则完全化为“以表达需求为中心”。在总目标的表述中，2011 年版语文课标把表达内容由原来的“意思”改为“见闻、体验和想法”，也使得课标的语言更加准确，内容更细致，真实写作的追求更实在。

为了促成引导学生向真实写作转化的目的，2011 年版语文课标在“教学建议”部分明确提出，“写作教学应贴近学生实际”，“要求学生说真话、实话、心里话，不说假话、空话、套话”，“提供有利条件和广阔空间，减少对学生写作的束缚”，这些建议和要求对教学实践中落实课标的旨意，促进课程目标的达成将起到积极作用。

二、真实写作的教学实践

要把先进的理念化为广大教师自觉践行的教学实践，真正促进写作教学由应试向育人本位回归，由虚假表达向真实表达回归，由单纯的写作知识技能学习向素养提高和成长需要回归，我们至少需要在课程标准的完善、教材的编写及教师的创造性工作这三个维度上做出持久不懈的努力。

所谓课程标准的完善，指其中关于作文的标准由单纯“方向”的要求向具有一定“程度”的规定性逼近，使其更加符合“标准”的内涵。例如，同样表示“写作时要有读者意识、目的意识”的内容，《澳大利亚课程标准》中关于5年级（水平3）的写作要求是这样表述的（见表4-1）[1]：

表4-1　《澳大利亚课程标准》中对5年级学生的写作要求

语言知识和技能： 为特定的目的和对象选择恰当的文体类型来写作	当学生获得这种学习结果时，他们能够： • 针对特定的对象写作适当的文本，如为低年级学生写故事，为校刊或网页写报告 • 预测哪些主题能吸引特定的读者，并选择相应的文体类型 • 通过提供适当的背景信息满足读者的需要 • 从个人写作档案中选择并解释不同写作目的的作品样例

在2011年版语文课标中，同为具有读者意识的内容，同为5～6年级的要求，有关表述如下：

• 乐于书面表达，增强习作的自信心。愿意与他人分享习作的快乐。

• 观察周围世界，能不拘形式地写下自己的见闻、感受和想象，注意把自己觉得新奇有趣或印象最深、最受感动的内容写清楚。

• 能用简短的书信、便条进行交流。

初中阶段，《澳大利亚课程标准》（水平5，相当于7～8年级）有“根据各种情景、目的和对象调整写作”“修改文本时考虑不同读者的背景和知识，如给一位家庭成员或一位海外的笔友写信”“面向正式情景和不熟

[1] 丛立新，章燕主. 澳大利亚课程标准［S］. 北京：人民教育出版社，2005：44.

悉的对象调整写作风格”等内容[1],而2011年版语文课标中的表述为“写作时考虑不同的目的和对象。根据表达的需要，围绕表达中心，选择恰当的表达方式”。两者相比不难看出，在“根据表达需要进行写作”这项内容上，2011年版语文课标中提出的要求还属于原则性的，对怎样才算“根据表达需要进行写作”，如何通过教学指导让学生做到“根据表达需要进行写作”，显然不如前者描述得具体和更具有操作性。据介绍，“修订工作组曾经试图对有关语文知识及相关建议尽可能‘细化、系列化’。但是在征求意见时，有一些教师提醒，过分细化和系列化，有可能使课程标准显得烦琐，并对教师造成束缚”[2]。当然，我国课程标准研究的编制历史总体上不长，许多有关理论和实践的问题需要思考，而且，英语等拼音文字的学习规律也未必都适合汉语文学习，因此这个话题值得大家进一步探讨。

语文教材是课标思想的直接载体，也是教育观念得以落实的重要保障之一，在作文教材的编写思路、写作教学内容的编制方面，具体如作文训练题的设计等，应提供一些具有真实生活信息的情景，使学生的写作更容易与真实生活建立联系。不过，国内语文教材，尤其是教材中的写作提示与训练题，所提供的真实情景信息整体上有限。请看以下几道写作题：

- 生活处处有语文。
- 我从“处”学到了语文。
- 围绕“月球”这一话题，展开想象，写一篇五六百字的文章。
- 在你的日记本上，写下你参加这次活动的心得。
- 请以“老照片的故事”为题，写一篇作文。
- 关于规范街头用字的建议。
- 小议荧屏错别字。
- 观察夜空中的牛郎织女星，查找有关它们的天文知识，写一篇短文。[3]

---

[1] 丛立新，章燕主. 澳大利亚课程标准[S]. 北京：人民教育出版社，2005：60.

[2] 巢宗祺. 应该深入理解的几个问题[N]. 中国教育报，2012-03-01（8）.

[3] 义务教育课程标准实验教科书·语文：七年级（上册）. 北京：人民教育出版社，2001.

这是一本初中语文教材中的几道写作题，从题目预设的写作内容本身来看，与中学生的生活实际联系还是较为紧密的，有的题目小巧活泼，不乏可爱之处。但是，这些题目有一个共同的不足：缺乏特定的具体表达情境、表达对象和表达目的，因而其真实性受到了严重限制，原本可以很真实的写作被抽象化，失去了很多光彩。如果把部分题目稍做修改，给它们添加适当的表达环境、表达对象的信息，使其变成这样的题目：

• 有位低年级的网友请教你如何学好作文，请你写一篇博文告诉他：生活处处有语文。

• 某杂志征集“老照片背后的故事”，请从你的影集中选一幅照片，并把照片背后的故事写出来告诉大家。

• 街头的标语和广告牌中常常出现错别字，收集同学们的发现，向管理部门写一份关于规范街头用字的建议。

• 你听说过牛郎织女的故事吗？请想象一下他们现在在银河两岸过着怎样的生活，写一篇向他们表示问候和祝福的短文。

这样一来，题目中真实写作成分提高了，学生的写作兴趣也很有可能被激发出来。

课程标准为写作具体化预留出来的空间，相当大的一部分要靠语文教师的教学设计来完成。日本的写作教学研究领域中有一个“生活作文”流派，主张从生活中选择题材，为生活需要而写作文。日本的生活作文分“儿童诗歌”“调查作文”“集体作文”“自我成长史作文”[1]，不同的学校、教师可以依据不同类型的作文设计作文训练。下面是一位教师设想的初中部分的作文题材：

中学一年级　本地的住房

本地的服装和气候

本地的工厂和产品

研究食品

中学二年级　研究本地的职业

[1] 方明生. 日本生活作文教育研究［M］. 上海：上海教育出版社，2002：3.

研究本地的动植物

调查图书馆

采访本地名人[1]

生活作文的具体内容当然不必完全照搬，但其紧贴生活写作文的思想可供我国教材编写者和语文教师借鉴。在对学生的作文指导中，教师应适当介绍一些如何根据读者需要进行表达的知识，并在每一次写作前对如何考虑读者意识、表达语境提出一些具体要求，以提高真实写作的成分，尽量少做抽象的写作技能训练，真正激发学生兴趣，实现课标所希望的“使学生乐于写作”。

[1] 海老原治善. 现代日本教育实践史［M］//方明生. 日本生活作文教育研究. 上海：上海教育出版社，2002：102.

第二节　读者意识的引入

提倡“真实写作”是缓解学生写作时“无话可说”的难题，纠正写作中“空话、套话多”弊端的良方。不过，提倡“真实写作”还是一个笼统的写作教学原则，这个原则要用许多具体内容作为支撑，其价值要通过若干具体训练才能在写作教学中体现出来，否则，很可能成为一个美丽而空洞的口号。引导学生在写作时适当考虑读者因素，做到心中有“读者”，是推动真实写作的一个办法。

一、读者意识对写作的价值

简要地说，读者意识就是写作时心中有特定的阅读对象和明确的表达目的，以及有利于对象接受和目的达成的表达方式，也就是服务于交际需要。新时期以来，读者意识开始受到普遍重视。例如《全日制义务教育语文课程标准（实验稿）》在“总目标”中提出学生应“能根据日常生活需要，运用常见的表达方式写作”，在“阶段目标”中提出要“懂得写作是为了自我表达和与人交流”，“能根据交流的对象和场合”做简单发言（5～6 年级要求），“写作时考虑不同的目的和对象”（7～9 年级要求），这些强调的都是读者意识。

语言是最重要的交际工具，人类的语言表达天生具有对象性和目的性，也就是“见什么人说什么话，到什么山上唱什么歌”。仔细观察那些没有经过学校教育的幼儿可以发现，他们说话的目的性普遍是很明确的。他们本能地知道在说话（甚至哭闹）的时候，眼睛应该对着谁或背着谁，态度应该亲近谁或疏远谁。因为如果别人听不明白，他们的诉求很可能就会落空。这种从表达目的出发选择语体的做法背后就是最原始的“读者意识”。

可是，在现代社会，人类的教育活动从社会生活中渐渐分化出来，具有了独立的空间——学校和教室，独立的形式——师生教学，独立的功能——单项技能培养和水平测试。这种分化在获得高效率的同时，也在相当大的程度上脱离了本真的生活。这种背离在写作教学中尤其突出，学生写作的对象变成了教师，写作地点变成了课堂或考场，写作的目的是为了获得高分。久而久之，作文是写给教师、评委看的，就成了一种写作惯性，或者说，写作的价值观偏离了交际的本质。因此，可以说，现在的中学生写作文时并不是心中没有读者，而是只有一个异化了的读者——教师。那么，要使学生养成真正的“读者意识”，在日常教学中，教师要采取一些措施，降低或消解学校教育教学对社会生活的离间性，消除学生写作时被考查的紧张感和被挑剔的挫败感，获得社会生活表达和沟通中的快感、成就感。一句话，将抽象的写作技能训练部分地复原为青少年语言交际能力的提高过程。具体来说，教师应设法使写作活动诸要素在课堂内完成下列转换：

1. 将写作话题——作文题目，由抽象的、远离社会生活的、指向性不明的话题转化为针对生活事物、服务于交际需要的话题，如校园门口的设摊问题、学生上网问题、校车问题等。

2. 将写作地点——教室或考场的氛围转化为生活表达氛围，如家庭讨论、听证会、辩论会、咨询现场、网络聊天室等。

3. 将写作主体——学生，由学校角色转化为社会角色，如公民、记者、小学生辅导员、志愿者、讲解员、专家、家长、导游等。

4. 将阅读对象由教师转化（或扩大）为一般听众或交谈对象，如报刊读者、向你求教的小学生、需接受教育的子女、等待指点的外地游客等。

5. 将写作目的由完成教师布置的作业或一份答卷并合乎规范、获得高分转变为与他人沟通、说清事实、讲明道理、便于理解和接受、对读者有帮助等。

为了实现这些转换，教师在写作任务的设计、写作教学的组织、作文评价和展示手段选用等方面，都应有意识地围绕这个原则来实施。

在写作任务的选择和编制方面，好的写作任务不仅是对作文文体和内容的提示和概括，也应针对社会事物，隐含读者的信息。20世纪30年代，我国著名语文教育前辈阮真就曾经提出，“有实际生活需要的机会我们要利用，没有实际生活需要的机会，我们也要假设环境，造成机会，去做问题设计”，并提出了“（1）利用学生实际需要事项；（2）利用读物；

（3）利用定期刊物；（4）利用校内服务事项；（5）利用社会服务事项”等五种获得生活话题的渠道[1]。可惜，前辈们的真知灼见并没有得到很好的研究与继承。让我们来看下面两则作文题目：

你所在的这个城市有许多问题：没有足够的停车场，没有娱乐节目等。写信给当地的市政当局，提出你的意见，说明应如何改进。[2]

郭沫若曾评价张衡是一个“全面发展”的人。课外搜集资料，联系课文，以“我看张衡”为题，在班里做一次三分钟的演讲[3]。

前者是常见的美国学生作文题，后者是中国中学生常写的作文题。两个题目都是考察学生的议论能力，但是，前者有确定的对象和目的，后者无确定的对象和目的；前者所提示的作者身份是公民，而后者假定的作者身份是学生；前者侧重于针对具体问题的语言交际活动，而后者是单纯的议论技能考察。两道题目在价值观方面存在显著差异。应该说，类似于后者的抽象议论题，在我们的作文题目中所占的比例不小。“全面发展”的张衡，对教育部门和教师来说，可当作反思教育评价机制失误的实例；对学生来说，可能是勤奋上进的榜样。在不同的语境下，针对不同的对象，学生的“看”点会很不一样。可是，上面的两道题目几乎没有给出确定的提示，演讲的对象看上去是全班学生，但因为学生面对的材料是公共的，其演讲的目的不是介绍，也不是说服，论题的读者对象其实是不确定的。题目指向性的空泛带来的自然是作文内容的空泛。

二、培养读者意识的策略

教学活动是培养学生读者意识的主要阵地。初学写作的学生普遍只关注表达内容，而顾不上如何表达，更缺乏读者意识，这是很正常的。教师通过持久有效的操作性训练，可指导学生慢慢建立读者意识。为了让学生养成从读者的角度来思考和表达的习惯，认识读者意识的价值，

[1] 林一平. “读者意识”写作教学观的再认识［J］. 语文新圃，2002（1）：4-7.
[2] 林一平. 读者意识写作教学论［M］. 北京：中国文联出版社，2003：111.
[3] 普通高中课程标准实验教科书·语文：必修4［M］. 北京：人民教育出版社，2004：68.

在布置作文题目后，教师可以让学生先列出一份读者信息清单，根据信息清单进行写作。读者信息清单的主要内容有：

• 列出假定读者或读者群。包括读者的分布范围、年龄、知识层次、阅读能力和喜好，他们最关心的问题、最想知道的信息。

• 考虑我是以什么身份与这名读者进行对话。这种身份具有哪些优势，谈这个话题适合用什么风格的语言。

• 考虑读者对这篇文章的期待，包括已知道哪些信息，该作文应重点介绍哪些内容，谈论哪些问题、难点和兴奋点。

• 设想这篇文章的哪些内容或段落可能会激起读者共鸣，怎样能强化读者共鸣的效果。

在同一个话题中，不同读者的关注点会有很大差异，罗列读者信息就是预先判断不同读者的差异，并以此来确定写作重点。例如“校园一角”这样的题目，如果假定读者是新生，题目的内涵可以变为“最美的一角”；如果读者是外校学生，题目内涵最好转为“最值得一看的一角”“最有特色的一角”；如果读者是本校师生，题目内涵则最好是“你所不知道的一角”。参照读者信息来选择材料、安排结构、推敲语言，这样才容易获得预期的表达效果。而通过对读者信息进行持久引导，久而久之，学生的读者意识就会慢慢在脑海里扎根，作文的感染力自然也会越来越强。当然，如前所说，除非是向教师反映自己的学习情况和困惑，一般情况下不要把教师列为假定读者。

写作教学中，可以借助一定表达模式来强化学生的读者意识。在生活实践中，某些文体渐渐形成并具有了固定的表达对象，如书信、访谈、辩论、读者来信回函等，使用这样的文体进行写作，作者会不由自主地去考虑这种文体的阅读对象。在教学中，教师可以有意识地将无特殊读者的一般表达化为这类有特定对象的针对性表达。例如，作文要求对“行人乱闯红灯”这一现象展开议论，一般的做法是直接让学生写成一篇议论文，不过，这种没有具体接受对象的议论，常常因学生缺乏读者意识而流于空泛。但是，如果让学生试着用访谈的文体格式来构思这篇议论文，即围绕“行人乱闯红灯”现象模拟专家访谈，效果可能好得多。其写作过程如下：

◎列出访谈提纲：

- “乱闯红灯”有哪些突出现象？
- “乱闯红灯”背后的原因是什么？
- “乱闯红灯”可能产生哪些危害？
- 如何减少“乱闯红灯”现象的发生？

◎模拟记者与专家访谈的形式，自问自答，回答上述问题。

◎把记者提问的部分去掉，将其余部分整理成一篇结构完整的文章。

借助这种格式，把学生写作的过程置于一个具体的交际情境中，以激发出真实自然的表达。除议论文外，记叙文、说明文都可以借助访谈模式进行写作训练。当然，也可以借助书信、网上聊天及模拟老师回答小学生的提问等方式，培养学生写作中的读者意识。

作文水平评价也是培养读者意识的重要途径。语文教师都知道，学生大多很在乎教师的评阅意见。但不少教师以为学生只关心教师对作文的褒扬，其实不全是。我们常说，写作是沟通的工具，而教师往往是学生作文的第一个读者，第一个读者的评价极为重要。对于学生的作文，谁来看，以什么身份看，以什么语体对其做评价，有时比分数还重要，对认同学生的写作身份有着决定性影响。可惜评阅学生作文时，很多教师常常是站在一个审判者而不是读者，更不是欣赏者的立场，难免以挑剔的眼光给出评价。即使是给出一些肯定性的评价，往往也只有冷冰冰的几个判词，诸如“中心突出”“结构完整”“语言流畅”等。学生看到这类评语，没有获得沟通的快感，通过写作获得沟通的欲望也会渐渐消退。因此，改进评价方式，以一个读者的身份和态度来评价学生作文，让学生感受文字交流的乐趣和被欣赏的成就感，不仅能激发学生的读者意识，也会提升学生的写作兴趣。20 世纪末，祝新华、谢锡金等做了“港浙小学写作教学实验”，研究了记叙文评价方面“传统评语与试验评语的差异”，课题试验证明，评价方式改变对培养学生的读者意识意义显著，实验详情见表 4-2[1]。

[1] 祝新华，谢锡金，等. 形成读者意识，表达真情实感——港浙小学作文教学实验阶段性评介［J］. 湖北教育，1998（12）：25.

表4-2 传统作文评语与港浙写作教学实验评语的比较

类型	传统作文评语	港浙写作教学实验评语
1. 建议写具体	写得欠具体	某某景点很有意思，大家都想知道得更多，可以对该景点再做一些描述吗？
2. 建议理清层次	理清层次	你写了许多令人感兴趣的事情，如能按一定的顺序写（如时间顺序），大家一定能更快、更省力地分享你愉快的旅行。你可否试试？
3. 建议多写一些内容	写得太少，真懒惰	我看某某景点也很有意思，没去过的人都想知道这一风光，你可以把它具体地告诉大家吗？你在文中写到某某地方有个游客晕倒了，有人帮他吗？我的心还悬着，快告诉我！
4. 建议把文字改通顺	语句不通	内容尽管写得不错，但如果把语句写得更通顺，大家读起来会更有趣。尝试一下，祝你成功！
5. 显示已“引起共鸣”	一般没有这类评语	在旅途中你收集了那么多纪念品，真有意思，可以拿到学校让老师与同学一起欣赏吗？

另外，除教学过程外，积极推动学生发表作品，如利用网络、墙报、班刊、博客、广播台、作文展示会等形式，扩大学生作文的读者面，使学生的作文与社会生活的方方面面建立起一定的联系，也能起到培养学生读者意识的作用。当然，培养学生写作的读者意识，不仅是对以往我们的训练缺少读者意识的补缺，也是提高写作教学成效的一个方法，但不是说所有的写作类型都要有特定的读者，这一点是需要说明的。

第三节　专题写作的尝试

在新时期，一种新的写作教学主张——专题写作，得到了一些语文教师的青睐，并得以在写作教学中实践。不过，专题写作新在何处？它与真实写作、探究性学习等既有的写作教学主张有什么关系？开展专题写作教学要注意哪些问题？如果不解决这些困惑，专题写作教学的效果就无法保证。本节尝试借一个专题写作教学的成功案例，对上述问题加以回答。

一、专题写作的意义及依据

实行现代化教学制以来，分科设置课程，分类别安排学习内容，分知识点设计教学单元目标成为一种常规的课程及教学组织模式。这种组织模式最显著的优点：一是单位时间里学习目标集中、学习效果明显；二是便于教学活动设计和教学评价实施及教学组织管理。但是其最大的负面作用就是导致了学习的碎片化。以国内初中的写作课程为例，分类别、分知识点教学带来的写作教学碎片化的问题突出。国内初中的写作课程对写作知识体系的架构，其设置的知识点数量一般在 50～100 项。其中，国家课程及教材中初中以 50 项知识为主（一个学期 6 个写作单元，一套教材 6 册，还有阅读、综合活动等部分写作的设计）。而学术机构等开发的教材，知识点设置通常在 100 项左右，如常青的“百格教学”中的知识点为 100 项，宁鸿彬、陆鉴三主编的写作训练都以“一百”为标准，陆继椿的“双分”教材知识点为 108 项，而且这些写作知识体系的学习都设想在一个学段里完成。比如常青的“百格教学”是在小学阶段完成，陆继椿的“双分”是在初中阶段完成。这种分点设课的思路必然使知识点的分布和教学时间的落实产生一个不可调和的矛盾：如果在每个写作知识点都设置一次写作教学课，一个学段里就需要一百多次写作课，如果再算上讲评时间，这将是一个无论如何也无法完成的任务。而且，即使能按照设想完成这些写作量，仅通过一次写作训练并不能保证学生在某一个知识点上有多少进步。实际上，写一篇作文对“对话描写”这种相对单纯的技能的提高影响也有限，更不要说审题、立意、论证这种复杂的思维活动了。

碎片化学习带来的更深层的问题是学生能力和思维习惯的碎片化，这是全世界教育领域普遍存在的问题，已经严重影响到教育质量和人才的培养。于是，从20世纪70年代开始，欧美各国的课程改革中普遍增加了综合性学习的内容，以消除碎片化学习的负面影响。

在写作教学中，综合性学习的主要形式之一是专题写作，即打破以单一的知识点或课时为线索的写作训练组织形式，围绕某一个话题或以写作素养整体提高为目的来组织写作教学，通过定点、集中的教学和定向的系列写作实践，使学生在某些话题上有较为深入的研究，或在某种表达技能方面取得明显提升。专题写作的主要特点体现在以下几个方面：

1. 课程组织线索的改变。

以前的写作课程，大多数是以写作知识体系或文体类别为线索来组织写作教学内容，前者如人物描写、借景抒情、演绎推理，后者如记叙文写作、说明文写作、议论文写作。而专题写作则是从写作对象的话题范围和思想内容等角度来组织写作教学，如“成长话题”“环保话题”“运动会报道”。组织线索的转移带动了学习关注点的转移。

2. 学习重点相对集中。

按知识点设计写作教学内容的做法，写作教学点零散，且教学活动也不可能覆盖所有知识点，单个知识点的训练也只能点到为止。而专题写作则实现了写作重点由“面广而泛”向“点少而深”的转化。

3. 写作内容之间加强了关联。

以往的写作课程设置，不论是以知识为主还是以文体为主，不同知识间的关联度都较低，而专题写作以题材或主题为线索，一次专题写作可能会运用几种不同文体，涉及多类写作知识，使得写作学习内容由零散的、孤立的向整体的、有关联的转化。

4. 写作教学取向的转移。

以往，无论是写作知识掌握还是写作能力训练，都难免存在学习只是为掌握知识、通过考试的问题，而专题写作则在一定程度上将单纯的知识技能训练向生活表达、为满足交际需要而表达的方向转化。

专题写作教学的上述特点，核心价值是将写作教学由知识传授向综合运用转化，有利于写作教学育人功能的实现。

二、专题写作的框架设计

专题写作教学所针对的是按知识点分类这种过于零散的写作内容的组织方式，但是，这不等于说专题写作可以随意安排教学内容。作为一门具有内在逻辑和突出学习目的的课程，其内容也要精心设计，才能实现预期的目的。

专题写作的话题或单元内容可以从以下三个角度来考虑：

1. 按学生的成长需要设置专题。

在长期的教育内容设计实践中，不同学科都已经形成一些相对固定的教育内容设置框架，如思想品德课是按照青少年的成长需要划分单元，社会课按生活内容划分单元，历史课按朝代划分单元，语文课按人文素养划分单元。既然写作教学从属于语文课，那么从这些教材的部分专题名称中挑选适合的内容作为写作专题，也属于情理之中，如此人们的认可度高，教学实施中还可以充分借用原来课程的不少资源，因此，这是首选的一种内容设置思路。如下文介绍的“认识自我”就与思想品德课里的专题相同。

2. 按照文体或表达方式设置专题。

写作教学毕竟以提高写作能力为主要诉求，因此，围绕常用的文体或表达方式设置写作教学专题，也不失为一种有效的设计思路。当然，这里的文体最好不要用记叙文、议论文、说明文等这类抽象的语文学习话语中的文体，而可采用如调查报告、演讲、新闻等这类偏实用的文体。

3. 按活动类型设置专题。

无论在校园里还是在社会上，学生都可能会集中参与一些大型活动，如校庆活动、志愿者活动。这类活动本身具有综合性，如既有组织人员，也有服务人员，不少活动还需要文字表达。如果引导学生在参加服务的同时也带着一定的写作任务练习表达，顺便组织征文专题、春节专题、暑期旅游专题等写作，可能使学生获得双倍的锻炼。

如何协调专题写作与原有写作框架的关系是开展专题写作教学需要思考的问题。开展专题写作教学可以有几种做法：一是作为原来写作框架的一种补充；二是以专题写作为主干重新设置写作教学的规划；三是双轨并行型，将与生活、系列阅读相关联的写作训练设计成专题写作活动，和以语文教材中的写作单元为重心的写作教学同时展开。

专题写作的教学组织存在几个矛盾。譬如，专题写作往往以一个学期甚至更长的时间为单位，如果写作教学的组织形式还是像以前那样，隔一段时间要求学生写一篇与该专题有关的作文，而这几次作文之间，除在主题上属于同一个范畴外并没有更紧密的联系，或通过有限的几次写作活动接触几道题目，学生的思维触角往往能触及一个专题中的某些内涵，却无法覆盖整个专题。如此，专题写作的优势就不可能得到充分体现。

三、专题写作教学实施建议

以往在语文教育中常常出现这类情况：教师按照某种先进的理念或模式实施教学一段时期以后，并没有得到自己预期的效果，他们便会转而怀疑理念是否科学有效，于是不少人可能又会重新回到“写作不可教”的窠臼之中。一种先进的教育理念，需要配以相应的教学策略和适宜的教学活动，其先进性往往才能得以彰显。下面几点实施建议可供尝试专题写作教学的教师参考。

1. 围绕母题，设置专题。

一个好题目是写作教学活动成功开展的有利因素，专题写作尤其是这样。评价写作题目高低、优劣的角度有很多，如果从内容的角度说，是否围绕“母题”就是一个很重要的标准。什么是母题呢？它有两个衡量坐标轴，其中，纵坐标轴是对人类发展具有普遍意义的话题，或者说是从人类诞生以来一直困扰我们的矛盾或话题，比如生存与毁灭、爱与仇、人与环境、情感与理性、科技与人文等，这些话题是文学艺术反复表现的对象，也是一个人精神成长绕不过去的考场；而横坐标是一个人在个体成长过程中必然会遇到的难题，如生命、健康、自由、爱情家庭、宽容、规则、成功等。一个与母题有关的写作专题或写作任务与学生的生活经验关联度高，这些话题是值得学生思考甚至是学生必须思考的问题，那么，学生对该话题就会有兴趣说、有内容写，写作活动才可能真正成为书写生命的需要。同时，与母题有关的内容都是平时学生经常遇到和经常思考的问题，那么围绕母题的写作，自然也更容易考察出作者的认知方式和水平。对于专题写作设计来说，母题意识还能避免在制订训练计划时“东一榔头西一棒”式的拼凑，从而使训练计划有整体性和逻辑性，能大大提高写作教学的效率。

值得注意的是，对同一个母题，不同年龄段的学生会有不同的思考和收获。清代的张潮说过：“少年读书，如隙中窥月；中年读书，如庭中望月；老年读书，如台上玩月。皆以阅历之深浅，为所得之深浅耳。”虽然他说的是读书，但用来解释思考人生问题，也说得通。这可以启发我们，就同一类写作任务，在不同年段思考的侧重点可以不同，思考角度和要求达到的层次也可以有区别。一般说来，初中的话题应该偏感性和具体一些，而高中就应该偏理性和抽象一些。譬如在“生命”这一母题上，初中的表述只需要到达“感受生命形式的丰富多彩、学会珍惜生命”即可，而高中就需要达到“理解生命的意义和拓展生命的深度”。

2. 将写作任务阶梯化。

仅有一个好的话题，对设计专题写作教学来说还是远远不够的，拿学习专题的写作活动来说，它涉及一个学生的生活现状、学习方式、思维方式、审美方式、对未来的期许等多方面多层次的内容。教师若只是要学生完成“说说我自己”这类活动，就将极具思辨性、指向人生根本问题的写作专题简单化了，对学生的触动也就可能是肤浅的。改进的策略是将笼统的话题分解为几个相互关联的步骤或任务，借写作任务的长度达成思考的深度。在“以长度换深度”这一点上，刘竹君老师对“认识自我”母题的处理就很成功。据她介绍，这次写作活动时间跨度有半年多，其中，初一上学期写作三次，下学期写作两次。围绕“认识自我”，刘竹君老师设计并实施了五次写作活动，具体设计与实施成果如表 4-3：

表4-3 刘竹君老师设计的5次写作任务

次序	写作任务	写作提示或要求	写作支架	写作成果
1	诗歌创作：我是一个____的孩子	可以写现实的自己，也可以写虚幻的自己（渴望成为的样子）；不要空泛，有一至两个生活场景的描写，有童话般的俏皮、甜美；显现你的透明的童心和小小艺术家的气质	顾城《我是一个任性的孩子》节选	诗歌
2	我有个小小的影子，有时候他跟我一模一样，有时候又不一样。他是我的一部分，是我的朋友，还是另一个我？反正，有了他，我更喜欢我了 写作游戏： 1. 拿出一张画横线的纸，在最上面一行写下：我的外在	外貌描写，记得写出你的特征哦		外貌描写片段
	2. 然后在下面的地方写出别人眼中的你是什么样子：别人眼中的我	一定要有叙事		故事
	3. 把纸翻过来，在最上面一行写下：别人不知道的我（我的内在）	除非你愿意，否则不要写太私人的东西		自选
3	你正和你的父母走在拥挤的街道上，然后，你的父母开始慢慢地改变形状。你会有哪些反应？你的父母变成了什么样子？接下来发生了什么事？	详细地描述这种变化的细节，安排好你的故事，字数不少于500字	米歇尔·努森的绘本《图书馆狮子》等	想象故事

续表

次序	写作任务	写作提示或要求	写作支架	写作成果
4	有人说自己崇拜的人是另一个自己。请介绍一个你崇拜的人。可以是生活中的人，也可以是文学作品中的形象，还可以是历史上的人物……	介绍属于一种简单的描述和议论。你提供的信息是有条理的、有逻辑的、有趣的 格式： 第一部分：简介。第二部分：为什么我对他（她）产生兴趣。第三部分：我从中学到了什么，看到了什么。第四部分：总结		人物述评
5	每个人的世界里一定有自然世界，而自然世界中最常见的就是树。我们的童年一直有树做陪伴，但我们往往会对它熟视无睹，或者不曾有太多的思考。其实，它们一直都在，成为“我的世界”的一部分。“一个生命对另一生命的关注”也是自我的审视与发现 作文题目：给树的一封信	文中有我；书信格式正确		信

上述写作任务不仅在内容上构成一个系列，还兼顾了不同表达方式的训练，并向学生提供了可供参考的写作支架，这对实现预期的教学目标是很有价值的。

需要注意的是，专题写作活动不单是时间长度的延伸，不同活动板块之间要有内在逻辑，使写作活动的类型、写作活动的挑战系数、写作成果的形式等构成一个有机的系列。

3. 借课题研究透彻解析专题。

从本质上看，议论文主要是运用概念和逻辑原理表达对某种事物的看法。议论文运用的主要是理性思维方式，体现着人的逻辑思维品质。不过，我们看到，绝大多数学生写的议论文都是从经验出发，使用的材料很多是感性的故事，文章的观点也多是主观态度或情绪发泄，议论过程不大讲究逻辑。我们不妨称这类作文为“非理性”议论文。

导致学生议论文写作非理性化的原因很多，比如受语文教材中文学类文本或文学味浓厚的杂文，或课外阅读中重主观抒发不重说理的文化散文的影响。不过，在写作教学过程中，教师和学生对专题或话题持有的感性立场，可能与这种文风的形成也有一定的关系。

什么是感性立场呢？就是面对一个话题或现象的时候，议论者是站在感情认同或道德审判的角度，表达的往往是自己的好恶，他的文风会偏向于感性的抒发。反过来，如果议论者是站在一个研究者的立场，他注意到的可能就是事物的构成要素、关系及事物背后的原理，其文风可能会偏向理性。

对专题或话题做理性透视，除站在客观的研究者立场外，也可以借助一些科学考察或研究方法。比如上海师范大学研究生戴利设计的“我的职业选择”专题写作任务，就让学生通过一张表格来考察自己在职业方面的取向（见表4-4）。

表4-4 戴利设计的职业取向表

职业	喜爱程度	我的优势与职业要求的契合度	通过努力能转化劣势，使之向喜爱的职业靠拢的可能性	总分
职业1	5	1	1	7
职业2	4	3	2	9
职业3	3	4	5	12
职业4	2	2	4	8
职业5	1	5	3	9

戴利认为，在表格的填写过程中，学生既可以对自己的职业意向有理性的了解，又可以综合思考主观意愿和客观条件的关系，对学生写作能力的提高和自身成长都有帮助。

当然，这样的专题写作教学设计对教师的要求很高，教师既要能从整体上把握专题或话题的内涵，还要能引导学生用课题研究的方法去梳理与这个话题有关的问题及文章构思思路。这就要求教师像一名导游，首先要熟悉一个区域的道路布局和游览价值，才可能带领学生做深度游览。

4. 用创意细节给深度写作活动添加持续动力。

写作是一项高级的综合性思维活动，每一次习作都需要一个小时以上的时间进行思考与运笔，用形象的话说就是会“耗费许多脑细胞”，这也是一些学生不太爱写作文的重要原因之一。由于专题写作的时间往往跨度较大，一个专题中不同写作任务之间还难免存在一定的交集，因此，如何激发学生持续的写作热情，以对抗他们可能出现的疲惫和拒绝情绪，为写作教学提供持续动力，是专题写作组织中必然会遇到的课题。

刘竹君老师关于“认识自我”的专题写作设计在这方面给我们提供了一个可以参考的样板。我们可以把她的做法简单地概括为“用创意激发兴趣，用变化对抗疲惫”。具体来说，如果在一个学期里学生每一次看到的题目都是“认识自我”，那么他们写作的积极性肯定不高。可是题目一换成“我的影子”“别人眼中的我”“变形故事里的我”“我崇拜的人”“给树的一封信中折射出的我”，而且写作文体分别涉及诗歌、童话、人物评述、书信等，表达手法分别侧重于叙述、描写、阐释、抒情等，再加上教师在学习支架中运用到的大量有趣的、有意义的范文，整个专题写作活动就变得多姿多彩了。相信经过长时间、反复的学习，学生不仅会对这样的写作活动充满期待，他们的想象能力、思维能力及表达能力自然也会跟着提高。譬如在“让父母变形”这个环节中，学生第一次可以大胆地安排父母和自己的故事，有点“我的世界我做主”的感觉，如此，世界一下子变得丰富多彩起来：父母有形体上的变化，如成为巨人或者小矮人；有年龄的变化，或成为孩子，或成为老人。许多孩子想象自己的爸爸妈妈变成动物，变成植物，变成自己喜欢的物品。还有很多孩子想象自己的父母变成怪物、精灵、机器人、中世纪的骑士……每一种变化都反映了孩子对父母的新认识，也折射出孩子自身的优点或问题。最后，教师还要引导学生评比出“最温暖人心的故事”“最梦幻的故事”“最让人思考的故事”“最有正能量的故事”“最古典的故事”“最人文的故事”“最使我警醒的故事”等，如此一来，趣味有了，学生的学习投入度和质量也就有了保证。

再如北京市第四中学的刘葵老师，她也精心设计并实施了很多写作成果的分享活动，如在班级网页上分享观察日志、“我的春天”5分钟课前演讲等，学生真诚感悟，用心交流，教师点评激励。观察活动结束之际，刘葵老师发动学生举办“留住春天”颁奖典礼，巧立各种奖项，如最佳摄影奖、最佳写意奖、最佳坚持奖、最有真情奖、最佳植物奖、最佳集体奖等；活动精彩纷呈，有口琴演奏《春天》，有歌曲演唱《留住春天》，有集体画作《我们的春天》。

四、专题写作教学案例评析

（一）初中“认识自我”专题写作案例

南京师范大学附属中学树人学校刘竹君老师在专题写作上做过较长时间的探索，且颇有成效，下面就是她的教学案例。

“认识自我”专题中的第二次作文《别人不知道的我》批改完毕。我被学生作文中细腻的情感所感动，但同时也因他们单纯的视野和线性的描述而遗憾。他们的目光或只看到眼前一片小小的世界，或过多地走入自己的内心，“为赋新词强说愁”。我喜欢王安忆的一句话：非虚构告诉我们生活是怎么样的，而虚构告诉我们生活应该是怎么样的。为什么不让他们沿着自己的年龄特质和阅读热情稍稍放纵一下想象力，想象生活应该是怎样的，甚至它可能还会怎么样呢？

写作任务设计如下：

你正和你的父母走在拥挤的街道上，然后，你的父母开始慢慢地改变形状。你会有哪些反应？你的父母变成了什么样子？接下来发生了什么事？注意：详细地描述这种变化的细节，安排好你的故事，字数不少于500字。

这道命题的原创者是美国童书作家山姆·史沃普。他针对的是小学三年级的学生，要求写一篇三段式的故事，要有起始段、中间段、结尾段；每个段落至少要有六个句子，注意句号逗号与分段的作用。其训练目的是提高学生的写作规范与写作技巧。而我把它“拿来”放在“认识自我”写作专题中，教学目标定位为借助虚构的故事，激发想象和童心，学会换一个视角发现自己，能够“在世界的变化中认识和发现自己”。

活动一：回顾经典，体会“变化”带来的魅力。

教学活动：引导学生回忆童年阅读过的故事。

说明：

学生在小学期间普遍阅读过不少经典儿童文学作品，这对写作来说是一笔宝贵的财富。唤醒学生对经典阅读的记忆，激发他们对文学经典的再认识，既可以启发学生尊重经典的意义和价值，也可以让学生体验到经典阅读和写作的联系。学生在自己的阅读中发现，面临世界发生的变化，每个人都会有不同：有的人看世界的眼光变化了；有的人在变化中适应世界；有的人还是回到了原来的自己。这也许就是变化的奇妙所在。

活动二：续写故事，借助想象发现另外的“你”。

教学活动：续写故事。

说明：

在故事想象活动的推进中，会产生这样一个有趣的现象：一开始，很多学生感觉自己想象出来的故事似乎与书中原来的故事情节差得很远，但越到最后，则发现两者越能够接近，甚至还能超越原故事的局限，翻出另外的境界。

在想象训练的过程中，学生渐渐体会到，狮子的世界与自己生活的世界何其相似！狮子的遭遇让他们感同身受，狮子的心灵与学生能彼此沟通。这时，狮子已经变成了另外一个世界中的自己，那些虚构情节看上去变幻无穷，其实都是以学生的真实生活为依据，以自己平时的观念为出发点。也可以说，学生从自己的想象中，往往能看出自己的影子。这种换一个视角看到的自己，往往更准确，也更深刻。

活动三：交流体会——站在另外的角度反思自己。

活动：对照故事反思自己。

说明：

这个故事是一个典型的动物和人的故事，它以动物的世界来联结人的世界，故事里的这头狮子，就好像一面镜子，实际上是让人以另一种方式去观察、思考生活，是对人的一种反思。故事中人的情感变化，故事的波折，恰恰是人面对世界问题的各种反应。

活动四：借鉴学习成果完成习作。

活动：学生按照题目要求“换一个视角发现自己”完成一篇想象作文。（学生写作过程略）

说明：

这是学生进入初中后的第一次写想象作文。

应该说，现在的中小学生对当下流行的虚构文本（玄幻、穿越）并不陌生，如果仅仅是写一个奇异的想象故事，对他们来说似乎并不难。如果空泛地把激发想象作为写作教学的目标，对他们的想象力以及写作能力的提高并没有太多帮助。因此，我在上面的三个活动环节中，借助一个想象文本的分析和想象实验，让学生对“什么是想象”“什么是有意义的想象”有了一定的理解，激发了学生“在世界的联系中认识和发现自己”的自我意识，让学生的想象世界和童心在讨论中得以唤醒。这就为他们进行想象写作打下了一定基础。除此之外，我还为学生提供了以下具体的写作支架。

1. 练习目标：通过变形故事，换一个视角审视自己。

2. 故事内容：你的父母变成了什么样子？你会有哪些反应？接下来发生了什么事？

3. 重要启示：父母在你眼中的形象会有哪些改变？你和父母的关系可能会有哪些改变？你对以前的言行会有哪些反思？

在这次写作活动中，大部分学生都能按照要求写出变形的故事。不少同学想象的故事情节充满创意，对自己的反思也十分明确。例如，一个学生想象：在路上，自己的父母突然变成了一对既招人喜欢又淘气的猫咪。此后，家里顿时“乱成一锅粥”：

我已经很累了，可是，必须得把父母的床准备好，于是，我准备了几张纸铺在地上，把他们放在上面，然后又在上面盖了一条毛巾。

我拖着疲倦的身躯轻轻地爬到床上，合上了眼睛。可是，床下又传来了猫叫声，于是我又下床，哄他们睡觉。

后来，小猫渐渐安静了下来，我也去睡觉了。夜深了，外面的世界从灯火通明变成了一片漆黑，鸦雀无声。在睡梦中，我能感觉到有人轻轻摸了摸我的头。

第二天早上醒来，已经快十点了，我顺着香气来到餐厅，原来，恢复正常的父母已经等候多时了。经过这次奇怪的事情之后，我懂得照顾一个孩子有多么辛苦……

这个故事似乎是对自己童年生活的另一种书写，或者说等于把自己在婴儿及童年时代的表现，与父母的角色进行了互换，从中体会父母养育自己的不易，进而感受到自己未来对家庭和亲人应尽的责任。[1]

（二）高中“认识自我”专题写作案例[2]

下面的课例是在议论文专题写作方面进行的一种尝试，专题名称“认识自我”取自某校高二的专题写作课程。该专题原计划由相互独立的四次写作课构成，即分别以“说个性”“我最欣赏的人”“自知与镜鉴”“改变环境与改变自己”为话题写四篇作文。

设计思路是打破原来四个话题间的界限，用一次教学课对“认识自我”的内涵和外延做整体解析。这次课由四个环节组成：第一个环节围绕专题关键词提出“问题”，一个问题等于一个思考点；第二个环节是从原点出发，把几个问题串联成一条条逻辑线，一条线就是一篇作文的思路；第三个环节是为回答各种问题而准备材料，编织一张补上线索间空缺的网；第四个环节是在前面的话题分析和思路梳理的基础上完成一篇议论文（可视情况选择在课内还是课外完成）。整个设计的目的是使学生在知识和认识层面建立起关于某个专题的大体框架。该课例的结构如下：

环节一：围绕焦点解析专题的内涵

师：今天，我们一起来完成一篇作文，也算是一次思维游戏。请大家看题目“认识自我”。（板书：认识自我）

师：在认识自我这个话题上，哪些问题可能会讨论到，哪些问题是绕不开、必须回答的？刚才我们梳理出的是“在认识自我上，存在哪些问题或误区”。大家想一想，在思考“认识自我”这个话题的时候，还有哪些问题是绕不开的、是必须回答的？

生：怎样认识自我。

---

［1］刘竹君. 专题写作的整体设计与教学实施［J］. 中学语文教学，2015（7）：31-34.

［2］郑桂华. 议论文专题写作教学的“点线面”［J］. 中学语文教学，2015（8）：32-34.

师：“怎样认识自我”，是不是很重要、必须回答的？

生：是。

师：（板书：怎样认识自我）很好，再来！

生：什么是自我？（板书：什么是自我）

生：为什么要认识自我？（板书：为什么要认识自我）

生：为什么不能正确认识自我？

师：你是说认识自己有难度，受很多因素的影响吧。（板书：哪些因素会影响对自我的认识）

生：怎样才能知道对自己的认识是对的？（板书：如何判断是否认识自我）

生：哪些人不容易认识自我？（板书：哪些人不能认识自我）

环节二：用问题穿起一条条写作线

师：刚才，经过一番努力，大家提出了很多问题，这些问题都是关于“认识自我”这个话题的，都很重要，但我们不能同时讨论它们，应该有一个顺序才好。如果要你来安排一次关于“认识自我”的讨论会，你怎么给这些问题列一个次序，看看哪个问题需要先讨论。

生：为什么要认识自我。

生：什么是自我。

师：哪个放在前面更好？

生：什么是自我。

生：为什么要认识自我。

生：怎样认识自我。

师：（板书，在“怎样认识自我”前标注③）这是不是就是一篇作文的思路啊？

生：是。

……

环节三：编织一张支持专题写作的知识、材料网

师：如果我们把“认识自我”看成一个轴心，那么上面这几条作文思路，就像从中心发出来的射线。几条线散开，就像一把扇子的扇骨。

不过，有了骨架，还缺少血肉，能不能写好议论文，不仅要看线条，还要看对这条线上的每一个问题回答得怎么样，材料是不是丰富，论证是不是有力。下面的任务是，以小组为单位，每个小组选择刚才讨论的某一条论证线索，在这条线索的主要环节、主要问题旁边，列出你能想到的相关的概念、材料、观点，等一会做交流。

（课前布置任务、定点收集资料效果会更好。讨论、交流过程略）

环节四：用课后练习延续专题写作惯性

作业1：从高中或初中语文、历史、政治思想品德、社会等课程中选择一套教材，以小组为单位，从教材中整理与“认识自我”有关系的资料，如概念、主张、人物故事、生活现象等，试着列出这些材料与专题中某个问题的关系，以备下堂课交流。

作业2：每个人选择一种课堂讨论中涉及的议论思路，完成一篇议论文，题目自拟。

从表面上看，第一、第二个教学环节类似于一次普通的作文构思的教学。但与一般构思训练不同的是，其教学目的不是构思一篇作文，而是对整个专题写作可能性的构思，也是对这个专题内涵及主要问题的系统思考。学生反映，这堂课涉及内容广，思维容量大，他们不仅在如何破题、如何构思、如何用材等方面有收获，还从中学到了思考问题的方法。相对来说，第三个环节展开得比较匆忙。一方面，这是学生第一次接触这种集中训练的方式，还不太适应这种快节奏、大信息量的学习；另一方面，教师的课前准备工作也显得不够充分，如果课前布置学生做适当预习，给学生更多自主学习的空间，效果可能会更好。

第四节 信息技术与写作教学的整合

20世纪中期以来，以网络为代表的信息技术迅猛发展，对社会生活产生了广泛而深刻的影响，各行各业面临信息技术的巨大冲击。反过来看，一些长期困扰人们的难题，在现代信息技术的帮助下可能算不了什么。比如对以往费时费力的大规模社会调查信息的处理，现在已经变得轻而易举。同样，以往以课堂为教学活动中心，以黑板、作文簿为主要表达平台的写作教学存在一些长期得不到解决的难题，比如跨班级同学之间的交流问题，学生难以在正式出版物上发表作品的问题，专业知识和历史资料的查证问题。这些难题也因现代信息技术的运用迎刃而解。

在中国，信息技术在中小学教育领域里的应用已经有近30年的历史，许多语文教师和研究者也曾经在写作教学与信息技术的整合上用过力气，并取得了不少成绩。另外，信息技术本身也在持续进步，不断给教育领域带来新机遇与新挑战。本节将反思以往信息技术与写作教学的整合过程，帮助大家更好地认识信息技术的特点，吸取其中的经验教训。

一、网络与中小学课程的整合模式

信息技术（Information Technology，简称“IT”）在教与学中的角色和功能是多样的，从大的类别和整体尺度上说，现代信息技术在教学中的主要角色和功能分为以下三类：

1. 作为学习对象（Learning about IT）。提供学生学习的信息技术知识、技能及所包含的信息文化，它主要作为信息技术课程的内容，也有部分内容会整合到有关学科中去，如学习资源包、电子书等。

2. 作为学习中介（Learning through IT）。学习中介即工具，虽然这种工具就包含信息技术知识与技能，这些知识也可能是学习的对象，但更重要的是学生可以通过它来获得其他学习内容、建构自身的知识和培养自身的能力。其主要作用如下：

（1）通过信息技术来查找、获取和传送知识。如利用搜索引擎等文献检索工具来获取知识，利用 FTP（File Transfer Protocol）来传送学习资料。

（2）加工和处理知识内容。最典型的是文字处理软件、画图工具、数据处理工具等，学生不仅可以利用这些工具完成作业、做课题设计、进行数据处理等，还可以用形象化的语言表达学习成果，大大提高他们的学习效率，节省他们的学习时间（即通常所说的效能工具），提高其作业的感染力，并有可能提高他们的学习兴趣，改变他们的态度。

（3）表达和交流思想。如利用 PowerPoint 表达自己的观点，利用 BBS 与同伴及教师讨论问题。

（4）管理和评价学习过程及结果。如利用电子档案袋（E-Portfolio）管理和评价学生的学习情况，利用数据库来管理学生的成绩和有关信息。

（5）开展合作学习。如利用网络通信和协作工具进行研究性学习。

（6）解决问题。利用信息技术解决日常学习和生活中的问题，如编制一个管理家庭账目的程序。

（7）锻炼和培养学生的认知和思维能力。利用信息技术来帮助学生发展批判性思维、创造性思维、综合性思维和认知能力等，如智力游戏软件、概念地图（一种语义网络的可视化表示方法，图中有许多节点，节点与节点之间的关系用加语义标记的连线来表示）、几何画板等。

3. 作为专业学习平台（Learning from IT）。通过信息技术将学习内容和相关知识信息化，一方面扩大学习资源的范畴，同时有效存贮、组织和呈现学习内容，并发布学习结果。如计算机辅助教学软件、学习软件、专用学习平台等，它们本身都包含丰富的学习内容，又可以植入学习过程支架及学习评价功能，如新加坡“欢乐小镇”网上写作平台，由“加油站”“游乐场”“百花园”“藏宝库”等 7 个（后改为 5 个）板块构成，每个板块下再辟出数个栏目，分别容纳不同的内容和工具，承担不同的学习功能（见表 4-5）。

表4-5 新加坡“欢乐小镇”网上写作平台的内容建构

板块	栏目	内容	意图
加油站	语文放大镜 小心字词 熟语中心 大做文章	提供学习材料、学习方法等，介绍语文知识、语文故事、名人轶事	帮助教师备课 帮助学生复习 激发学生对语文的学习兴趣
	文化万花筒		
	故事一箩筐		
游乐场	脑筋荡秋千	刊登语文游戏、笑话，提高学生学语文的兴趣	
	开心屋		
	好玩游戏		
展览厅	我的壁报	刊登学生文学作品、工艺制作，介绍学校、班级活动	
	创意拼版		
	我校园地 学生来稿 学校专页		
广播站	不一样的我	介绍学生自己的故事，引导学生观察社会	
	校园内外		
	太阳底下		
信息街	好书共用	介绍文化信息，推荐健康精神生活	
	上网看看		
	欢乐点播		

二、信息技术融入写作教学的历程

在中国，信息技术是在20世纪后期逐渐渗透进中小学教育领域的，在20多年的时间里，大约经历了三个阶段，每个阶段信息技术的特点和教学表现都有明显不同。

第一阶段大约出现在21世纪以前，其主要表现是多媒体教学课件的运用。当时，许多大专院校都成立了电教中心，出版社成立音像及电子出版部，负责开发制作多媒体教学辅助课件，供中小学课堂教学之用。比如由杭州亚泰资讯有限公司制作的《唐诗三百首》（CD-ROM，华东师范大学出版社，1999 年 8 月发行），除了载有流传广泛的三百首唐诗，还有作家介绍、注释、白话翻译及赏析文章，另有大量唐代书法、绘画及中国古典音乐，同时具备朗诵名家的诵读、多重检索等功能，可谓设计精巧，制作精良。为了引领和指导全国中小学信息技术教育普及和信息技术在学科教育中的应用，1987 年 2 月，原国家教委分别在北京师范大学和华东师范大学设立“全国中小学计算机教育研究中心”，一时间，教学中以运用信息技术为荣的风气在全国迅速掀起。这一阶段信息技术推广的推动力主要来自官方。

第二阶段大约是 21 世纪初的十年。在这段时间里，随着互联网的普及，国家、地区在信息技术上的投入也不断加大，信息技术与学科教学进入了整合时期。所谓整合，不是教学中对某一种设备（如 PPT）或课件的单纯借用，而是将学习内容与互联网融合为一体，其典型代表是局域网建设和专业平台的开发。局域网往往以地区或学校为单位，利于网络将本地区或本单位的相关教育资源联结为一体，通过资源共享、区域内互动、扩大成果展示评比范围等功能，促进学科学习。例如，上海市金山区教育局就曾经建置一个全区范围内的局域网，局域网内有专门的写作板块，包括作文展示、写作经验分享、写作知识介绍、名家指点、写作动态消息发布等内容，并利用行政力量和商业利益并行的手段维护局域网的运行。专业写作平台是专门为写作训练开发的大型软件，一般将写作知识、写作情境、写作任务、学习支架、评判规则及互动模式预置在软件中，成为一个相对独立但又有一定开放性的写作训练和交流平台。家庭、教师、学校及局域网运行方都可以购买使用该软件。学生可以用它自主学习写作，教师也可以用它开展写作教学。在这一阶段，信息技术推广的推动力主要来自教学单位和商家。

第三阶段是最近十多年的信息技术的常态化融入。2005 年以后，信息技术在学科教学中的运用出现了一种新的倾向，即写作教学乃至整个中小学领域，对信息技术的追求正由热转冷。出现这种变化可能有四个方面的原因：其一，以往主要由各级政府和学校着力推动的信息技术热并没有给写作教学带来多少新景象，相反，对信息技术的运用要求一刀切的做法还受到了不少质疑，因此教师对信息技术的热情随之降低；其二，由企业投资开发的写作教学软件在市场中几乎没有成功的例子，许多人选择退却；其三，人们对信息技术的价值认识趋于理性，即教育技术的发展不会改变教育的育人本质，只会影响知识的传播模式，影响教育活动成败的关键的因素是教育的内容，是教育活动中的人[1]；其四，教育研究者和社会舆论关注的热点发生转移。于是，信息技术的运用也由教育领域的热点话题渐渐归于平淡。在这一时期，对信息技术，有的人喜欢用，有的人不喜欢用，教师认为该用时就用，不该用时就不用，自主权基本上归到教师手里。虽然从表面上看，这一时期写作教学中信息技术的运用没有以前那么轰轰烈烈，但这应该是教学的常态。当然，这一时期信息技术运用的推动力主要来自教师自身。

值得高兴的是，近几年来，信息技术在中小学教育领域中的应用有明显的复苏迹象，例如在合肥召开的2014年新媒体新技术教学应用研讨会，共收到参评课例6876件，比2013年增加40%；2015年在天津举办的研讨会，参赛课例共有11506种，比2014年再增加40%。这说明，信息技术在中小学教学运用中有常态化、自主化的趋势。2017年在南昌召开的2017年新媒体新技术教学应用研讨会的一个口号也是让新媒体新技术在教学中的运用常态化。常态化应该是信息技术与学科教学关系的一种正常状态。

三、信息技术在写作教学中的作用

20世纪80年代，信息技术刚进入写作教学领域时，教师一般只是用它来投影图片、播放音乐、布置作文题目及展示学生的习作，功能屈指可数，作用也比较有限。如今，随着互联网和新媒体的快速发展，信息技术作用于写作教学的工具、样式也有了长足发展，其功能也得到很大扩展（见表4-6）。

[1] 参见陈美玲在2014年新媒体新技术教学应用研讨会上的讲话视频。

表4-6　近30年写作教学运用信息技术功能的变化

信息工具	主要功能	20世纪90年代的功能	今天的功能
个人电脑终端	文字输入、保存	手动文字输入、保存	音频、图文转换等文字输入
	创设情境	简单的图片、音乐播放	综合的、虚拟的情境
	激发学生兴趣、想象力、表现欲望	借助实物投影，图片、音乐、影像作品	提供沉浸式、体验式学习环境，模拟现场
教学课件	提供资源	提供相对内部的、少量的资源	提供大量、丰富、开放的资源库
局域网	搜集资料	较小范围的搜索	快速大量搜索
互联网	呈现学习任务	布置写作题目	立体的、真实的情境
电子白板	提供学习支架		
辅助软件	构思、写作、修改		
专用写作平台	教学过程记录	记录功能较单一	可对参与程度、质量做数据分析
手机微信等新媒体	专项技能练习	可做简单的低级技能训练，如填词、选择题等	可做复杂的训练，如篇章结构训练
校园电子显示屏	阅读借鉴	读写针对性不强	可根据需要做同题材、同风格的范文的搜索
虚拟技术	学习水平测试，表现过程记录	简单、机械的水平测试（词汇层面）	复杂的水平测试（句法、篇章层面）
	交流互动	少量师生、生生互动	立体的、多主体互动
	教师指导	限于语文教师	不限于语文教师，可能有社会专业人士
	评议	以语文教师评议为主	不限于教师评议，还有网上读者
	排版、打印	简单排版、打印	可联系专业排版、印制
	展示、发布	一般在局域网内	发布方式、场所更丰富

从上表的梳理可以看出，近30年来，信息技术与写作教学的整合，看似风平浪静、波澜不惊，实则突飞猛进，有些变化可以说是翻天覆地的，比如，一篇作文从写作到与网上读者的交流，再到修改和委托出版，已经构成一条“自出版”的链条，它对写作教学的影响将是难以估量的。或者说，在表面平静之下，信息技术自己已经悄悄完成了一场革命，只是它给写作教学

带来的新活力，还没有被许多教师觉察，其效果也没有充分显现出来罢了。

不过，就目前语文教学第一线的情况来看，信息技术的运用仍然未能使人满意。从近年几届新媒体新技术教学应用研讨会来看，参赛作品仍然存在三多三少的情况：(1) 在全部参赛作品中数学、物理课参赛多而语文学科参赛少；(2) 在语文学科中，将信息技术用于阅读课、探究性学习的多而将其运用于写作教学的少；(3) 在写作教学的运用中，两头（用于设置情境、展示成果）运用多，而教学过程运用少。有的写作教学运用甚至没有发挥信息技术的独特价值，如下所示的网络写作教学。

第一课时：

- 教师用网络的投影功能展示春天的各种美景。
- 学生上网阅读两篇描写春天的优秀散文。
- 在网上讨论两篇文章的思路、风格。
- 教师引导学生归纳优秀作文的思路、风格。

第二课时：

- 教师用幻灯片显示题目——我心中的春天。
- 学生开始在电脑上起草作文。
- 学生把文章传给老师。
- 老师挑选几篇文章，用投影点评。

虽然我们可以把这样的课程模式叫作“读写结合”，但这样的写作教学课其实跟网络并没有多大关系。因为第一课时等于是一堂阅读课，第二课时的作文课又基本上没有用到网络，在学生思考、下笔、修改等作文的中心环节上，都没有与网络发生必要联系。这样的网络写作教学就显得很生硬，是为用网络而用网络，不是为写作文而用网络。

由此我们联想到，在写作教学中运用其中一种工具并不难，难的是把这些工具整合起来，使其构成一个有机的写作教学课程。但是反过来，是不是把所有网络工具的功能都用在一堂课的教学过程中，就算成功的网络作文课了呢？也不尽然，还要看学习内容和表达需要，比如写日记就未必要当场交流，否则就可能导致虚假写作。

四、基于网络的写作教学面临的问题

长期以来，写作教学千篇一律的“命题—解题—写作—批阅”模式，已经受到包括现代信息技术引入所带来的冲击。信息技术与写作教学的整合存在两面性，未来的探索之路并不平坦，需要我们早做准备。

1. 如何应对信息技术的两面性。

以网络为核心的现代信息技术，为师生的教学活动提供强大的学习功能，但几乎它的每一项优点的背后，又都埋伏着“陷阱”（见表 4-7）。比如，以往不少学生对阅读、写作总是怀着畏惧之心，而网络资讯的活泼形式和形象化表达，对学生接触各类文本是有利的，但是，这种便利又很容易使学生的阅读习惯走向浅阅读、碎片化阅读。再如，网络环境的超级链接功能便于学生快速搜集信息，参与不同群体的互动，但却增加了学习控制的难度，学生在学习的过程中容易走神，产生课堂学习中的游离现象。这些都需要语文教师在实践中摸索经验，探索解决之策。

表4-7　信息技术带来的便利与挑战

现代信息技术的特点	信息海量	超链接	便捷	多元互动	资讯形象化、趣味化	虚拟现实	趋向智能化
给写作教学带来的便利	资讯丰富	无障碍搜索、多屏显示	搜索便利、易复制	自主交流、发布	亲和力强、容易感知	提供新体验	可自动评价
带来的挑战	搜索耗时、筛选不易	时间黑洞、阅读碎片化	知识产权问题	学生游离于课堂，责任主体不明	过度娱乐化、浅阅读	社会性退化，社会交往障碍	信息伦理危机

2. 把握对信息技术使用的分寸。

以网络为代表的现代信息技术在写作教学中有巨大的优势，但也不是万能的，在具体运用中要注意把握分寸。以往一些对信息技术的态度，容易走两个极端，一是过于迷信和依赖信息技术，在使用和评价上搞一刀切，具体表现是网络手段用得越多越好。比如出示写作任务，教师在黑板写一下也没什么，但如果强调一定要用网络发布到学生的电脑终端，就显得刻板机械了。更有甚者，据说有的地区举办教学技能大奖赛，曾经有参赛者不用多媒体课件就一票否决的规定，这就更加荒唐。语文教师或决策者在使用或提倡使用新的信息技术工具之前，应该想一想为什么要用，哪些地方适合用。更值得我们做深层思考的是，信息技术只是一种辅助工具，写作能力的提高既非工具能根本解决，也非一朝一夕的改革就能见成效，非下长期的功夫不可，其中多读多写这些传统做法仍然是提高学生作文水平的主要途径。利用网络辅助写作教学的最主要价值也还是在于怎么引导学生多阅读、激发学生多写作等方面。另一个极端是否定信息技术的合理价值，不愿意把精力投入一些新技术的尝试中，这当然也是不应该的。恰当的态度是在积极主动的总原则下，根据写作教学内容和育人需要，把信息技术的特点与教学活动有机结合起来，讲究实效，而不是表演给别人看，贪大求全，用新概念和大制作追求轰动效应。

3. 如何更好地联通课内外两个空间。

以网络为核心的信息技术的突出特点之一是其超强的跨越时间、空间限制的联通能力，而写作活动中作者思维的活跃性、写作内容的丰富性也是无限的，两者理念相合都对以往那种以课堂为写作教学主要空间的教学模式提出了极大挑战。

不少语文教师抱怨，现在很多学生对课堂教学没有兴趣，写作教学尤甚。其实，写作课堂对学生缺乏吸引力，除语文教师的投入不够、教学水平低等因素外，与今天学习环境的改变也有密切关系。比如现在有许多优秀的网络课程能直接面对各种网络用户，一些培训学校开设网络写作训练班，一些在写作方面有特长的家长会利用微信群为其他孩子做辅导。上海一位知名作家推出的写作辅导微信公众号，不仅吸引了一批学生，不少家长和语文教师也一起参与进去，在那里，有人推荐学生的文章，有人做点评，有人进行指导，形成了一个颇有意味的写作学习共同体。

这些新的写作学习形式都会对传统的写作学习方式形成冲击，无疑会加剧学生对课堂的游离。这也启发我们，写作教学中如何借助网络等信息工具提高课堂的开放性，主动打通课堂写作教学与课外丰富的阅读活动、写作活动及日常生活的联系，将课外资源变为语文课程计划内的写作教学资源，是所有语文教师都面临的一个大课题。湖南省永州市祁阳县金洞林场中学邓先华分享的经验——“巧用QQ群，搭建语文课外学习平台”[1]就值得借鉴。邓先华所教的班级中约90%的学生有自己的QQ号，学生已经习惯在网络世界里娱乐游戏、查找资料、表达心情和发表意见。他根据语文学习的需要，在班级QQ群空间里设立了“身边小事”“相片分享”“日记习作”等栏目，满足学生不同的学习需要；每学期开学初，他都会在QQ上把本学期教材上要求阅读的名著推荐给学生，让学生早打算早阅读；每逢假期，他都要选取一个话题交与学生讨论。像邓先华这样能主动、创造性地将新媒体运用于写作教学，写作当然会对学生有吸引力。不过，如果能通过手机等新媒体及适当的活动形式把部分家长等社会资源也吸引过来，形成一个既有独立性又具开放性的写作教学共同体，那么利用信息技术的创新性会更强，对写作教学的促进作用可能也会更大。

[1] 邓先华. 巧用QQ群，搭建语文课外学习平台[J]. 教育信息技术，2013(Z1)：61-63.

第五章　基于表达方式的写作教学内容探索

叙述、描写、议论、抒情和说明等五种表达方式是人类交流中十分常用的，也是语文学习中应该掌握的基本技能。从概念的层级上看，五种表达方式的地位是并列的，相互间不存在包含与被包含的关系；从交流作用来看，它们又各有所长，彼此是不能替代的。从这五种表达方式的维度进行写作教学内容的开发不失为一种思路。从教以来，笔者就尝试从这一维度进行实践探索，本章的四节内容多为笔者近年的实践，只是针对“说明”这一表达方式的教学，笔者在课堂实践中还没有尝试，这是一种遗憾。

第一节 怎样教叙述

叙述是表达的基本功，也是记叙文写作中非常倚仗的表达方式，很多描写、议论、抒情的运用都要建立在一定的叙述之上。因此，让学生学会叙述应该是写作教学，尤其是初中阶段写作教学的重点。

一、对叙述的基本认识

人类的叙述行为历史悠久，几乎与语言同时出现。比如，原始人在打猎或采集中遇到危险一定要告诉同伴，以便他们也能吸取教训；一个原始部落中发生的重要事件要传给后代，以便自己的文化能传承下去。有了文字以后，叙述的作用就更多了，婚丧嫁娶、战争祭祀、人事更迭、国家兴替、祖上的传说、想象中的生活，都可以成为叙述内容。比如甲骨文中的文字大部分都属于叙述，《春秋》《史记》等历史典籍也以叙述为主。可以说，叙述在人类文明发展史中具有重大意义。在今天的日常生活中，人们也离不开叙述。比如有事请假、向商家投诉、陈述交通事故，用的主要就是叙述；我们阅读得比较多的新闻、散文、小说等，所用的表达方式主要也是叙述。因此，人们把叙述列为五大表达方式之首是很有道理的。

叙述的历史悠久，使用面广，关于如何叙述的知识自然也相对丰富，了解与叙述有关的知识，对确定叙述教学内容，帮助学生掌握叙述方式很有帮助。

（1）叙述的内容或要素，即具备哪些要素才能称得上一次“叙述”。一般来说，记叙文的三要素——时间、地点、事情（事件或事由）——也是一次叙述的基本要素。比如你要请病假，必须说明“明天我要去某医院看病”，这个叙述就有时间、地点和事由这三个最基本的要素。

（2）叙述的形式及技巧，主要包括以谁的身份叙述和怎样叙述等两小类，当然每一类中还可以分出若干次一级的概念。

（3）叙述的评价标准。这一类知识回答的是“做到哪些才是好的叙述”，主要考虑叙述的“事件的详略”“过程的起伏”“语言表达的准确清晰”等。

至于上述内容中哪些适合作为写作教学目标，当然还要看学生情况和课程计划。其中，熟悉课程标准中关于叙述的学习要求，对确定教学内容也有参考价值。《义务教育语文课程标准（2011 年版）》关于叙述的学习内容及要求如下：

第一学段（1 ～ 2 年级）

对写话有兴趣，留心周围事物，写自己想说的话，写想象中的事物。

第二学段（3 ～ 4 年级）

观察周围世界，能不拘形式地写下自己的见闻、感受和想象，注意把自己觉得新奇有趣或印象最深、最受感动的内容写清楚。

第三学段（5 ～ 6 年级）

1. 懂得写作是为了自我表达和与人交流。

2. 养成留心观察周围事物的习惯，有意识地丰富自己的见闻，珍视个人的独特感受，积累习作素材。

3. 能写简单的记实作文和想象作文，内容具体，感情真实。能根据内容表达的需要，分段表述。

第四学段（7 ～ 9 年级）

1. 写作要有真情实感，力求表达自己对自然、社会、人生的感受、体验和思考。

2. 多角度观察生活，发现生活的丰富多彩，能抓住事物的特征，有自己的感受和认识，表达力求有创意。

3. 注重写作过程中搜集素材、构思立意、列纲起草、修改加工等环节，提高独立写作的能力。

4. 写作时考虑不同的目的和对象。根据表达的需要，围绕表达中心，选择恰当的表达方式。合理安排内容的先后和详略，条理清楚地表达自己的意思。

5. 写记叙性文章，表达意图明确，内容具体充实。

叙述是最常用的表达方式之一，也是初中写作教学的训练重点，但以往关于叙述的写作教学常见两个不足：一是从内容角度考虑得比较多，如强调通过观察获得的素材和讲述的内容要新颖、典型、有价值，要写出独特感受和真情等，而从叙述形式角度考虑得比较少；二是教师满足于提出一般要求，比如要做到详略得当、前后照应、波澜起伏，但是，怎样才算详略得当，怎样实现波澜起伏，往往教得不够具体。下面一则教学案例就是探讨“波澜起伏有没有衡量依据”“如何为叙述增加一些波澜起伏”等问题。

二、叙述教学事例：叙述一个曲折的故事

这是2010年1月7日笔者在上海市卢湾区教育学院附属中山学校上的一节课，教学对象是初三年级6个班40余名中等学习水平的学生。这节课的设计思路如下：

• 整体要求：写好记叙文（此外还有议论文、说明文等）。

•具体要求：提高记叙能力（还有材料处理、立意、语言表现能力等）。

•记叙能力分目标：使故事引人入胜（还有人物性格鲜明、开头不凡、收尾有力等）。

•引人入胜的途径之一：让故事一波三折（还有转换场景、细节生动、动作性强等）。

• 教学过程：分析典型材料，体会并归纳规则，进行强化练习活动。

教学过程大体分为三个环节：一是通过《祝寿诗》体会叙述中的“转向”所产生的效果；二是通过对《三顾茅庐》和《猎狮》两则典型材料的分析，发现故事转向常用的两种策略；三是尝试运用这两种策略去改善自己的叙述。下面是这节课部分教学片段的实录和教学活动介绍的描述，以及对这些教学活动的分析。

教学简案如下：

教学目标

1. 知道曲折的情节有助于提高故事的吸引力。知道故事中的人物遭遇困难、误会、转向等，会让故事一波三折。

2. 考察经典故事，发现故事吸引人的奥秘，归纳使故事变曲折的策略。

3. 懂得生活中总是有很多“曲折”，引导学生关注生活，感悟人生。

教学时间

1 课时

教学流程

一、导入，初步感受“曲折”

以《祝寿诗》开始，引导学生感受曲折源于情节的转向。

二、借助经典故事发现规则

1. 教师出示阅读材料《三顾茅庐》，请学生画出故事的走势图。

2. 引导学生发现是“困难”和“努力”使故事变得曲折。

三、唤醒生活体验，推进学习

1. 教师出示学生的习作——《我流泪了》，学生小组讨论修改方案。

2. 交流分享。

3. 引导学生学习《猎狮》，发现“误会”“意外”使故事变得曲折。

四、归纳与迁移

1. 请学生小结所学内容。

2. 布置作业：完成课后作文。

第一个环节的意图是让学生体会表达上的逆转所带来的效果，实际教学中很快就达成了这个意图。这则材料虽然是一首诗，但是故事性比较强，内容有趣，文字易懂，更重要的是诗中体现的教学点非常典型，四句诗构成两组关系，每一组的后一句都与前一句造成的语意预期形成反差，从而产生跌宕起伏的效果。部分教学实录如下：

师：今天我们来尝试叙述一个曲折的故事。先来看一首《祝寿诗》，请一个男孩子来念一下，其他同学在听的时候想想这首《祝寿诗》给你一种怎样的感觉。

（《祝寿诗》略）

师：什么感觉？

生：写诗的人素质不是很好。

师：从哪里看出来？具体说说看。

生：诗的第一句有一种在骂人的感觉。（白色粉笔板书：骂人）

师：你期待的第一句是怎样的？因为是祝寿诗，是一个老太太过生日，儿孙给她祝寿，请来一批宾客，宾客有作诗祝寿的。你期待第一句写什么？

生：应该说一些夸赞的话，说一些祝福的话。

选择合宜的学习材料始终是教学设计的一个关键点。从范例中总结规律是策略学习的好办法，典型的范例有利于提高学习效率。此外，在教学活动中，教师对策略学习及其代表性概念、词语要明晰介绍、反复强化，使学生建立初步印象。在这一部分里，“转向”“逆转”就属于学习策略的代表词语，学生首先要体会到，其次能言说出来；“体会”属于“暗中摸索”，将这种“暗中摸索”式的缄默知识的学习转化为显性知识的学习，对分析性认知风格的学生而言是非常有价值的。

接下来是对“曲折”这一写作策略的强化和深入学习：提问引出《三顾茅庐》，用PPT概括《三顾茅庐》的故事梗概。师生围绕“三请诸葛”中刘备分别遇到的“困难”做文章，分析“三顾”的难度变化，理解《三顾茅庐》故事引人入胜的原因，归纳规则。

师：刚才我们分析了，“一请”是诸葛亮不在家，“二请”的障碍又增加了一个风雪，“三请”的障碍更大。我请一个同学在黑板上画一下故事走势图，请坐中间的三班的同学吧。女孩，你出来方便点，你去画。（巡视其他同学）

我看到有人画好了，要好好反思一下，你画的图体现出“三请”的区别没有。（指一个学生）你画好了，你也在黑板上画一画。（指另一个学生）你也在黑板上画一画。相邻的同学之间也可以互相看一下。（学生小组成员画出图并进行小声交流）

师：（指着第一名女生画的图）女孩子，说一说你的理解。

生：第一次是刘备、关羽和张飞一起去请诸葛亮。（板书：一请诸葛亮）

师：到了下面是什么？（指着曲线图第一个谷底）

生：诸葛亮不在，失望而归。（板书：失望而归）

师：然后呢？

生：第二次刘备和关羽、张飞去请诸葛亮，诸葛亮又不在。

师：然后呢？

生：第三次去，遇到了重重困难。

师：（指着曲线）这是什么呢？

生：画多了。

师：那你来修正一下吧（该女生在黑板上改）。第二个女孩子在哪里？（指着她画的图中最后往下画的一小段）这里为什么往下走一下？前面画的都能理解。

生：多了。

师：来，用红色粉笔再画一下（第二名女生在黑板上改）。最后请男孩子说一说。

生：我也要改一下。（生笑）

师：大家该调整的调整啊！没问题的请举手，让我来瞧瞧。（三名学生修改，教师巡视）

师：（对一名学生）你的图为什么向下？

生：这样有波动。

师：波动不会是这样的吧？合适了吗？我们看这三幅作品，1号，2号，3号（一边在三幅图上标记“1、2、3”）。显然，1号、2号和3号图有相近的地方，你们最认可哪一个？

生：1号。

师：（指1号图，波峰与波谷的距离越来越大）大家看，带着期望去，失望而归，然后又是带着更大的希望去，再一次失望而归，最后成功。男孩子，我对你有一点点意见（对着巡视时交流的学生），你的波浪线是颤抖型的。（对全班）发现1号图为什么最能说明问题了吗？2号图三个高点的高度（指着2号图），与1号图相比，哪一个最合适啊？

生：1号。

师：再画一画哦，该注意的关键点也要标一标。这是更高的要求了。（众生改）

在这一环节的活动中，学生在老师的带领下，发现了叙述一个曲折的故事的第一个规则——通过叙述事件中的障碍来增强故事的曲折性。这个环节有两项活动：一是回忆《三顾茅庐》的故事梗概，二是画图示意故事情节的变化。这个活动的价值在于通过图形直观地显示出故事的走向，使学生进一步感受故事情节的变化，尤其是通过对自己所画图形的修正，学生强化了“一波三折”的故事中障碍越来越多（大）的认识。结构化的图形、文本加文字的表述能更好地提高学生的记忆和理解水平，这已经是心理学的常识。

紧接着的整合与验证环节的意图是让学生把从书本上学来的知识拿

到自己的生活或学习经历中加以检验，这一环节是帮助学生内化知识的有效手段。

师：刚才我们讲了，（指向板书：转向）只有转向了，故事才会变得曲折。“请人”本来是一件平常的事，靠什么让它转向呢？第一次去，遇到诸葛亮出门，也就是说遇到了困难（板书：困难），遇到了障碍，遇到了麻烦（板书：障碍）。第二次去，遇到了更大的障碍。也就是说，障碍是造成曲折的原因，明白没有？

师：我们叙述的事情出现了曲折、波澜，是不是常常因为做这件事时遇到了麻烦，遇到了障碍？有印象吗？回忆一下，谁来举自己的作文或者看到的作文为例来说一说？有感觉了吗？一定要反思一下自己的作文，想想看，我们的作文曲折性不够是不是因为作文里缺少障碍，缺少困难。

（学生思考）

师：女孩子，有没有感觉，你来说说看。正例、反例都可以，正例是你确实做得好的，反例是原来做得不够的，你来说说看。

生：爬山的时候会遇到一些困难和挫折。

师：什么样的困难？

生：比如说一段路是下坡的，有很多岩石。

师：也就是路难走。

生：而自己写作文的时候只是把事情叙述完了，没有一波三折。

师：也就是没有去写困难。请坐。

师：还有谁吗？来，那个男孩子。我看他若有所思，知道他是在反思。你的作文写得曲折吗？

生：不曲折。

师：不曲折，原因又是什么？举其中一篇。（学生比较慌乱，旁边的同学帮他打开作文本）

师：你看，你遇到障碍，旁边同学帮你把作文本打开让你看，提醒你一下，这就是曲折。请坐。本来想请你们带一篇作文过来的。同学们需要反思一下自己的作文，你们之所以觉得写爬山写得太单调，恐怕是写障碍写得不够充分。写障碍写得不够充分有两种可能：一种是障碍、困难的描写太少，一种是？

生1：障碍太小。

生2：障碍相同。

师：要有障碍，并且是不同类型的才好（板书：不同类型）。第一次诸葛亮不在，第二次诸葛亮也不在，第三次诸葛亮还不在，有意思吗？

生：（众）没意思。

师：第一次是这个障碍。第二次还是这个障碍，但是它又加了新的障碍。第三次呢？障碍就换了。障碍的类型不同，曲折性就愈来愈强，牢记这个1号图。有感觉了吗？

生：（众）有！

最后是总结与迁移活动，这一部分属于策略细化和深化环节。按照安德森等人的知识分类学说，对于程序性知识只是记忆、理解而没有运用，是不会内化为自己的能力的。许多老师常常会抱怨自己讲过的写作策略学生听过了却不见实效。这与教师在教学中偏重策略的讲授，不重视学生对策略的运用有关。写作是复杂的实践性活动，没有运用这个环节，策略只停留在记忆、理解这两个层面上，难以转化为学生的技能，加上记忆的遗忘规律，学生很快就会将自己所学（记住与理解）的策略遗忘了。当然，以上这个环节学生运用策略的活动还不够充分，由于当时学生现场学习情绪比较高，加上学生未按要求带自己的作文来，执教时，笔者选择了继续学习新规则。如果请学生对照曲线图反思、修改自己的作文，学习效果会更好。

另外值得一提的是，通过运用，学生对故事中“障碍”的认识更加明确——发现应该用不同类型的障碍增强故事的曲折性，这就将学习内容深化下去了。

师：让我们来总结一下今天的收获。故事要引人入胜，第一，要让它遇到障碍；第二，障碍要升级；第三，障碍要有变化。有感觉了吗？（学生回答：有）好，我们一会儿还要试着用的。

师：想不想再学一种方法？

生：（众）想。

师：（笑）哦，这里老师先卖个关子。这是世界微型小说大赛中获得最佳微型小说奖的一篇作品。最边上的那个女孩子你来念一下，其他人听仔细了。

（一学生朗读小说《猎狮》）

师：故事精巧吧？这么短，“三请诸葛”还是我缩写的故事梗概，这是原文，当然是翻译过来的。大家发现没有，如果说“三请诸葛”通过克服障碍、克服困难、克服麻烦获得转向，这里就有第二个办法。你们把故事的梗概写一写，小组讨论讨论。

教师巡视，学生讨论近3分钟。师生交流故事的几次转向，一个女生发现是一次次的“意外”让故事发生了转向。通过交流讨论发现故事转向的第二个规则，用的学习方法还是从材料中发现叙述特点、归纳规律，即类似第一个规则的学习方法。这个女孩子能发现是“意外”导致故事变得曲折，令我很吃惊。

发现第二项引人入胜的规则之后，我用“今天中午我进校门的时候，发现校门口地上有一张纸”作为故事的开头，请大家通过设想“意外”来编一个曲折的故事。有学生说“这是一张试卷”，居然还有学生说这是一封“情书”——自己并没有写却署着自己姓名的情书。学生在交流过程中，与运用第一个规则时一样，发现故事的意外必须合情合理。这个发现同样不是我告诉学生的，而是学生在创作故事的过程中感受到、认识到的，是学生自己归纳出来的。

接下来的学习活动是尝试综合运用两种策略修改故事，使故事变得曲折。笔者选择的材料是一名初三学生的习作——养兔子的故事。故事梗概是一个初中生喜欢兔子言言，每天照顾言言，最后言言死了令她很伤心。这篇作文除了“言言死了”这个结局，其他内容如怎么得到言言，为何喜欢言言，养言言的过程等，几乎都是平铺直叙，情节不曲折。这篇作文反映了中学生不擅长叙述的典型问题，易于修改。另外，同龄人的作品无论是语言表达还是题材等都能让学生有一种亲切感，选择这样一篇作品能使学生容易理解，也能引起学生的共鸣。

实际的教学效果确实也不错。如有的学生说“我讲的是言言失踪的故事。放学回家看不到言言了，妈妈说它跑了。大家都去找……”，有的学生说“养兔子很脏，很麻烦，我要不要养下去……”，还有的学生说“别人也喜欢言言，要把它带走……”。总之，大家基本都能运用学过的技巧去改善一段叙述，达到了教学目的。

为了强化学习效果，下课之前，笔者布置了两项作业：

•必做题，选择自己以前写过的一篇叙事作文进行修改，通过加上“障碍”或者设计“意外”，使故事变得曲折。

•选做题，以“我流泪了”或者补完“我第一次……”（如“我第一次骑自行车上学”）为题目，写一个曲折的故事。

作业设计不能一味求新求巧，而应该首先考虑是否与学生所学内容一致，其次还需要考虑学生学习能力的差异性。

当然，这项教学内容的侧重点只在于指导学生如何把故事写曲折，没有区分虚构和写实的差别。而虚构和写实有什么不同，对曲折性的要求有怎样的影响，训练中应该注意哪些问题，应该有针对性地进行设计。某项写作能力的提高不是通过一堂课就能彻底解决的，课堂写作教学需要配合阅读等其他手段，才能较好地发挥效能，这是需要申明的。

第二节 怎样教描写

如果叙述解决的是记叙文的骨架问题，那么描写解决的就是它的血肉问题。在一篇文章里，没有骨架不成文体；但若是没有描写，缺少感人的细节，也往往少了许多精彩。比如同样是历史著作，《春秋》以叙述为主，虽然叙事精练但略显干涩，而司马迁的《史记》因采用了大量描写，人物栩栩如生。

一、对描写的基本认识

描写是写作中的基本功。在记叙类文本尤其是小说中，描写和记叙一样，是最主要的表达方式，在不少抒情文、议论文和说明文中，描写也时常用作辅助性的手法。描写的最大特点或优点是体现细节的真实感，好的描写能够将描绘对象——人、物品、环境、事件的特征，真实、细致、传神地再现给读者，给人一种身临其境的感觉，造成一种视觉及情感的冲击力。但是，也许在观念上，人们认为描写主要是用来创作文学的，而语文学习的主要目的是实用，加上语文课程对描写的写作教学要求不够具体，因而在写作教学中，专门针对描写的训练并不多。其实，实用文写作是时常需要描写的。比如写投诉信，就需要把购买的物品、购买过程及以前的处理情况讲清楚；朋友之间需要经常分享一些见闻，也需要用到描写。当然，新闻报道中的描写就用得更多了。这些都说明学习描写有很高的实用价值。另外，在做阅读理解时，文章中的描写段落往往是品味的重点，掌握一些描写知识和描写写作技能，对理解文章中的精妙之处有很大帮助。因此，无论是从提高必备的写作技能的角度，还是提升阅读理解水平的角度，都应该锻炼学生的描写能力。

关于描写的知识有以下几类：

（1）按描写内容分，有环境（背景与场面）描写、景物描写、细节描写和人物描写。其中人物描写可细分为肖像描写、动作描写、心理描写和语言描写，语言描写还可以分出独白与对话。

（2）按描写手法分，有正面与侧面描写、直接与间接描写、对比衬托描写等几组类型。

（3）按照描写的精细程度分，有白描与细描、朦胧和清晰等。

在上面所列的知识或概念中，人物描写应该是中学生写记叙文应掌握的核心技能，也应是中学阶段写作学习的重点。另外，学习人物描写除能提高写作能力以外，对学生了解人的复杂性，洞悉社会生活的内涵，促进社会化等也有很大的帮助。

按照常理，由于人们从小就有大量练习口语的机会，因而对人物语言的描写应该相对容易才是，但中学生在记叙文里的表现往往相反，具体表现为：一是对话形式比较单调，多是“我说”“妈妈说道”等；二是从人物的对话中看不出人物的心情，更看不出人物的身份和个性；三是从这些对话描写中感受不到当时交谈的氛围。总的说来，这些人物对话给人的感觉似乎是不写也可以。

从教学的一方来看，不少老师可能觉得人物语言描写在写作中所占地位有限，因而不值得专门去教学；也有一些老师只是泛泛地提一些“语言要表现人物个性”等写作要求。结果是对人物语言描写的指导不具体，教学不到位，不能真正解决学生人物语言描写的问题。

二、描写教学事例：让人物自己说话

人物语言的描写能不能作为一项专门的教学内容？哪些教学策略可以提高人物语言描写的效果？我们选择了下面的教学案例进行讨论。

人物语言描写是写作教学中一项必不可少的内容。在多年的教学中，我发现学生描写的人物语言往往不能表现人物的性格特点，常常是学生自己设想那些对话，比如一个初一学生这样写道：

“我激动地说：‘吴伯伯，所有的干部都跟您一样就好了。’吴局长谦虚地说：‘抑制不正之风，每个人都有责任呀！’这位老党员的肺腑之言，像一阵春风吹进了我的心田。”

这里的“我”更像一个社会风气督察员，吴伯伯似乎也不是在和一个初中生说话，更像是会议发言。针对学生这一表现，我组织实施了几项训练学生语言描写能力的活动。下面是教学实践的片段展示。

活动一：为“说”找朋友。

上课伊始，我宣布这节课要学习人物的语言描写。第一个活动是请同学们把自己的习作本打开，独立圈画出表示“说”的词语。很多同学有点惊讶，但很快就找出来了，多是“说”“说道”，也有同学圈画出“急急忙忙地说”“慢吞吞地说道”，我提醒只圈画表示“说”的动词。

看着不少同学沮丧的表情，我用“开火车”的方式集中展现大家的成果。同学们圈画出来的句子如下：

1. 他便边吃边开心地说。

2. 他便挥挥手唱道。

3. 她一个没好气地停下笔，然后转回了头嚷嚷着。

4. 一伸手，我便夺过一瓶饮料，盯着瓶盖嘀咕。

5. 往里一看，不禁大声喊着。

6. 我瞪着眼，大声咆哮道。

7. 她话中满是担心，还在隐约中嘟囔着什么。

同学们一边说，我一边板书这些动词：说、唱道、嚷嚷、嘀咕、喊、咆哮、嘟囔。看到不少同学露出惊讶的表情，我心中暗喜。接着请学生分小组查找资料，进行讨论，集思广益，看看还有哪些词语也是表示“说”的意思。下面是学生找到的词语：

道、讲、叫、呼、吟、读、问、答、训、斥、吼、劝、骂、评议、赞、夸、辩、颂、畅谈、表一表、介绍、陈述、复述、申述、说明、评说、声明、讲明、怒斥、批驳、驳斥、诅咒、辱骂、谈论、辩论、议论、讨论、商谈、洽谈、商量、口若悬河、语无伦次、滔滔不绝、口吐莲花。

看着大家兴奋的表情，我请同学们根据说话时的情况，修改自己的人物语言描写，用上这些词语中的几个来替换“说”。学生独立修改，结束后小组分享，感受与原稿的差异，再在班上交流。修改后的习作明显有了进步，修改最多的一名同学用了 5 个与“说”意思接近的动词短语，分别是嚷嚷着、叫道、吼起来、嘟囔、嘀咕。同学们一边听，一边记，几组交流下来，大家感受到这些动词能生动地描写出人物说话的方式、状态，对刻画人物等能起到直观形象的作用。

活动二：增加或变换标点，写出人物语气。

第一个活动结束之后，我又一次请同学圈画自己的习作，不过这一次圈画的是标点，即直接描写人物语言的那些语句的标点，圈画之后再统计描写人物语言的语句的标点数量与种类。这个活动还是学生独立圈画。圈好之后，发现学生所用标点种类最多的是三种，大多数只有逗号和句号两种。这时候，我用投影展示了鲁迅《故乡》中的一个片段：

我这时很兴奋，但不知道怎么说才好，只是说：

“阿！闰土哥，——你来了？……”

我接着便有许多话，想要连珠一般涌出：角鸡，跳鱼儿，贝壳，猹，……但又总觉得被什么挡着似的，单在脑里面回旋，吐不出口外去。

这段文字学生并不陌生，他们的注意力聚焦在“阿！闰土哥，——你来了？……”上，短短的一句话运用了5种标点，传递出“我”多年没有见到闰土，猛一见面时复杂的情感，有见到儿时好友的惊喜、激动，甚至有那么一点不可置信之情，也有看到闰土现在状态时的感慨，一时不知道说什么的语塞。学生面对熟悉的文字，很快进入状态，体会到鲁迅语言的精确缜密与言简意丰。

接着学生对自己的语言描写进行修改，这一次修改，我请大家将第一个环节“为‘说’找朋友”学到的知识与这个环节的标点修改整合起来，再推敲。下面是一名同学的原作与修改后的片段的对比，变化还是很明显的。

原作：

姐姐听到声音以后，赶紧放下手中的东西走来，看到了地上的碎片。“我不是故意的。”我赶忙说，“怎么办？”姐姐愣了一下，接着急忙对我说：“还能怎么办，快点扫一下去扔掉，但愿他们不会发现。”“哦，哦。”我一边说着，一边跑去拿来了扫帚，将“现场”清理了一下。为了不让大人发现，我们还把扫来的碎片扔到了外面，总算是暂时吁了一口气。

改作：

姐姐听到声音以后，赶紧放下手中的东西走来，看到了地上的碎片。“我不是故意的……”我赶忙解释道，“怎么办？”姐姐愣了一下，接着急忙对我说：“还能怎么办？快点扫一下扔掉！但愿他们不会发现……”“哦，哦……”我一边应和着，一边跑去拿来了扫帚，将“现场”清理了一下。为了不让大人发现，我们还把扫来的碎片扔到了外面，总算是暂时吁了一口气。

这名同学一共修改了7处地方，写出了“我”与“姐姐”的语气，“我”的惊慌无奈，“姐姐”果断的性格与当时心怀侥幸的心理因此都得以强化。

为了让学生能充分感受到修改与原作的差异，我让学生将作品朗读给同桌听，互相欣赏彼此的进步，如有可能再帮助同桌做进一步的修改。大家修改的热情被进一步激发出来，教学效果也就更明显了。统计下来，一半以上的学生都增加了三种或三种以上的标点。

活动三：注意称谓等，表现人物的心理与性格。

接着我再请学生看《故乡》中的对话片段，关注“我”与闰土对彼此的称呼，看看从称呼中可以看出人物哪些心理活动与个性特征。

我这时很兴奋，但不知道怎么说才好，只是说：

“阿！闰土哥，——你来了？……”

我接着便有许多话，想要连珠一般涌出：角鸡，跳鱼儿，贝壳，猹，……但又总觉得被什么挡着似的，单在脑里面回旋，吐不出口外去。

他站住了，脸上现出欢喜和凄凉的神情；动着嘴唇，却没有作声。他的态度终于恭敬起来了，分明的叫道：

“老爷！……”

我似乎打了一个寒噤；我就知道，我们之间已经隔了一层可悲的厚障壁了。我也说不出话。

他回过头去说，“水生，给老爷磕头。”便拖出躲在背后的孩子来，这正是一个廿年前的闰土，只是黄瘦些，颈子上没有银圈罢了。“这是第五个孩子，没有见过世面，躲躲闪闪……”

学生发现，“我”对闰土的称呼是“闰土哥”，闰土两次称呼“我”为“老爷”。“闰土哥”这个称呼很鲜明地传递出“我”对儿时美好生活的留恋和对闰土的亲近；闰土对“我”的称呼已经不再是当年的“迅哥儿”，而是“老爷”，这是仆人对主人的两个不同等级之间的称呼，闰土这一称呼粉碎了“我”对闰土、对儿时、对记忆中故乡的美好想象与期待。

也有一个学生分析得非常细致。他说，闰土两次称呼“老爷”时的心理活动不一样，第一次称呼“我”为“老爷”时有一个纠结的过程，从闰土的神态和说话的迟疑中可以看出来，这表明了闰土内心的挣扎，是纯洁的儿时情谊与他对现在两人社会关系的判断之间的挣扎；但是在短暂的挣扎之后，闰土表现出来的是很自然的认命，所以闰土第二次称呼“我”为“老爷”就显得比较自然，说得也很顺口。所以，虽是同样的一个称呼，运用不同的标点能够表达出不同的情感。同学们听了他的分析，都忍不住为他鼓掌。

分析完这个片段之后，我再一次请学生圈画在自己描写的人物语言中，写到人物称呼时运用的词语。小组交流时，学生又一次热闹起来了。

大家很快发现，有的同学用双音节词“妈妈”称自己的母亲，有的用单音节词“妈”，前者似乎要正式一些，后者就显得亲热些。有同学补充“用‘母亲’更显正式与庄重”，也有同学说“用‘老妈’更亲热”。交流的过程中，有一个学生调皮地说“我爸和我都把我妈称为‘总司令’”，大家一听都笑了，马上有人呼应说“我们家叫我妈‘领导’”。热闹一番之后，是第三次修改。

这节课之前，语言描写本来是学生写作记叙文时的鸡肋，常常被用来凑字数。通过这三个小活动，学生似乎开始对写好人物语言有感觉了。我自己也觉得写作技巧的指导不再是那么“自说自话”与收效甚微了。[1]

言为心声，写出富有个性的语言是写作记叙文一项必要的训练。案例中汪夏云老师的写作指导很实在，他没有向学生提出抽象的要求，诸如人物语言描写应该突出人物的性格特征等，而是针对学生习作中的情况给出三项具体的指导策略。

第一项策略，“为‘说’找朋友”。这看似是用近义替换的方法使得作文的语言有变化，实际上，是用不同的词语描写出人物说话时的方式，传递出人物说话时的状态，表现出人物的个性。如用“咆哮”就能直接刻画出人物的愤怒；用“嘀咕”就能反映出人物说话的低声，可能是无奈或者是不满的心理；用“叫”就能将人物高声说话时心情急迫等极不平静的状态表现出来。第二项策略，“增加或变换标点，写出人物语气”。这项策略从根本上是有意识地运用不同句式来表现人物语言的特点，借

[1] 此案例由安徽省怀宁中学汪夏云老师提供。

此塑造人物形象。第三项策略是用不同的称谓等来表现人物的心理与性格。人物所用的称谓代表着说话者与交流对象之间的社会关系，如称对方为“妈妈”，就代表说话者与交流者是母子关系。不仅如此，称谓还能表现出说话者与交流对象之间的情感关系，如称对方为“老妈”，就代表说话者与妈妈之间的亲热。有时候，借助称谓还可以看出说话者的某些个性，如一个治安管理员呵斥路边的老人为“老家伙”，就足见他的野蛮与粗暴。

这三项策略都有很好的可操作性，学生在反思、修改自己的习作时，在模仿作家作品的过程中，能明确自己可以提高的空间。结合汪夏云老师在上述案例中的教学实践探索进行总结，人物语言描写可以从以下三个方面进行写作指导。

1. 要有清晰的句式意识。

描写人物语言最直接的方式就是描写人物说了什么话。一是直接描写人物所说的话，这时需要用引号表示直接引用；二是通过转述来交代人物的语言。这里的语言描写训练是针对第一种情况而言的，转述常被一些老师放在叙述这一教学内容中教。指导学生直接描写人物所说的话，一般希望学生能突出人物的心理、心情，进而表现出人物的个性特点。

（1）运用不同的句式刻画出人物的个性。

案例中汪夏云老师就教了“增加或变换标点，写出人物语气”这项策略。标点往往表征着句式，逗号、句号一般表示陈述句，分号表示分句的并列关系，问号、感叹号表达的语气或情感很鲜明，而破折号、省略号的意味就更多了。通过汪夏云老师的指导，半数以上学生用于语言描写的标点增加了三种，进步显著。

除此以外，教师还可以有意识地通过句子的长短来表现人物的个性。我们来看下面这个习作片段：

中途休息时，我看表弟还坐在桌前，便叫他放松一下。然而，他只是直愣愣地站起来，纹丝不动。我暗自发笑，问他在干什么，“在休息。”我被他逗笑了，“那你去玩啊。”“玩什么？”“电脑？”“太无聊。”“下棋？”“不会。”“和其他小朋友玩？”“他们太幼稚。”我笑不出来了，为他感到疲惫，我的话被那一句句貌似无情，实则可悲的语言卡在喉咙里，说不出也咽不下。

这是温州一名初一学生的平时练笔，片段中弟弟的语言共5处，最多5个字，最少2个字，平均不到4个字，可以说简单得很。再看句式，也不过是问句表示疑问（更可能是表示反问），陈述句表示回答。在句式上似乎没有什么让读者惊叹的表现，但是读来却让我们心里发冷，为一个“未老先衰”的孩子哀叹——一个小学生的生活怎么会这么百无聊赖呢！这靠的是用稳定的接近一致的句式凸显人物性格中单调与无聊的特点。

所以，从这意义上说，人物语言描写的标点运用也不是越多越好，有时候，一两种标点更能体现人物的性格。指导学生学习这项策略的关键是让学生有清晰的句式意识，能够自觉地运用不同的句式表现人物的个性。

进行人物语言描写时，还可以用上一些语气词凸显人物的个性。这一点在部分学生的习作中已经有较好的表现，这里就不展开了。

（2）破折号与省略号在语言描写中的妙用。

以上说的直接描写语言的策略刻画的都是人物之间正常的交流，往往有问有答、你来我往，但是，有时候某个人物的话没有说完或者不说也是很值得一写的语言状态。指导学生描写人物语言时，教师还可以指导学生关注这一情况，用上破折号、省略号等表示人物没有说完话的不同情况，如被打断、欲言又止等。如前述案例中，一个学生修改的“‘哦，哦……’我一边应和着”，这句话中的省略号就较好地表现出“我”惊慌之后的无措。

还有一种特殊的情况是运用省略号表示人物应该说话或者想说话，但实际上却没有说话。如下面这个学生的习作片段：

那次我发烧，我给妈妈打了一个电话，“妈妈，我发烧了，你叫舅舅来接我，那到家见！”

随后，“你有去过医务室吗？体温是几度？”

“去了，三十九度……”我平淡地说。

三分钟后。“我已经叫舅舅去接你了，有吃退烧药吗？大概二十分钟会到。”她话中满是担心，似乎还在嘟囔着什么。

“没，别再打来！”我有点烦躁地回答。

七分钟后。“老师说让你回家休息多久？还有你出校门的假单呢？”她好像还没问完，没有丝毫停下的势头。

“……”直接挂了电话。

这个孩子直接挂了电话，鲜明地传递出她不想与母亲交流的心理。这样的“不说”也是一种语言描写，在特定的环境中，说与不说都是一种人物语言的表达方式，都能够表现出人物的个性。

2. 侧面描写人物说话时的语态及神态动作。

（1）描写人物说话时的语态。

描写人物说话时的语态能间接表现出人物的心理、心情或个性等。汪夏云老师在他的教学中借助“为‘说’找朋友”，教学生关注人物说话的方式。除此以外，还可以描写人物的语速、语气、音色等。“慢慢地”“急急忙忙地”等能写出人物语速的快慢，能比较直接地反映出人物的心情等；“沙哑着”“清脆地”“银铃般的”等能写出人物语音的特点，间接反映人物的个性；“高声地”“低低地”能比较直接地反映出人物说话时的处境状态等。

很多优秀作品中都有这些描写，如《七根火柴》中几处人物语言描写就有对声音大小的描写：

①眼眶深深地塌陷下去，眼睛无力地闭着，只有腭下的喉结在一上一下的抖动，干裂的嘴唇一张一翕地发出低低的声音：“同志！——同志！——”

②“同志，你看着……”那同志向卢进勇招招手，等他凑近了，便伸开一个僵直的手指，小心翼翼地一根根拨弄着火柴，口里小声数着：“一，二，三，四……”

③映着那闪闪跳动的火光，他用颤抖的手指打开了那个党证，把其余六根火柴一根根递到指导员的手里，同时，又以一种异样的声调在数着：

“一，二，三，四……”

“低低的声音”“小声”写出了无名战士生命垂危，“异样的声调”写出卢进勇内心的复杂情感。

（2）借助神态动作等描写烘托出人物说话时的心情。

这一点很多老师在教学中也都注意到了。上面所举的《七根火柴》中的三处人物语言描写也有人物的神态、动作描写。人物的神态描写“眼眶深深地塌陷下去，眼睛无力地闭着，只有腭下的喉结在一上一下的抖动，干裂的嘴唇一张一翕地”像一个特写镜头一样刻画出无名战士的生命即将走到尽头的时刻；而“便伸开一个僵直的手指，小心翼翼地一根根拨弄着火柴”这一动作描写既写出无名战士生命垂危的状态，同时也突出了他对火柴这一珍贵的集体财产的珍惜。

3. 丰富语言描写的方式。

（1）以不同的方式描写人物语言。

学生描写人物语言时，习惯个人—个人的交流，较少写个人—多人、多人—多人之间的对话。鲁迅是写作高手，我们再来看《故乡》中的片段：

现在我的母亲提起了他，我这儿时的记忆，忽而全都闪电似的苏生过来，似乎看到了我的美丽的故乡了。我应声说：

“这好极！他，——怎样？……”

“他？……他景况也很不如意……”母亲说着，便向房外看，“这些人又来了。说是买木器，顺手也就随便拿走的，我得去看看。”

母亲站起身，出去了。门外有几个女人的声音。我便招宏儿走近面前，和他闲话：问他可会写字，可愿意出门。

“我们坐火车去么？”

“我们坐火车去。”

“船呢？”

“先坐船，……”

“哈！这模样了！胡子这么长了！”一种尖利的怪声突然大叫起来。

我吃了一吓，赶忙抬起头，却见一个凸颧骨，薄嘴唇，五十岁上下的女人站在我面前，两手搭在髀间，没有系裙，张着两脚，正像一个画图仪器里细脚伶仃的圆规。

这里有“我”和母亲的对话，有“我”和宏儿的对话，有母亲与几个女人的对话，还有杨二嫂与“我”的对话。对话的形式比较丰富，在不同人物的交流比较之中强调、突出人物的个性。

“我”和母亲的对话体现出“我”的急切与担忧，关心好友的急切与对故乡现实了解之后的担忧交织在一起；母亲说与不说的纠结、无奈，则体现在说话断断续续与转移话题中；“我”和宏儿的对话以“我”的无所用心反映出“我”证实闰土不如意之后苍凉的心情。

母亲与几个女人的对话，没有具体的说话内容，属于有对话交流无直接的语言描写，这与杨二嫂和“我”的对话形成鲜明的对比。几个女人这一群像因此显得平和朴素，而杨二嫂的突兀夸张也因此得以彰显。

（2）将人物语言描写的视角转换为对话的另一方。

更有挑战性的语言描写训练是借助想象力将描写的视角转换为对话的另一方，重新构思语言描写。如前文案例中生病的女儿与母亲的对话描写，该描写是以女儿作为叙述者，以女儿的视角来观察、体验这一事件的过程，写出女儿对母亲态度的变化，从积极的交流到最后的不交流，表现出女儿生病时的不舒服与无奈，也表现出两代人沟通的艰难。如果换成以母亲的视角来进行语言描写，可能会表现出另一番情趣来，突出的可能是母亲的伤感，也可能是母亲的反思等。

写好人物语言描写当然还有一些其他的策略，如描写同一场合下不同人物的语言，或者描写人物不同境遇下前后不同的语言等。怎样才能写好人物语言？教师可以指导学生从以下三个方面反思自己的语言描写，判断自己或同伴的习作中人物的语言与其身份、年龄、个性、职业、修养等是否相符合。

学生可以向自己提问：

①他（她）会说这样的话吗？

——从说话的内容上用“六何”法提问：何时、何地、何人、何事、如何、为何。

②他（她）会这样说话吗？

——从说话的方式上提问：声音特点、语速、语气、口语、书面语、口头禅。

③那个时刻他（她）有哪些神情、动作？

——从当时的相关因素上提问：神态、动作、场景。

这些问题基本可以帮助学生写出一段比较合格的语言描写。

另外还要强调一点，并不是每一项策略都需要运用在语言描写中，运用哪些策略，将人物语言描写具体到哪一种程度，都要看写作需要。总之，成功的语言描写给读者带来的感受应该是：难忘的不是语言，而是人物。

第三节　怎样教抒情

在一篇文章中，抒情往往是作者感情表达的高潮之处，因此，抒情也往往是吸引读者并与读者建立感情共鸣的有效手段。但中学写作教学中，在专门培养抒情能力方面几乎是一个空白；在语文课程中，相关的内容和要求很少，学生对抒情的认识基本上靠自己体悟。其结果便是学生的抒情能力普遍不强，在写作中不用抒情或是虚假抒情等情况不少。

一、对抒情的基本认识

抒情是出现得较早的思想情感表达方式，其出现时间恐怕在语言诞生之前。比如原始人遇到危险时发出的吼叫、艰难地捕捉到猎物后的欢庆、与母亲暂别后再次相见的欣喜，都可以看作是人类原始的抒情。

在初中阶段，学生最爱读的文体可能是散文和诗歌，这两类文体都以抒发情感见长。另外，小说中的抒情手法运用也不少见。

对于抒情的知识，一般写作教材中介绍不多，主要有以下几类：

（1）关于情感类型。抒情写作中的感情类型概念，应该不同于生活中喜怒哀乐这些人之常情。1931 年出版的研究抒情文写作的专著《抒情文作法》中，胡怀琛将情感类型分为“感物”、“感事”、“怀人”、“吊古”及“间接的触动”[1]，这种分法虽然不尽完美，却给我们不少启发。

（2）关于抒情手法。有直接抒情、间接抒情和托物言志，而直接抒情中又分描写抒情和议论抒情，间接抒情中又分寓情于景、借景生情及情景交融。

（3）关于抒情的要求及评价标准。胡怀琛提出要适当不要泛滥，要含蓄不要直白，要有所节制而不要失控，要深沉不要肤浅，要真诚不要虚假等原则[2]，今天仍然不过时，值得我们尊奉。

在写作教学中，人们对五种表达方法的态度似乎并不一样，其中较

---

［1］胡怀琛. 抒情文作法［M］. 北京：北京教育出版社，2014：72.

［2］同［1］84-91.

受冷落的便是抒情。例如，现在每年都出版很多介绍写作教学经验的文章及写作教学的实录，我们从中能轻易地找到“怎样叙述”、“怎样描写”、“怎样议论”及“怎样说明”的内容，却几乎看不到介绍“怎样抒情”的。

古人说“文章缘情而发”，而针对抒情方法的写作教学为什么不多呢？原因有多方面，其中一个原因就是长期以来人们对抒情的认识还比较笼统，基本停留在“直接抒情”“间接抒情”这个层面，再往下走一步，如对“用什么办法直接抒情”“怎样判断间接抒情的效果”等，缺乏深入研究。对抒情的认识和开发做得不细致，自然会影响抒情表达方法的教学。不过，这恐怕还是表面因素，深层原因可能是教师、学者对抒情的学习价值认识不够。在日常的生活中，抒情这一表达方式的使用机会似乎相对较少，这也成为一些教师不重视这一表达方式教学的一个理由。其实对抒情教学价值的这种理解是比较片面的。学习抒情的目的不单纯是为了创作散文或诗歌，甚至主要不是为了提高抒情的写作能力，而是通过抒情写作理解情感世界的奥秘，感受人类情感的细微变化与情感表达方式的丰富性，从而更好地丰富自己的感情体验，同时也能更好地理解人类情感，增进人与人之间的沟通理解。

二、抒情教学案例：学会抒情

如何利用好写作课程留给抒情内容的有限空间，并把有限的抒情知识转化为教学活动，帮助学生在抒情方面有可见的收获，是笔者希望尝试的写作教学活动。

2016 年 3 月笔者在澳门濠江中学执教了一节初一的写作课。澳门大学向天屏、王志胜两位老师在做中小学写作教学研究，在项目的推进过程中，他们邀请笔者到澳门大学进行学术交流，其中一项工作就是课堂教学观摩。下面的内容涉及这堂写作课的准备情况、教学过程及课后反思。

（一）抒情教学内容已有的探索非常有限

确定了一项教学任务以后，通常笔者首先要做的一件事情是搜索别人在写作教学方面的经验，为接下来的教学设计提供借鉴。

笔者在中学担任过 16 年语文教师，到高校后从事语文教育研究和语文教师教育工作，其中写作教学就是笔者重点关注的内容，在写作教学内容的开发、写作教学过程化指导、依据写作教学内容设计教学等方面，笔者都做过一些尝试。笔者曾经先后在全国几十所学校执教写作研究课，执教过“写作中的读者意识”“描写的奥妙”“景物描写”“人物语言描写”“叙述一个曲折的故事”“发散构思”“类比法构思”“打开联想之门”“材料作文的审题”“材料与观点一致”“区分事实与观点”“关键词与行文思路”“议论文写作中核心概念的展开”“议论文写作中概念的辨析”等研究课,这些研究课分别探讨了“观察”“描写”“叙述”“构思”“论证”“修改”等写作活动，但是，唯独没有探讨过“抒情”。笔者再去翻阅国内出版的几十种名师的课堂教学实录及多部专门介绍写作教学经验的著作，也没有发现专门教抒情的内容。这是为什么？是抒情这种表达方式不重要，还是大家都“集体遗忘”了抒情呢？这无疑是值得思考的问题。

看第一个问题：在中学生的书面表达中，抒情应该居于怎样的地位，或者说，在中学生必备的表达能力中，抒情是否很重要？

这个问题的答案应该不难得到。首先，掌握语言工具的主要目的无非是更好地传情达意。大多数关于写作或语文学习的教科书，都把叙述、描写、议论、抒情和说明列为最常用的五种表达方式。例如《普通高中语文课程标准（实验）》就明确规定，学生需“进一步提高记叙、说明、描写、议论、抒情等基本表达能力”，这些都从理论上认可了抒情手法的学习价值。其次，在中学语文材料中，抒情散文的比例无疑是相当高的，其中，有的版本的初中语文教材中抒情散文的数量接近全书篇目的一半，如果再考虑议论文、新闻甚至小说中也有不少抒情句，涉及抒情的文章就更多了。教材选文是语言运用的范本，教材的选文取向也从一个方面肯定了抒情方法的学习价值。再次，一些语文教材的写作训练任务对抒情有明确的要求。例如，人民教育出版社 2013 年版《语文》七年级上册中的写作任务就有一个“写真话、抒真情”单元。初中阶段的写作要求，中考的作文命题，初中生优秀作文选中的优秀样本，也都以抒情散文为默认文体。这些都从实践上证明抒情在中学写作中具有不可或缺的地位。

再看第二个问题：为什么没有关于“如何抒情”的教学实践？这个问题的答案不太容易得出。的确，近年来，在介绍写作教学经验的文章和写作教学的实录中,我们能很容易地找到“怎样教叙述”、“怎样教描写”、

"怎样议论"及"怎样说明"的内容,却几乎看不到谈"怎样抒情"的内容。有限的抒情教学案例,也大多集中在告诉学生抒情分为直接抒情和间接抒情等陈述性知识。造成这一现象的原因可能有以下几方面:

第一,抒情方式没有相对应的特定文体。其他几种表达方式几乎都有相应的文体,即议论文的主要的表达方式是议论,记叙文的主要表达方式是记叙和描写,说明文的主要表达方式是说明,但很难说哪一种文体主要运用抒情手法。诗歌大概算是专门抒发感情的一种文体吧,但很多诗歌里描写的成分一点也不比抒情少,因而很难说抒情专用于诗歌。实际情况是议论中常常有抒情,描写中有抒情,甚至说明也带感情,抒情方式往往夹杂在其他表达方法之中,成为一篇文章的点缀。而中学的写作教学活动则往往是按"文体单位"来设计和组织的,比如初中主要学习记叙文,高中主要学习议论文,没有专门的抒情文教学,抒情方式因此难以得到重视。

第二,可能也是最关键的,是关于抒情的知识开发得不够,缺乏具体而有操作性的抒情知识。

大家知道,在叙述、描写、议论、说明等每一种表达方法之下,都有一些下位概念或具体知识作为支撑,如叙述下的叙述人称、叙述的线索、叙述顺序、叙述模式,描写下的肖像描写、动作描写、语言描写、心理描写、环境描写、细节描写等,议论下的论点、论证、论据及立论、驳论,说明下的定义说明、数字说明、举例说明、比喻说明等。借助这些下位概念,教师能说得清,学生能看得懂,教学设计有抓手,写作训练就能起到立竿见影的效果。可是相对而言,人们对抒情的下位概念的认识研究显得比较薄弱。例如夏丏尊、刘薰宇的《文章作法》中,分别列有"叙事文的要素""叙事文的主想""叙事文的观察点""观察点的变动""叙事文流动的终止""叙事文流动的顺逆",但没有"抒情"一项。在陈望道的《文法简论》中,分列有"叙述句""描写句""诠释句""评议句",唯独没有"抒情句"。夏丏尊、叶圣陶所编的《文话七十二讲》中提到了抒情,其第30篇文话"抒情的方式"指出,"抒情大概有两种方式:一种是明显的;

一种是含蓄的”[1]，也就是后来说的“直接抒情”与“间接抒情”（借物抒情和托物言志），但显然，这里的抒情概念所描述的是抒情的大类或原则，而不是具体的可以操作的抒情之法。初中教材关于抒情的要求，“怎样才能抒发真实的感情呢？关键是要写自己亲身经历的、感受的事，说出自内心的话”，“此外，也要学习使用一些直接表达感情的词语或句子”[2]。

理论上缺少具体的可操作知识，教师对抒情的认识无法细化，自然导致课堂中难以实施具体、有效的教学。

（二）备课及设计思路

明白了抒情写作教学的影响因素，笔者也就找到了这次教学设计的大体思路：一方面，要撇开具体文体的束缚，教学中应让学生直达抒情这一表达方式运用之根本；另一方面，收集以往人们对抒情这种表达方式的研究和认识，总结提炼一些能直接帮助学生学习抒情的具体做法。然后，寻找一种课堂教学的形式，把上面两个意图组织在一起。

可以选择的教学设计思路有以下几种：

思路 1：介绍关于抒情的知识、方法；布置写作任务，要求学生运用这些策略完成一篇短文；根据学生在抒情方面的写作表现，特别是写作中出现的问题，指导学生修改短文，达成写作知识和技能的掌握和巩固。很明显，这是传统的写作教学模式，即以写作知识引路，学生独立完成写作任务，教师点评，学生修改。其好处是教师的任务比较简单，教学过程相对容易控制，且每个学生都有相同的写作实践机会。但它的不足之处是十分明显的，即教师看到的是抒情写作的结果，对学生的写作过程不够了解，因而缺乏具体有效的指导。

思路 2：以语文教材为依托，选择教材篇目中精彩的抒情句子和抒情段落，鉴赏这些抒情名句、名篇，归纳这些抒情句子、抒情段落之所以成功的原因，再以此为基础进行模仿抒情写作。显然，这是一种读写结合的教学思路。该思路的优点是，通过典型句子、精彩段落乃至优秀范文的精细阅读所积累起来的写作范式很可能会留存在学生的记忆中，从而对学生的写作能力产生长期的影响。但是，这是一种熏陶式学习，要

---

［1］［2］夏丏尊，叶圣陶. 文话七十二讲［M］. 北京：中华书局，2007：59.

基于大量的阅读和长期的积累，才能对学习者的能力产生效用，而想在一堂课的教学时间里靠对几个句子的赏析，让学生达到对抒情知识的默会，则几乎不可能有多少成效。

思路 3：设计一个具体的抒情写作任务，让学生在完成任务的过程中展现其在抒情方面的知识掌握程度和能力水平，教师针对学生的表现和普遍存在的问题，有重点有目的地做具体指导，争取使学生弄明白一点，再融会贯通，带动其他知识及能力点的迁移。这是符合现代课程论要求的写作教学设计，而且很重要的一点是，整个教学过程能明示给听课的近百名语文教师，这正是这次活动的举办方最希望看到的。

但是，思路 3 的教学设计的难度颇大。尤其这是笔者第一次到澳门上课，对澳门濠江中学初一学生的学习基础、学习习惯、思维方式、写作能力都不了解，甚至笔者对能否和学生进行流畅的沟通，心中都没有底。教学过程中肯定有许多不确定因素，教学活动能否顺利展开，教学效果有没有保证，都是未知数。但还好有一个有利的条件，濠江中学初中学生使用的是人民教育出版社的语文教材。因此，虽然教学过程可能充满许多挑战，但综合考虑下来，笔者还是打算按第三种思路设计教学任务。

但是，选择设计思路，仅仅是为备这堂课定下一个大致的方向，接下来还有许多细节有待落实。比如布置一个什么样的写作任务？重点落实哪几个关于抒情的方法？学习目标的难度如何确定？其中第一个问题最为关键，是思考其他问题的前提。如果这个问题不落到实处，其他问题就无从回答。当时，有那么两三天的时间，笔者的脑海中反复思考适合作为写作任务的条件：

第一，必须有一个抒情的对象，最好是让学生有深切感受，能激起他们情绪变化的对象，比如学生曾经参观过的一个著名景点，小时候一段难忘的经历，当地的某个历史人物或名人，一件令人难忘的艺术作品等。对具体某一个学生来说，这类话题并不难找，但问题是，不同学生肯定会选择各自感兴趣的写作对象，从而导致在写作内容上没有共性，在写法上也不容易形成焦点，这当然不利于课堂教学的组织推进。

第二，必须是有焦点的，即曾经给全班大多数同学留下集体记忆的人、事和物。比如，濠江中学校园里的景物、任课老师；以班级形式组织或普遍参加的活动，如运动会、踏青、志愿者活动、当地的节日等。但是，采用这类题目的致命弱点是笔者对这些内容并不熟悉，而如果教师缺乏必要的背景知识，教学中很难就学生的写作水平做出及时的反应和恰当的评价。因此，这也不是一个好的写作任务。

第三，写作内容及抒情对象必须是教师也熟悉的内容。笔者想到了能否从学生熟悉的语文教材中选择一篇文章、一个人物、一个意象，比如朱自清的《背影》、鲁迅的《风筝》，或出示一幅带有情境的照片，学生由此出发写一段抒情性文字。这类内容无疑是笔者最熟悉的，驾驭起来自然得心应手。但是，教材中的人物、情境，距离学生的生活比较遥远，强行要他们抒一段情，多数学生很可能陷入无情可诉但又不得不诉的情境，导致矫揉造作，这本身便是抒情的大忌讳。因此，这个设计也不能用。

就这样，几天里这些念头在笔者的脑海里反复闪现，直到上课的日子临近了，也还没有定下来。就在出发的前一天，笔者想，写好抒情的根本前提是真实，这是所有讨论抒情的人的共识。什么是真实？对于写作来说，首先是写作情境真实，其次才可能激发真实的感情、真挚的表达，最后才是抒情的策略与技巧的问题。这堂课的教学目标虽然强调抒情策略和技巧，但是，策略、技巧的教学还是应该基于根本原则。因此，笔者索性就用一个最平常的生活情境，即上课之前的“此时此地、此情此景”来设置写作任务。具体教学活动的流程如下：

1. 布置写作任务：以“3月12日上午10点18分，我的心情”为话题，要求学生写一段话来表达自己此时此地的情感。备课时并不能确定具体到哪一分钟，上课时可根据当时的情况说明。具体清晰的时间点容易带给学生对时间真实细微的感受。

2. 引导学生感受、分析同伴的习作，讨论习作句子中抒情的表现。

3. 从中归纳抒情表达方式的类型、抒情的运用要领和具体方法，将抒情知识具体化、操作化。

4. 依据总结的抒情原则和方法，对自己的作品做出诊断，集中修改一两处最有问题的句子，并做简单交流。

5. 布置课后作业：选择一篇自己喜欢的抒情散文，找出文章里的抒情句，并依据上课所学的知识做点评，并选择三至五句抒情效果不佳的句子提出修改意见。

说明：

1. 以上的诸项活动中，第一至第三项是课堂上必做的活动，第四、第五项是备选的活动，可以留到课后自修。

2. 学生作品涉及的具体抒情技巧可能有很多，教学目的宜适当聚焦，不一定求全求多，也不是生硬地介绍写作知识，而应根据学生习作中出现的现象进行归纳。备选的抒情策略、技能知识如下：

• 运用褒贬色彩鲜明的词语抒情。

• 在看似不动声色的叙述描写后借助感叹号、问号、省略号、破折号等标点符号抒情。

• 通过句子的停顿，有意识地变换句式来抒发情感。

• 借助其他景、物、人、事暗示自己的情绪、情感。

• 抒情主体对情感基调的把握，行文中的情感控制。

• 动作神态的描写也可以抒发情感。

（三）教学过程和结果

上课伊始，笔者故意看了一下手表，强调此时的时间为“3月12日上午10点18分”，请学生感受一下坐在报告厅的舞台上准备学习写作时的心情，尝试用文字记录下来。笔者特意强调不限字数、不限形式，完全是自由写作。学生很快进入状态，写得很主动。

接着，笔者请6个小组的学生交流各自的习作，并推荐一篇代表作抄写到黑板上。

下面是第二、第三部分中的两个教学片段。

互评习作，发现习作中的抒情技巧。

师：我们接着往下看，第四组，2号作品！

生4：“如果说今天的公开课会紧张，那倒是没有。如果说今天的公开课不紧张，那一定是谎言。可是我确实不紧张，也没有什么好紧张的。”

师：大家看看，他用了一个什么样的句式？

生5：他在这里用了对偶的手法。

师：从哪里可以看出？

生5：他说“如果说今天的公开课会紧张，那倒是没有。如果说今天的公开课不紧张，那一定是谎言”，因为我觉得这两句话有一点矛盾，而矛盾可能就会引起读者的注意。

师：讲得好吧？我给他一个感叹号了。他确实注意到语意的矛盾能引起读者的兴趣。但是他前面讲对偶，其实并不算。可以算什么？整句。这个词学过吗？没有？它的句式又没有对偶那么工整，宽泛一点就算整句。排比也可以算整句，排比是从修辞的角度讲，整句是从句式的角度讲。你看，这种句式的感染力是很强的。

生6：第一句，“我就像一只被野狼追逐的小鹿，十分紧张和忐忑不安，生怕下一秒就被送入狼口”。第二句，“落叶随风而舞，我随灯光而紧张”。

师：妙在何处？最后排的男孩子。

生7：他首先用一个比较生动的比喻，比喻自己是一只被狼追逐的小鹿，明确表明了自己十分紧张的心情。

师：被狼追逐的小鹿。喻体的选择非常精彩。大家不仅要记比喻，还要记住这个喻体很有讲究。好，下面一句呢？妙在何处？

生8：他这里应该也是用了整句的方式，应该是借落叶来衬托此时的紧张，更表明了既紧张又期待的心情。

师：讲得多好！他的习作中最好、最妙的地方是一下子用上了我们刚刚学到的整句。他已经理解整句了。好，我们还有四位同学。从那边开始，第五组，13号同学。

生9：“此刻，我的心情比较兴奋，因为可以学习到如何写抒情文。同时也比较紧张，因为这是一节公开课，台下有许多老师和同学看着我们上课，所以更加紧张。心情就像在海上航行的帆船一样摇摆不定。”

师：发现什么了？

生7：我觉得他最后一句写得特别好，因为他说自己的“心情就像在海上航行的帆船一样摇摆不定”。这证明他现在的心情十分紧张，情绪波动比较大。整篇文章最好的地方我觉得就是这一句。

师：你为什么更喜欢这一处呢？

生7：前面的是直接交代，如果我是读者的话会感觉没有那么吸引人。最后一句把自己的心情比喻成帆船，就比较能吸引我的注意力。

师：帆船给你一种什么感觉？帆船在海上航行，而且是摇摆不定，一种什么感觉？是不是出现一种画面？请坐！相对于前面直接表达情感，这里用帆船来表达情感属于什么方法？间接抒情。直接把自己的情感说出来，叫直接抒情。

……

总结回顾，明晰抒情的策略。

师：我们现在一起来回顾一下，直接抒情有哪些方法？是不是直接写心情？除此之外呢？我不直接写心情，我还有没有其他办法？我们前面提到句式，记不记得？你来回答。

生 19：用感叹的句式。

师：除了感叹的句式还有什么？

生 19：整句。

师：整句，还有什么？反问。其实这种语气也能够直接抒情，除了写心情之外，句式其实也能够传递出情绪来，尤其是感叹句、反问句。间接抒情，有哪些办法？你来说。

生 20：间接抒情就是可以用比喻的手法。

师：还有吗？

生 20：还有排比的句式。

师：排比，好的，还有吗？你来说。

生 21：间接抒情还可以利用环境描写。

师：传递出一种情绪、情感，还有没有？第二位同学。

生 22：除了环境描写，我觉得人物描写也可以体现出间接抒情。

师：对啊，肖像、动作，也能看得出。还有，表示时间可不可以？

生 22：可以，还有细节。

师：请坐。现在我想，其实还可以往下写。我们要多看一些抒情的文章，里面有很多我们可以注意的地方。同学们，今天回去，能不能做这样一个作业呢？从课文里找些句子，看看这些好句子是怎么抒情的。做一点整理，抄一抄，评一下。第二项作业，找一棵树，观察一下，感受一下，把你的心情表述出来。不要忘记了数一数你运用了哪些抒情方法。

（四）教学反思

如何把写作知识转化为教学活动，用教学活动促成学生能力的发展，是写作教学的难点。这次教学活动的一个亮点是笔者寻找到了一个比较合适的抒情起点。在对学生情况不熟悉的情况下，在有限的课堂教学时空中，如何快速地激发学生的情感体验，并引导他们将自己的体验抒发出来，是教学成功的关键。写作任务“3月12日上午10点18分，我的心情”，对时间的精确描述无疑带给学生比较强烈的震撼感，聚焦此时、此地、此景，师生都置身其中，学生会有所感触。实际教学中，学生确实写出了自己的情感体验，而与同伴分享在同一场合的不同感受，学生交流的兴趣会高得多，学习的参与度自然就高。

这次教学活动的另一个亮点是学生在分享同伴习作的精彩之处这一过程中归纳抒情的技巧方法。写作技巧的学习属于程序性知识的学习，不能只靠语文老师讲授一些所谓的知识，也不能只靠老师提供一些典范的作品带着学生读读议议，而是需要学生亲历写作或者修改等语言实践活动，方法技巧的学习才有可能内化成为能力。

课后，澳门大学的向天屏老师组织大家进行研讨交流。澳门培正中学的两位老师认为这堂课上学生学习抒情的方法是自然而然的，没有被老师牵引着、强迫着记住一些什么，且这些方法又是特别好用的。他们表示，回到自己的学校一定会尝试这样教学生。濠江中学的教务主任为学生在这么多观课老师面前主动写作、交流的状态感到高兴，为学生在课堂上获得实实在在的发展感到高兴。濠江中学语文科组长表示，这堂课学生学得积极，写作是在写真话、抒真情，值得借鉴。也有老师谈到学生之间的合作开展得很好。笔者反思了教学的不足，主要是时间掌握得不好：一是学生在黑板上写自己的习作片段用时较长，但考虑到只是听同学朗读习作很难开展深入交流，所以抄到黑板上；二是最后请在台下旁听的三名同学分享学习收获，又用去较多时间，所以整节课拖堂了近十分钟。这是笔者第一次执教“尝试抒情”，以后若有机会再次执教这一内容，笔者会准备好书写板，让师生的交流推进得更紧凑，提高课堂的教学效率。

回顾梳理下来，写作中的抒情能力培养，教师可以努力呈现的教学内容如下：

1. 激活情感触点。

不同于叙事作品可以虚构，议论性文章的写作可以借助平时阅读中积累的内容，抒情的前提必须有真实的情感体验。学生写出自己的情感体验，并与同伴分享，他们交流的兴趣会高得多，学习的参与度也会提高。

刘勰说："水性虚而沦漪结，木体实而花萼振，文附质也。"他认为，好的文章应该是"为情而造文"，而不好的文章则是"为文而造情"，只有"情动于中"才可能"形之于外"。因此，若是让学生学习抒情之方法，有必要先增加他们的情感体验，提高学生感受神经的敏锐度，使学生积累各种感情类型，他们才有可能在以后的写作中按需抒发出来。

现在的问题是，大多数中学生经历的几乎都是两点一线的生活，所见所闻本来就十分有限，再加上多数学生家庭生活条件比较好，家庭人际关系简单，网络空间同质化等因素的影响，不少学生对以前人类常有的生理体验和情感体验在减少，如对食物短缺的饥饿感等生理体验就比以前的孩子少很多，也少有机会体验对远方亲人的思念、得不到关注的失落等。情感体验类型少、体验程度不足，都会使他们在写作抒情段落时无情可诉，抒情教学也成了无源之水。因此，若想从根本上提高学生对抒情的表现能力，必须从源头抓起，利用多种机会和手段增加他们的情感体验。

增加学生情感体验的途径无非有两个，一个是抓住校内学习环境，包括利用课堂教学的机会，挖掘语文学习材料中的情感资源，帮助学生把课文作者的情绪、文章中人物的情绪转化为自己的情绪积累。例如，学习鲁迅的《故乡》时，教师不妨拿出一点时间，让学生体会壮年闰土见到当年玩伴时的自卑和局促不安；学习《凡卡》时，可以让学生体会一名儿童在面对险恶环境时的无助与无奈之情。学生的校园生活总体上虽然平淡无奇，但平淡的生活中总会有一些变化，这些变化也会引起学生情绪的波动，比如季节的变化、校园活动、考试等，教师可以因势利导，让学生借机体会各种复杂的感情。比如学校举办运动会、歌咏比赛等，学生一般会很关心自己班级的项目能不能获奖，对胜败往往很在乎。这些体验都是可以利用的。

二是布置课外情感体验作业，让学生注意观察日常生活细节，从他人的行为、社会事件中体验情绪变化；或让学生利用阅读小说和观看电影、电视节目的机会，体验作品中的场景、故事带来的感受；或设计适当的体验活动，促使学生体验日常生活中没有机会遇到的经历。例如，有的学校为了让学生体验饥饿，增加参加社会救助的自觉性，会专门组织学生开展“饥饿日”活动，即让学生有意识地饿自己一天，并把饥饿的体会记下来；也有的学校组织学生开展“体会盲人的一天”活动（当然都要严格控制在安全条件下）。通过这种体验得到的收获，自然是可以移植到写作中的。布置这类情感体验活动，要求教师抓好几个细节：一是选好触点，二是注意激发，三是帮助学生总结整理，四是指导学生将体验化为有用的素材。

2. 抒情知识与策略。

在中学写作教学中，专门教授抒情方法的活动开展得不够好，可能与抒情知识开发的不足有一定的因果关系。

如前文所述，同样是表达方法，针对叙述、描写、议论、说明这四种表达方法的写作教学就开展得相对较好，这是因为叙述、描写等概念都有一些下位概念或具体知识作为支撑。有这些下位概念，说明我们对表达方法的特点及规律的认识已经比较深入了。借助这些概念，教学中教师能说得清楚，学生能听得明白，写作教学就能起到立竿见影的效果。

可是，反观人们对抒情的认识，就显得比较模糊。从目前写作理论对抒情的认知情况看，在抒情这一级概念之下，虽然也有直接抒情、间接抒情这两个二级概念，接下来也有托物言志等三级概念，但抒情仍然是比较抽象的概念，而不是具体的可以操作的抒情策略。也就是说，学生知道什么是直接抒情，而不知道哪些手段能够实现直接抒情，因此无法落实在抒情语句及段落的写作上。关于抒情的具体知识少，说明我们对抒情这一问题的认识还比较笼统，教学中自然也就难以具体化。因而，必须从本质上研究抒情的特点，开发关于抒情的具体知识，让学生学会基本的抒情方式。具体如下：

（1）直接抒发感情。

比如把直接抒情分解为呼告和诉说两种，前者是直抒胸臆，后者是在议论中融入适当的感情色彩。

呼告，顾名思义就是把感情直接“喊”出来。写作的时候为什么要用呼告呢？胡怀琛做过一个有趣的比喻，他说：“抒情的文为什么要呼天，或呼父母呢？我的答案道：作抒情文的人呼天，或呼父母，就是人遇到极痛苦的事，说不出来，即使说出来，也没有他人能够领会，只有天知道，只有父母知道。今人说话，在极劳苦之时，在受了极大的惊骇之后，常常说：‘啊呀！我的妈啊！’或是说：‘啊呀！天啊！’”[1]胡怀琛这段话告诉我们，呼告往往是人无意识地喊出来的，感情表达必然是强烈的；又因为呼告是在情急之下喊出来的，那么它的方式自然也来不及讲究，而是脱口而出的直接表达。

从形式上看，呼告的句子里常常含有以下几个标志：

①常常出现抒情主人公或被刻画对象的代词，即“我”或“你”字。

②常常带有表示情感程度、对比的词，如“再也”“真正”“已经”“多么”“那么”“竟然”“终于”等。

③很多句子带有“啊”等感叹词，使用问号或感叹号。

④一般位于一段的开头或结尾，有的甚至独立成段。

如以下几个呼告句：

“唉，我不知何时再能与他相见！”（朱自清，《背影》的结尾）

不知稼先在关键性的方案上签字的时候，手有没有抖？（杨振宁，《邓稼先》的段落尾）

真没有想到苦雨孤灯之后，会有这么一幅清美的图画！（冰心，《笑》的段落尾）

“竹山门啊，你是耸立在我国近代史上的一座丰碑！（汪渐成，《血染的丰碑》的结尾）

这种呼告句具有强烈的抒情效果，在文章中能起到先声夺人或画龙点睛的作用。抒情文教学，不妨建议学生在文章的开头或结尾来一个直接抒情句，这是很容易模仿的，也能起到立竿见影的效果。不过，也正因为直接抒情很容易，因而一篇文章中不宜多用，否则会给人一种矫揉造作的感觉。

[1] 胡怀琛. 抒情文作法 [M]. 北京：北京教育出版社，2014：27.

在议论中加入感情色彩也是比较容易做到的一种抒情方法，例如《背影》里的一段话："他们只认得钱，托他们只是白托！而且我这样大年纪的人，难道还不能料理自己么？"在这段话中，"我"议论的是父亲的"迂"，证据是"他托茶坊无用""我不需要照顾"。因为是带着感情讲理，所以就有了明显的抒情色彩。那么，在运用这种抒情法的时候，让自己与被议论的对象产生关联，比如利益关联、情感关联及价值观关联，抒情效果自然就出来了。例如"飞蛾是值得赞美的。在最后的一瞬间它得到光，也得到热了"（巴金《日》），本来是议论飞蛾行为的句子，但因巴金自己也是宁愿为追求光明而献身的青年，便把自己的情感投射到飞蛾身上，自然产生了强烈的抒情效果。

（2）用富有感情色彩的词语抒情。

词语是表情达意的基本单位，我们知道，词语有褒贬之分，也就是说，同样一个人、一件物品、一个场景、一种现象，选择带有不同情感色彩的词语来描绘它，所表达的情感会大不相同，有时甚至会截然相反。请看下面的两个例句：

藤萝又开花了，而且开得这样盛，这样密，紫色的瀑布遮住了粗壮的盘虬卧龙般的枝干，不断地流着，流着，流向人的心底。（宗璞，《紫藤萝瀑布》）

（藤萝）纠缠着丁香，往上爬，爬，爬……终于把花挂上树梢。丁香被缠死了，砍作柴烧了。他倒在地上，喘着气，窥视着另一株树。（流沙河，《藤》）

这两个句子描写的对象是同一种植物——藤萝，运用的句式也差不多，但两人对藤萝的态度却大不相同，一个是欣赏和赞美，一个是厌恶与批判。两个句子表达的感情几乎截然相反，原因之一是选择的词语不同，前者用的是"盛""密""遮住""流向"等偏褒义的词，后者用的是"纠缠""爬""窥视"等偏贬义的词。

（3）借助特殊的句式进行抒情。

在日常生活中，我们都有这样的经验，当一个人把一个动作做一遍的时候，仅仅意味着他要完成一个动作，可是如果把同样一个动作连续重复做几遍，可就没有那么简单了，很有可能是他故意做给别人看的，而在这个“故意做”里，显然就含有情绪发泄的成分。我们试着把这个原理套在抒情上，似乎也成立。请看下面两则例子：

我以这一丛野草，在明与暗，生与死，过去与未来之际，献于友与仇，人与兽，爱者与不爱者之前作证。（鲁迅，《〈野草〉题辞》）

白昼与夜晚的美好，云雀的欢歌，香花与芳草，健美的欢畅，空气的澄鲜，星辰的庄严，阳光的和煦，还有那轻歌与曼舞，淳朴的友情，这一切都是人们渴求不餍的。但是我们却偏偏要去追逐那浊流一般的命运。所以战争能永远终止吗？（高尔斯华绥，《远处的青山》）

我们可以设想一下，“在明与暗，生与死，过去与未来之际”这一句如果只保留“在明与暗”，似乎只是在描述一种状态，而一用整句，作者的情感饱和程度一下就提高了很多，这是因为同样的句式连续运用得越多，情绪积累得越久，抒情效果也越发明显。

当然，不仅整句有抒情作用，散句也有。请看下面的例句：

太守谓谁？庐陵欧阳修也。（欧阳修，《醉翁亭记》）

我们在田野上散步：我，我的母亲，我的妻子和儿子。（莫怀戚，《散步》）

这两段话，从内容来看，都是不折不扣的叙述，可是我们却能从文中感受到浓烈的情绪。这种情绪，主要不是来自描写对象，而是来自句式。这是因为在正常情况下，大家都不会那样说，现在换一种陌生化的句式去说，表达出的情绪基调就不一样了。

当然，以上这些仅仅是提高抒情写作教学的众多方法之一，一次教学活动也不可能穷尽这些方法，关键是要让学生认识提高抒情表达的具体方法，让学生看得见、摸得着，实现写作知识的教学化。

（4）运用工具帮助学生建构写作元认知。

要提高写作教学效果除教师的教法需要改进以外，改善学生的学习方法也很重要。以往学生对写作学习活动没有兴趣，对学习效果心里没底，一个很重要的原因是学生无法对自己的学习做出判断，既不知道自己的水平发展到哪里了，也不知道自己写得好还是差，方法用得对还是错。因此，如果有一种工具，能帮助学生衡量自己在某一项学业内容上的表现，让学生从“没感觉”到“有一点感觉”，再到能控制自己的学习，并逐渐建立起关于检测自己写作活动的元认知，写作教学自然能事半功倍。一个可以借鉴的方法是帮助学生研制关于某一领域的学习手册或水平测试量表，让学生习惯用工具考察、衡量、反思自己的写作状况。

手册和水平量表有很多种层次，有的可以用来衡量一句话的优劣，有的可以用来衡量一篇文章的优劣。以抒情方法的学习和掌握来说，可以考虑采用以下两种工具：

①抒情知识学习手册，以衡量句子为主，即根据课堂学习的知识，整理以往所学课文中或自己的习作中的抒情表现，分析得失，提高能力（见表 5-1）。

表5-1　抒情知识学习手册样式表

抒情要点	例句	修改
感情真诚	正例： 反例：	
恰当自然	正例： 反例：	
呼告运用	正例： 反例：	
句式变化	正例： 反例：	
词语色彩	正例： 反例：	
……	正例： 反例：	

②考察抒情文表达效果，以衡量一篇文章的抒情表现水平为主。

一般来说，一篇好的散文，尤其是抒情散文，从头到尾全是抒情或从头到尾没有一处用抒情的情况是十分少见的，正常的情况是适当地使用抒情，包括解决“哪些地方有抒情，哪些地方还可以用抒情”等问题。用如下量表，可以找出所学文章或习作里的抒情句、抒情段落，并分析文章在抒情方面的得失（见表 5-2）：

表5-2　课文抒情部分分析表

结构	抒情的语句	需要抒情吗	效果
第一层			
第二层			
第三层			
……			

这样，通过长期学习，可以在一定程度上帮助学生逐渐发展关于习作的元认知。

第四节 怎样教议论

议论文是运用材料和证据来证明自己的说法成立并使人信服的文章。在议论文写作中，如何才能达到上述目的呢？可用的方法和途径当然有许多种，比如在文章中依次回答“是什么”、“为什么”和“怎么样”，形成三段论式结构，使文章思路清晰；用“正反论证”的方法，使得自己的结论更有说服力；用将事实与理论“叙议结合”的方法，提高文章的感染力。这些都是行之有效的方法。不过，以上这些方法的运用，都要建立在对相关概念的运用之上，因为，议论文写作所依赖的核心能力是人的逻辑思维能力，即议论文写作主要是运用概念、判断和推理来证明观点。因此，要从根本上提高议论文的写作能力，学生就不能不知道概念与议论文的相关知识，不能不了解议论文写作在概念界定、概念表述及概念运用等方面的基本要求。

一、对议论的基本认识

（一）议论中概念的界定与使用

1. 核心概念界定要明晰。

概念是构成议论的基本要素之一，对论题所涉及的概念进行有效界定是写好议论文的前提，例如2013年上海高考作文题讨论“重要”与“更重要”，2014年上海高考作文题讨论穿越沙漠的“自由”与“不自由”，2015年上海高考作文题讨论“坚硬的东西”“柔软的东西”“心灵的和谐”，考生写作时都需要先界定什么是“重要”与“更重要”，什么是“自由”与“不自由”等，否则就无法提出清晰的论点并确定具体的论证思路。可见核心概念界定对议论文写作的重要性。在紧张的考场上如何界定作文的核心概念呢？下面几种方法可以尝试。

（1）从概念基本义出发，描述它的具体使用情景。

开篇明确核心概念的基本义，紧接着阐述你的独特理解，不失为一种好操作的方法，也是议论文开头一种常见的定式。如2005年上海卷优秀作文《杂——多元、包容、多角度》，其第一段文字如下："'杂'常常和杂乱、繁杂同生，在人们心中就是'杂七杂八''七上八下''脏、乱、差'。我倒不这样认为。可曾听说'杂学'一词？杂，既然能提到学问的角度，可见杂也有杂的妙处。"

有人可能会问：若是碰上题目中有自己不知道的概念，那该怎么办？其实考生不必担心。对高中生来说，一般词语的本义并不难理解。回顾近十年高考的上海卷，乃至全国卷，很少有不能理解的概念。再说，写作时，考生并不需要将这些概念照词典上的定义一字不差地写出来，只需要描述出对它的大体理解即可。2015年上海高考作文题是关于"坚硬的东西"与"柔软的东西"造就"和谐的自我"这一话题，其中"坚硬""柔软""和谐"三个词语都不难理解，考生可以直接写出对这三者的理解。如某考生这样界定"柔软的东西"："在一个人身上柔软往往会表现出温和、善良、富有同情心等，而坚硬则会表现为勇敢、果决、有毅力等。"这就很明确，读者（阅卷老师）一下子就明白了文章的主要论点是什么。

（2）有多种含义的概念，考生可阐述自己对它的独特理解。

高考作文题往往有一定的开放性，许多时候，其开放性可通过题目中的概念来实现，即题目中的核心概念可以从多个角度加以理解，从而产生见仁见智的效果。例如2011年上海卷的"他们"，指向比较宽泛，既可以是具体的，也可以是抽象的，既能指向正面的人群，也可以指向负面的形象；只要是某一群体即可成为"他们"，考生写作时开篇就需要聚焦想表达的内容。

对于有多种理解的概念，很容易出现"似是而非"的看法，这就需要写作者对此进行区分。如上面所举的习作就有："当然也可能柔软进一步弱化为懦，坚硬进一步强化为暴。"语文教材中的《简笔与繁笔》是一篇文艺随笔，属于议论类文章，该文就有关于简笔与繁笔不同情况的区分——"字面上的简不等于精练，艺术表现上的繁笔，也有别于通常所说的'啰唆'"。

（3）澄清一些人对概念的误解，考生要明确自己对概念的正解。

写作议论文的一个关键原因就是社会上存在一些需要讨论的问题，需要针对这些问题提出合理的建议。所以写作时需要对不合理的说法进行梳理，将一些错误的见解澄清，进而提出自己的看法。

针对如何对待外来文化，每个时代几乎都存在误区，《拿来主义》一文中鲁迅在概念界定上做了不少文章。他对在对外交往方面很多似是而非的观念和做法，如从不知的“闭关主义”、不问结果的“送去主义”、一厢情愿的“礼尚往来”，到后患无穷的“被送来”，一一做了解剖和否定，最后表明了对“拿来主义”这一主张的正确理解：对待外来文化应有勇气，能辨别，敢创新。

2. 同一个概念在前后文中意思要一致。

提出一个论点或者分论点，有时需要进行论证。在展开阐述时，很多学生的文章会让人觉得散乱不定，甚至不知所云，其症结很可能就在于概念运用不恰当。下面是某校高三学生习作中的一个片段，从中能看出学生在概念使用方面的某些问题：

我期望一个未来，盛世风流。

已经许多年没有传世的经典诞生了。遥望中国历史，我们仍记得那些各领风骚数百年的风流才子，诗经婉婉，是一代人对爱情、对梦想的追逐，不论过去多少时光，仍然纯洁如昔；周公吐哺，换得天下归心；翩翩洛神，回眸一笑倾国倾城，建安风情与世长存；于我之后，《广陵散》绝唱天下，缭绕至今。鲁迅先生写作以救国，王小波笔下真性情，莫言对小说问题的坚持……他们是文坛的骄傲。

这段文字中，分论点中用的概念是“盛世风流”，具体阐述时依次运用的概念是“传世的经典”“风流才子”“诗经”“周公”“洛神”“《广陵散》”“鲁迅先生”“王小波”“莫言”“文坛的骄傲”。梳理到一起，就可以发现“传世的经典”与分论点中的“盛世风流”有很大距离。展开论述时学生以“遥望中国历史，我们仍记得那些各领风骚数百年的风流才子”这一句领起一段论证，看似很漂亮的语言，实际上“风流才子”统不起“诗经”“周公”“洛神”“《广陵散》”这些内容，逻辑非常混乱。

修改这类作文并不难，首先当然是界定分论点中的重要概念“盛世风流”是什么意思，然后列举一些代表“盛世”的景象，如汉、唐的大国气度，又如宋、明的精致的市井。“盛世风流”不是指某一个人、某一本书，而是针对一个朝代或者至少是一个朝代的某个阶段而言的。想清楚重要概念，展开论证时就不会偏离主题。

有时候一个核心概念在前后文有不同的意思，比如有一篇谈“复制”这一文化现象的文章，从“复制”就是“拷贝”这一本义开始谈，再谈到“机械模仿”，再谈到“抄袭”，四个概念之间缺乏辨析，就造成了行文逻辑的混乱。修改时，如果给出几个清晰的关系词作为指引，如用“有时候”“当前”“在某些人看来”等，逻辑关系就理顺了。

3. 不同层次之间的概念表述要符合逻辑。

一篇议论文中往往会涉及许多概念，这些概念之间存在并列、包含、同一等多种关系。概念之间逻辑次序合理，才可能准确传达出自己的观点，并使人信服。例如弗洛姆在论述人类爱的特点时，分别用“父爱”“母爱”来区分不同的感情，“父爱”表示“你符合我的期待，我才会爱你”的有条件的爱，“母爱”表示“无条件的爱”。“人类的爱”这一核心概念包含了“父爱”和“母爱”这两个并列的亚类概念，“父爱”与“有条件的爱”属于同一关系，它们之间可以相互替代，同样“母爱”与“无条件的爱”也是同一关系。写作者对不同概念之间的关系表述清晰才能让读者明白，否则就会造成信息紊乱，轻者让读者感觉思路跳跃，从而增加阅读理解的困难，重者还会影响文章观点的表达。

4. 重要概念的展开与强化。

概念在议论文中有重要的地位，尤其是其中的核心概念，不仅是一篇文章的中心，对核心概念的展开还可能建构起一篇文章的框架。比如马楠邨的《不求甚解》，其核心概念是“不求甚解”，全文就是围绕核心概念展开论述的：

“不求甚解”的通常意思；

“不求甚解”的另一层意思；

“不求甚解”两种含义的区别；

“我”理解的“不求甚解”的读书观；

“我”赞成“不求甚解”读书观的依据；

要避免走极端的“不求甚解”。

许多中学生刚开始学习写议论文时，对议论文中的概念，在把握和运用能力上都显得普遍比较薄弱，比如有的习作中核心概念仅仅出现一两次，就像硬贴了一个标签一样，与内容没有多少联系；有的是把一个概念在几段中重复几遍，像喊几句口号一样，显得很生硬，也没有多少说服力。因此，教师应把“概念的展开”列为议论文写作教学的重要内容。

议论文写作中，展开概念的方式有好几种，最常用的方法是“下定义”和“做阐释”。下定义就是对一个事物或概念的内在特质做概括，如对“家庭”这一概念，说“家庭是社会生活的基本单位”，抓住了它的本质特征，就属于典型的“下定义”。做阐释是对事物的主要特征、成分、功能等进行解释和描述，如同样是“家庭”这一概念，说“家庭是经济生活的组织单位，人的许多与生存发展有关的活动通常都是由家庭为主的来组织；家庭是最重要的情感交流场所，子女有多少心里话都可以跟父母谈；家庭还担负着重要的社会教育功能，大部分品德教育都是在家庭里完成的”，这样的文字就是阐释。

不过，对中学生来说，给一个概念下定义和做阐释都是比较难的，尤其是针对一些比较陌生的概念。而用类比或比较的方法将一个概念展开，对他们来说操作起来可能会更容易些。还以“家庭”这一概念为例，说“车辆没有车库的保护就容易锈蚀，幼鸟离开了它的窝就很难生存”，可以生动形象地展开“家”的概念。

界定核心概念的方法有下定义、做阐释，但是这两种方法都比较难，尤其是在高考考场上，接触到的作文题未必是自己深思熟虑过的问题。那就可以考虑运用类比或做比较的方法，这也是很多同学比较擅长的方法。

此外，用具体事例描述核心概念的内涵也是一种不错的方法。如《刚柔并济，造就和谐自我》一文中作者写道：

人心之柔软，可以是对凶顽的宽容，对世间的博爱，是任何时候无法被冰封的温暖。是特蕾莎修女给予流浪汉的拥抱，是南丁格尔提灯时的微笑，是《夜空中最亮的星》中所祈祷的“拥有一颗透明的心灵和会流泪的眼睛”。

作者列举三个事例来阐述“人心之柔软”的表现，换一个角度来说，就是通过摆事实来让读者感受、理解论点。

用具体的物品、场景比喻核心概念。上例文章的作者同样运用了这一方法，他通过引用名人名言中的“猛虎”“蔷薇”来将“坚硬的东西”“柔软的东西”具体化。具体文字如下：

正如英国诗人西格里夫·萨松在诗中写道：“心有猛虎，细嗅蔷薇。”我想，无论猛虎，是在需要勇敢的时候迎难而上，还是在蔷薇盛开的时候迷醉芬芳，都是我们造就和谐自我所需要的两种品质。

还可以用同义词、近义词替代核心概念。还是举上例文章的结尾一段：

心硬如钢便不可摧，刚毅冷峻，坚硬如斯，所向披靡，心软若柔则亦欣然，不失温柔，不畏凶顽，不曾软弱。亦刚亦柔，和谐人生，刚柔并济，两番精彩！

作者将“坚硬”先后表述为“心硬”“刚毅冷峻”“刚”等，“柔软”也有多种表述，表现了这位小作者在概念展开方面的能力。

议论文写作水平直接与观点中概念的使用情况有关，做到概念内涵与外延的界定清晰，不同的概念之间的关系合乎逻辑，运用不同的方法反复强调核心概念，加深读者对其理解，这样的文章也就能做到观点清晰、论证严谨了。

（二）议论中的事实与观点

用事实证明观点是议论文中常用的论证方法，也是相对容易学习和掌握的方法。不过，许多学生尽管明白“事实胜于雄辩”的道理，知道用事实证明观点的重要性，却未必会恰当地运用事实来论证，自然也影响了文章的说服力。这是因为，同样被称为事实的材料，其实存在许多细微的差别，只有清楚这些差别，才有可能用好它。写作中，我们不妨从以下三个方面来考虑。

1. 能区分事实和观点。

能区分事实与观点（包括看法、主张）是运用事实论据证明观点的前提，这似乎是一件小儿科的事情，可实际情况并非如此。笔者曾经在课堂上做过一个试验：让学生说说对上海的印象，比如上海的饭菜好吃吗？当然有的回答好吃，有的回答不好吃。笔者再请说不好吃的学生列举几条事实来证明自己的观点，有人说“上海菜都是甜的”，有人说“上海菜分量很少”。显然，这些都是观点，并不是事实。其实，类似这样的生活中的论证，在作文中也非常普遍，比如为了证明“我们班学习风气好”，会有同学用“我们班纪律好”“我们班同学学习认真”来证明。其实，这两句话本身都是观点，都需要用事实来证明。

如何区分事实和观点或看法呢？斯特拉·科特雷尔在《批判性思维训练手册》一书中有这样的界定："事实是可以通过经历、直接观察、测试或与证据比较来检查和证明的信息"，而"看法是被认为是真，但没有证明或充分证据的观念。看法可能是一个人或很多人的观点，即使是和证据相矛盾的"[1]。

由此可以看出，事实是客观的、无须证明的，它描述的是事物的属性、特征，比如姓名、性别、地点、日期、科学数据、新闻事件等。事实的陈述多使用有确切词义的字词，如"长江边""圆形""东海""木质"等，多运用客观性的句子来描述，如"上海是一座滨海城市""唐诗以后，有宋词、元曲与明清小说"。观点是主观的、需要证明的，必须通过说理、讨论才能确认，包括个人看法、判断、信念，带有情感态度和价值观的评价等。人们一般用评价性的语句来表达观点，如"美好""丑陋""优秀""糊涂""简洁"等词语，"上海是一座发达城市""中国是诗的国度"等句子。观点表达往往都有个体所处的立场或出发点。

我们看这样一段文字："每一年，我们都看见成千上万的儿童走进学校，开始学写字母，拼读音节。我们总发现多数儿童很快就把会阅读当成自然而无足轻重的事，只有少数儿童年复一年，十年又十年地对学校给予自己的这把金钥匙感到惊讶和痴迷，并不断加以使用。"第一句话是一个无须证明的事实，世界上从家庭、幼儿园走向小学开始学校生活的儿童成千上万。但第二句是不是事实呢？首先，"我们总发现"这样的表述要被读者追问："我们"是谁？怎么发现的？是抽样调查还是学业统计？都没有说。其次，这一句中的"多数儿童"和"只有少数儿童"这样的表述也比较含糊，说服力不强。还有"很快"也有让人疑惑之处，多久算是"很快"？"多数儿童很快就把会阅读当成自然而无足轻重的事……"都是一个个观点，如果没有证据证明这些观点，说服力就有限。

下面一组句子来自南京市金陵中学河西分校的官网，我们可以尝试

[1] 斯特拉·科特雷尔.批判性思维训练手册[M].李天竹，译.北京：北京大学出版社，2012：184.

判断其中哪些是事实，哪些是观点：

1. 南京市金陵中学河西分校建校于 2003 年，由金陵中学和南京市河西新城国资集团共同创建。（事实）

2. 学校地处河西新城中心，占地 230 亩，目前拥有小学部、初中部、高中部和国际部，教职工 560 人，在校学生 5500 多人。（事实）

3. 秉承金陵中学百年办学文化，以“诚真勤仁”为校训，既关注学生的学业成就，更关注学生未来幸福生活的能力。（观点）

4. 金陵中学河西分校的校园，大气开阔，秀美典雅，文化浓厚。（观点）

5. 学校建有创新实验室、图艺楼、体育馆、图书馆等现代建筑。（事实）

6. 校园里的多个文化景点、绿色长廊（事实），是休息、散步的好地方（观点）。

7. 学校建有两幢宿舍楼，能容纳 3000 人住校（事实）。学生宿舍明净整洁，文化布置充满创意（观点）。

显然，上述句子借事实传递给读者的说服力是有效的，观点则会引发读者的进一步追问。如果一名学生要选择适合自己学习的学校，他可能更愿意看更多的事实。

事实无关对错与好坏，无关陈述者的立场与情感；而观点一般都会有支持与反对的声音，尤其是立场鲜明的观点，如“上海是一座很文明的城市”“华东师大二附中是一所很受欢迎的学校”。有些事实很容易验证，如“华东师大二附中是一所高中”“《史记》全书 130 篇”；有些事实需要花时间和精力才能验证，如“华东师大二附中的学生获得世界级的荣誉有 ×× 项”中的“×× 项”，“《史记》记载了从上古传说中的黄帝时期，到汉武帝元狩元年，长达 3000 多年的历史”中的“3000 多年”到底是多少年，这些事实验证就需要比较多的考证，有的一时还很难考证；也有一些事实以现在的科技等无法验证，如司马迁著《史记》的史料处理情况。选择那些显而易见的、大家信服的事实来证明观点，说服力就强。

2. 能判断证明观点的事实是否可靠。

用可靠的事实证明观点才有说服力，判断事实可靠与否可以参考下面的途径：

（1）借助事实的来源辨别事实的可靠性。

来自辞典、百科全书等工具书的数据、事件等事实的可靠性一般比较高。当然，现在出版的工具书也很多，因此要看这些工具书的版本，考察它的编写队伍、出版机构等。此外，像《现代汉语词典》已经修订到第七版，如果所举的事实来自很老的版本，说服力可能就会打折扣。政府发布的权威信息，权威机构发布的调查报告提供的事实，有影响力的研究机构或学术专家等提供的事实等也有较强的可靠性。经过时间检验的经典著作里的事实可靠性也较强。

大众媒体发布的事实的可靠性需要审议，可以一看媒体的信誉，二看该事实的信息来源，三看这些事实陈述是否有明显的立场偏向。相比较，网络上的事实信息的可靠性要更低一些，因为信息来源复杂，有的属于匿名发布，不能确定发布者。同样是网络上的信息，可靠性也有差异。官网的信息可靠性较高，如“截至 2014 年，华东师大二附中张江校区，占地面积 150 亩，总建筑面积 52000 平方米”出自某搜索网站，而“华东师大二附中位于浦东新区张江高科技园区内，投资 2.25 亿人民币，征地 150 亩，总建筑面积 52000 平方米”则来自华东师大二附中官网，后者就可信得多。

（2）从事实内部的一致性判断其可靠性。

事物之间是相互联系的，不同事物之间或同一事物中不同构成要素之间，在特定环境或条件下，会组成相互影响、相互制约的固定关系。比如“刚下过雨”和“地上是湿的”，“他刚取过钱”和“他银行的存款减少了”，“现场有他的指纹”和“他来过这里”，这三对现象都符合事物的关联关系；相反，“下雨”和“地上干”，“取过钱”和“存款增加”，“他不在现场”和“他是凶手”等现象就不符合关联关系。有时候，我们把相互关联的几件事、一组数据或同一件事中的若干细节放在一起考虑，就有可能判断这些材料是否可靠、是不是事实。

（3）从信息的陈述方式辨别事实的可靠性。

有的事实在陈述时，数据、时间、地点等含糊不清，这就给读者留下疑问。不少学生喜欢用统计数据作为事实论据，的确，统计数据一般比较精确，在论证中有较好的说服力。但是对于统计数据，也需要问一问：

统计机构是什么？这个机构可靠吗？选择的样本数量代表性如何？这个统计结果发布多长时间了？统计结果中涉及的一些重要因素发生变化了吗？

（4）借助史实、常识等判断事实的可靠性。

有些学生陈述名人的事迹、历史事件等事实论据时比较随意，对具体细节等记忆模糊甚至张冠李戴。阅读、写作时要借助常识等核查事实论据的真实性。某学生习作中的一段文字如下：

世上本没有完美的东西，人生也是如此。没有人能理直气壮地宣布自己拥有完美的人生。托尔斯泰的家庭是不完美的，晚年时更沦落到露宿街头的境地。然而凭着对生活的热爱和希望以及对磨难的豁达，托尔斯泰终于成为完美的人文大师，写下了一部部不朽篇章。

其中关于托尔斯泰“晚年时更沦落到露宿街头的境地”不符合他的生活实际，将托尔斯泰离家出走改写为潦倒不堪，虽然这段文字中其他细节基本属实，但是整体可信度还是很低的。

3. 能选择合宜的事实论据证明观点，并恰当表述。

在区分事实与观点、辨析事实的可靠性的基础上，我们还需要选择合宜的事实来证明观点。合宜，是很高的要求，首先体现在事实论据隐含的道理与观点是一致的；其次是选择典型的事实论据来证明观点，典型的论据可以考虑这些事实论据所代表的时间、空间、专业领域等因素，更关键的是事实论据各自的侧重点在证明论点上能否相辅相成；最后是选择一定数量的事实论据，至于多少数量合宜，既要看这些论据的代表性，也要看事实论据表述的方式等。

陈述事实一定要详略得当。具体来说，一是简明，叙述事实是为议论服务的，主宾关系要清晰；二是有所侧重，有所侧重才能有针对性，为了使事实的关键信息与观点一致，有时需要调整叙述的重心；三是事实的局部与观点一致，但若总的价值取向与当下的价值观不一致，则需要删除这类事实论据。陈述事实论据时，宜运用描述性的词语，力求传递真实的信息。

当然，不是所有的议论文写作都需要运用事实论据论证观点的，但是，一旦我们运用事实证明观点，还是要问一问自己以下四个问题：（1）我能区分事实与观点吗？（2）我使用的事实可靠吗？（3）我选择的事实论据合宜吗？（4）我表述事实论据得当吗？反思、核查、修改，这样反复训练若干次，运用事实论据证明观点的能力也就能有所提高了。

（三）论据的选择与运用

运用论据论证观点是议论文中常用的论证方法。论据选得好，用得恰当，议论就更有说服力。教学中，应引导学生反思自己对论据的使用，分析自己作文中的论据是否合适，这是议论文写作教学的一项重要内容。

1. 反思自己选用论据的相关情况。

论据就是证明论点的材料、依据，有事实论据和理论论据两种。事实论据又可以分为史实、社会现象、统计数字和亲身经历等，理论论据包括前人的学说、主张，名言警句，谚语俗语，定理公式等。

教学时，教师可以引导学生回忆自己写作议论文的经历，试着回答下列问题：

（1）你用过哪些类型的论据？你更喜欢运用哪一类论据？为什么？

提示：初写议论文的学生往往喜欢运用事实论据，当然，也有学生不用事实论据，而是展开比较多的分析，进行说理。反思自己运用论据的经历，有助于学生调整自己习惯的做法，自觉、合理地运用论据来更好地说理。

（2）有同学反映，寻找、积累论据很费时间。请再回想一下，说说你的论据一般可以从哪些地方获得。

提示：首先学过的课文（从小学到现在）是我们获得论据的便捷途径，其次是大家平时阅读的书籍报刊上的相关信息，还有平时做的读书笔记、随笔等。此外，练习卷上的阅读材料，也可以随时积累。有些学生为寻找论据专门去看“论据大全”一类书籍，这样反而事倍功半。

（3）有不少同学不愁自己的论据积累，可是用论据论证观点时，往往会被老师批评为“以叙代议”。你了解的“以叙代议”是怎么回事？用几句话描述一下吧。

提示：论据的叙述一般要简洁，针对观点简明扼要地交代即可。叙述论据之后，必须有相应的文字对论据进行分析，这个分析的过程就是展开论据与论点之间关联的过程，也就是论证的过程。当然，有些学生喜欢边叙述论据边展开分析，这也是一种办法。

2. 了解运用论据的基本要求。

论据是用来支持论点的，论据的合理与否决定了论证是否有说服力。组织学生根据自己的习作，对照下列几点要求，判断、分析自己运用论据的能力是否基本合格。

（1）论据必须是确凿无疑的，不要编造论据。无论是理论论据还是事实论据，首先必须是确凿的而不是歪曲的，这是使用论据的第一要义。如果使用虚假的论据，会令读者怀疑论证的严密性，进而怀疑论点的正确性。论据确凿，要求我们引用论据时不能主观臆造事实，不能避重就轻、有选择地叙述事实，不能断章取义。

（2）只有典型的论据才能有力地证明论点。论据的典型首先是指论据和论点有必然联系，论据必须能论证论点；其次，论据的典型还指论据有足够的代表性，选用两个或者两个以上的论据需要考虑这些论据能否从不同角度论证论点，如从不同时代、不同地域、不同社会成员等角度考虑，看这些论据是否具有普遍特点和一般特征。

（3）要注意那些支持与自己论点相反的观点的论据。在一个问题上，正方可以举出许多有利的证据来证明观点，同样，反方也能找出利于自己的证据，得出与正方完全不同的结论。因此，在论证中，如何面对不利于自己观点的看法及证据，是不可避免的问题。思考时，可以将同一个话题上持不同观点的两个小组所列举的证据进行互换，冷静、细心地思考反方陈述的证据，看看哪些证据对自己的观点是最有威胁的；反思自己的观点及论证，吸收反方的合理因素，修正自己的观点，调整论证，使立论更加稳妥，论证更加完善。

当然，许多分歧是控制因素不确定造成的。例如对“开卷有益”这个观点，可以举高尔基通过自学改变命运为证据，别人也可以举读书有害的孔乙己为反例，双方的逻辑都没有矛盾，但结论却相反，原因在于在“读书”与“有益”之间，还有“读什么书”“怎样读书”“人的自身条件”“时代背景影响”等不可控因素，或者说，读书只是有益的或然条件（指可能的影响因素，与结果不是必然的联系），不是必然条件，更不是唯一的条件。所以，在运用论据论证论点时，也要注意论点表述应严密。

做到上面的第一、第二点，运用论据的能力就属于合格水平了，能做到第三点，那就很不错了。

3. 合理使用论据需要注意的事项。

用哪些论据会更好？事实论据应该详细到怎样的程度呢？使用多少论据才合适？这些问题常常困惑着许多学生。实际上，使用与处理论据也有一些窍门。注意下列事项，运用论据的能力才有可能达到良好，甚至优秀。

（1）论据的质量比论据的数量更重要。兵多将广固然是一种取胜之道，但是精锐部队以一抵十，更令人敬畏。课堂作文往往是在有限的时间内用有限的篇幅快速完成的，使用高质量的论据会取得以少胜多的效果。哪些论据更有说服力，可以参考下面的说法。

• 一般来说，人类对许多事物有一致的看法，因此，经过生活检验的常识、公理、定理、名言有利于证明观点。

• 人们普遍有服从权威的心理，因此，列举名人、权威的观点及名人名言，能增加证据的影响力和说服力。

• 人们普遍对科学有一种崇拜心理，采用与你的观点一致的调查统计数据、科学实验结果，尤其是最新的科技发明，往往会对证明观点有利。

• 人们普遍容易被形象的、生动的故事所打动，有时，描述一段生动的情节，用一些有趣的事例进行类比，能提高表达效果。

• 历史上有名的事件，最新发生的事件，会增加你的论证砝码。

• 不要举太常见的事例，适当陌生化的论据会有利于证明你的观点。

• 可以从正反两方面列举材料，这样更加有说服力。

（2）运用事实论据时，其详略程度要看该论据是否新颖。如果是鲜为人知的典型论据，不要过于简化，可以比较详细地叙述该事实；相反，如果是众所周知的事实，简明交代即可。

（3）事实论据不是万能的。任何一个命题几乎都有特例，大多数事件等事实论据都可能从另一个方面来解读。因此，选用事实论据要注意它的内涵。

（4）使用论据的种类和数量取决于写作目的和读者的需要。写一篇议论文，不可能面对全人类，只能面对有限的读者对象。为了说服这一类读者，就需要考虑他们的情感、态度、价值观等，考虑他们的接受心理与接受能力，进而选用针对性强的论据。论据的数量并不是多多益善，应提供最有利的论据，并根据文章篇幅决定提供多少论据。

二、议论教学案例：议论文写作中核心概念的展开

议论能力是高三写作训练的重点。应该说，经过高一、高二两年的读写训练，大多数学生已经具备了一定的写议论文的能力，如提出一个明确的观点并围绕这一观点进行论证，可不少学生的作文看上去虽然篇幅不短，段落也不少，但总是不断地重复题目或者论点中的一两个关键词，绕来绕去，自然难得好评。

解决这一问题的方法之一是教会学生把文章中的核心概念加以阐释，适当展开。一篇文章中往往有一两个词语对全文的思路起到统领作用，它一般会出现在主要观点中，我们不妨称其为“核心概念”。例如《中国人失去自信力了吗》中的“自信力”，《谈骨气》中的“骨气”，《孩子与父母之间的爱》中的“爱”，如果能在这些核心概念上有效地展开，那么议论文的成功就有了很大的保证。

下面这则教学案例是笔者在合肥市第八中学的实践探索。这节课借助两篇学生习作的分析修改，指导学生如何展开议论文的核心概念，从而提高文章的感染力和说服力。这是一节高三议论文写作讲评课，讲评合肥市第二次模拟考试的作文。这节课有三个环节：

1. 请学生为三篇作文打分，通过比较，懂得仅有好的观点而没有将这一观点有效展开是不能得到高分的。

2. 研读一篇学生习作《小爱拼凑成大爱》，寻找展开核心概念、提高议论能力的窍门。该文观点比较普通，却得到比较高的分数（53 分，满分为 60 分），主要原因就是作者能够将观点通过一些技巧和策略展开论证，体现了较高的说服力。

3. 统计另一名学生的习作《为爱留一方净土》中展开“爱”和“净土”这两个核心概念的次数与方式，引导学生发现该习作在核心概念展开上存在的不足，并以小组为单位选择其中一段进行修改。

课后作业是要求学生对自己的作文做统计分析，反思自己在议论文

写作中在展开核心概念方面做得如何，然后针对问题进行修改。

下面呈现的是教学过程的第二个环节。学生习作《小爱拼凑成大爱》的前三段文字如下：

“我只是一个普通人，我能做的不过是为他们送上一件袄子的温暖。这样，我就能感受到手心间人性的温暖。”这是青岛微尘小组成员的一句话。他用朴实的行动道出一个真理：小爱拼凑出的是一份大爱。

美国留学生的薯条是对弱者朴素的关怀，但他体现的是人性悲悯之心；撑伞的小姑娘的坚持是对弱者单纯的关切，但她撑起的是暴雨中浇熄不灭的爱心。大爱、道德、最美等不是以山的姿态从天而降的，而是以溪流般的小爱汇聚而出的。

小爱中蕴含的是不变的大爱。因为哲学上有一句名言“量变引起质变”。古语上也说“不积小流，无以成江海”。还记得大地震后有一个小女孩为灾区人民祈福，用512个爱心纸片拼出一份中国地图。一份爱心拼凑出的情感，一件件小捐助汇聚成的海洋，最后完成了赈灾的壮举。如今展望映秀小镇，一座座安居房屋，在青山掩映、绿水排列中环绕着，列出灾后人民的恢复。谁敢否定今天的幸福来自当年的点点小爱？所以说小爱虽然如个人般渺小，但其中蕴含的人性光辉是不可改变的。那是人类的本性。本性使我们小爱构筑大爱人间。

师：这个题目是什么啊？

生：小爱拼凑成大爱。

师：那么可以从文章题目中看出核心概念的是哪两个词？

生：小爱。

师：小爱！还有一个——

生：大爱。

师：大家要把标题中的这两个词语用红色笔圈一下啊。注意，这篇文章开始两段，有没有非常明确地对“小爱”和“大爱”这两个概念有一些体现啊？来，第一段是怎么说的？一起来。

生：小爱拼凑出的是一份大爱。

师：对，直接提到“大爱”“小爱”。第一段跟“小爱”有关的表述还有吗，同学们？

生：有。

师：有哪些？

（学生自由发表意见）

师：第一个表述你觉得一看就是“小爱”的是哪个？

生：普通人。

师：普通人。（板书：普通人）更直接的是什么啊？

生：一件袄子的温暖。

师：一件袄子的温暖。（板书：一件袄子的温暖）这是“小爱”，第一段。第一段跟“小爱”有关的表述还有没有？

生：微尘小组。

师：“微尘小组”，一看就有什么特点啊？

生：小。

师：不管“微尘小组”做哪些事情，总归是一个什么啊？小爱。（板书：微尘小组）还有没有？

生：朴实的行动。

师：朴实的行动。（板书：朴实的行动）不是惊天动地的，也往往与小相连。那么有没有跟“大爱”有关的呢，同学们？（在“普通人、一件袄子的温暖、微尘小组、朴实的行动”上方板书：小爱）

生：人性的温暖。

师：（板书：人性的温暖）好。大家再来看第二段、第三段。（指着板书）用两种不同颜色的笔来圈，“大爱”和“小爱”，（指着板书）圈类似这些表达的词语，好吗？或者用两种不同的符号也可以，如果你只有一种颜色的笔。

（学生独立圈画作文，教师巡视）

师：一起来说说看吧。第二段与“小爱”有关的表达有什么啊？

生：留学生的薯条。

师：第一句的分号前面还有没有？

生：朴素的关怀。

师：好，你们讲，我写，好不好？（板书：留学生的薯条）“留学生的薯条”，最好写上“美国留学生”。（板书：朴素的关怀）还有吗？

生：撑伞的小姑娘。

师：(板书：撑伞的小姑娘）后面有什么啊？——“单纯的关切”。(板书：单纯的关切）还有吗？

生：溪流般的小爱。

师：溪流般的小爱。(板书：溪流般的小爱）关于“大爱”的表述这一段有没有？

生：人性悲悯之心。

师：人性的悲悯。(板书：人性的悲悯）怎么看出是大爱呢？

生：不是对一个人的。

师：很有道理。前面的“人性的温暖”也一样，站在人类、人性的高度了。找到依据，后面就好办了吧？

生：暴雨中浇熄不灭的爱心。

师：“暴雨中浇熄不灭的爱心”，我写得少一点啊，偷懒一下（笑），你们最好要写得多一点啊，画得全一点。(板书：浇熄不灭的爱心）还有没有啊？

生：山的姿态。

师：(板书：山的姿态）“山的姿态”，还有吗？

(学生自由回答：大爱，最美……)

师：对啊，大美大爱无言，像山一样。还有呢？“道德”，还有呢？（生答“最美”）按这个思路继续圈，会了吧？我们就不再往下圈了，可以吗？

师：我们下面要做一个思考。(指着板书）你看这位同学多聪明啊，比如他写“大爱”，有的是直接用“大爱”这个关键词，看到没有？（在板书“大爱”下画线）但这几段中只有三处。其他地方他是用什么手段来表示这个关键词的？

生：具体。

师：“具体”，怎么个“具体”法？

(学生小声讨论)

师：除了重复关键词。(板书：1. 重复关键词）这个办法最简单，但是不能老用。(笑）老用有点像祥林嫂是吧？说来说去都是“大爱”“小爱”“大爱”“小爱”，看了好烦哦。还有什么办法？“具体”，“具体”是

很好的，怎么“具体”？（板书：2. 具体）

（学生各抒己见）

师：来，谁来说说看？后排的，有没有同学，那边，站起来说吧，否则我听不清楚。女孩子，倒数第三排。来，说说看。

生：采用具体的小事情来写，能写得好。

师：“微尘”“薯条”都是一些什么啊？“撑伞”是什么啊？（在提到的关键词下方画线）

生：事例。

师：（板书：事例）或者是一些事例中的？

生：细节。

师：（板书：细节）还有具体的方法吗？（指着板书）看下面。

生：比喻。

师：比喻。例如，（指着板书）“溪流般的”，是不是？（板书：比喻）用比喻也能具体。（指着板书）还有吗？呐，“山的姿态”肯定是比喻啊。（在“山的姿态”和“溪流般的小爱”下方画波浪线）还有呢？（指着板书）“朴素的关怀”“单纯的关切”“人性的悲悯”“人性的温暖”这样的表述，属于什么方式啊？

生：（低声）抽象化。

师：（笑）抽象化？

生：（低声）下定义。

师：下定义好像还不是最准确，但有点意思了，也就是对这个概念进行——

生：诠释。

师：诠释，我觉得“诠释”比“下定义”好一点啊。很好，请坐。（板书：3. 诠释）啊，你们都不做笔记啊，既不画也不记。

（学生迅速拿出笔记本记录）

师：诠释某一个词的内涵，大体接近就行，可以不是很严谨，对不对？这是什么啊？（在板书“道德”“最美”下方做三角记号）比如“道德”“最美”，在这篇文章里，它们跟“大爱”是什么关系啊？（稍作停顿）

生：近义词。

师：近义词！可以这样讲吧？在这里面是不是算是近义的表达？我们不叫近义词啊，（板书：4. 近义表达）近义或者同义的一种表达，也就是换个词。办法很多吧。这样就使单调的、刻板的关键词丰富了，层次增加了。

教师指导学生写议论文，要义之一是关于论点的表达。具体说来有以下几个方面的教学内容：如何根据所给论题或所给材料找到一个符合题意的立论方向，怎样提出立意深刻的论点，在行文中怎样依托论点建构思路，如何用论证去支持论点使其更具有说服力，等等。分析历年的高考作文评价标准可以发现，虽然各省市对作文评价标准的表述方式不尽相同，但是关于议论文的评价有两个重点：一是关于文章中心的，包括“中心突出”“论点明确”等基础等级中的表述，“立意深刻”等发展等级中的表述；二是关于论证逻辑的，包括结构完整、逻辑清晰。

一般来说，中心是否明确、突出，论证是否合乎逻辑，是评价议论文写作水平的几个关键考量因素。美国SAT短文写作的评分标准按照观点与论证、组织结构、措辞、句式、文法等五项要求分为六个等级，在这五项要求中，前两项为评分重点。这与我国高考作文的评价标准基本一致。

但是，对大多数学生来说，观点明确、中心突出、结构清晰的要求未免过于空泛，而在教学中如何帮助学生理解并达到这些要求，教师也往往缺少具体的抓手。

研究一些优秀的议论文或者杂文就会发现，这些文章的中心、观点、思路都与文章中的核心概念有密切关系，也就是说，议论文的中心突出、观点明确、思路清晰常常是通过对文中核心概念的安排和表述来实现的。例如，“拿来”无疑是鲁迅的《拿来主义》这篇杂文的关键概念，鲁迅对“拿来”的处理，明显具有两个特点，一是表述“拿来”的手段丰富多样——“办画展”“演戏剧”“送煤炭”“讨残羹冷炙”“得大宅子”；二是围绕“拿来”组织层次：

- 以前是别人送来的（不是“拿来”的）。
- 现在是我们送出去（没有“拿来”）。
- 我的主张是“自己拿来”（不要送来）。

• 什么是正确的“拿来”：运用脑髓，放出眼光，自己“来拿”。

• 如何“拿来”：占有、挑选、借鉴、创造。

第一个特点使文章具有鲜明的特色和感染力，第二个特点使文章逻辑严密，充满说服力，可谓成功处理核心概念的典型例子。

以此推论，让学生充分认识关键概念在议论文中的价值，知道运用核心概念的要求，学会一些表述核心概念的策略，对提高写议论文的水平无疑能起到实在的帮助。

核心概念往往用一个词或词组来表示，如“小爱拼凑成大爱”中的“大爱”，“登上山头看风景”的“风景”，“该放手时需放手”的“放手”，“没有规矩不成方圆”的“规矩”。这些词语中有的本身就存在多重含义，此外，在不同的学科、人群、语境中，人们对同一个概念的理解也存在许多差异。但是，在一篇议论文中，一个概念一般只能表达一个确切的含义。因此，在议论文中，几乎都需要对核心概念做必要的界定。当然，界定核心概念的方法有很多，在一篇中学生的议论文中，只要使用一种方法完成核心概念的界定就可以了，并不是多多益善。

议论文中的核心概念十分重要，因此，我们常常看到一个核心概念会在一篇议论文中反复出现，对文章的主线、主旨起到强调作用。再以《拿来主义》为例，第二段中作者以否定的方式说，我们的问题是只有送出，没有“拿来”；第五段中正面提出主张，送去之外，还得“拿来”；第八段中强调，不管三七二十一，“拿来”；第十段重申我们要“拿来”。全文多次出现核心概念。古人认为，好文章中的主要概念或观点应做到“一篇之中三致意”，也是这个意思。

但是，反过来说，如果一篇议论文只有一两个词语颠来倒去，也就是一味地在核心概念上重复，就会给人干巴巴地说教或喋喋不休地叫喊的感觉，不仅显得材料贫乏，缺乏表现力，更为严重的是，同一个概念反复过多，还容易限制甚至固化作者的思路，使议论停留在单一、狭窄的层面，难以深入下去。有的学生喜欢用核心概念打头，构成一组排比句式来安排议论文的结构：

• 生命是一种赐予，宇宙中只有地球上存在生命，所以要珍惜生命。

• 生命是无价之宝，每个人的生命只有一次，所以要热爱生命。

• 生命是一种过程，生命之箭一去不回头，所以要好好把握生命。

• 生命是一种传递，生命是父母传递给我们的，所以要把生命传递下去。

其实，这类文章初看文采斐然，细读却觉得很平庸。这篇议论文全文中一共出现了二十多次“生命”，虽然用了一些不同的比喻，但表达的却几乎是同一个意思：生命是宝贵的，应该珍惜生命。若从训练想象力的角度看尚有可取之处，但要说表达独到的情感和思想就谈不上了。

要减少这种核心概念漫篇的不好倾向，不妨学学《小爱拼凑成大爱》这篇学生习作的写法：（1）用具体事例阐释核心概念。该学生习作的开头这样写：“‘我只是一个普通人，我能做的不过是为他们送上一件袄子的温暖。这样，我就能感受到手心间人性的温暖。’这是青岛微尘小组成员的一句话。他用朴实的行动道出一个真理：小爱拼凑出的是一份大爱。”显然，这比直接解释什么是“小爱拼凑成大爱”好多了。（2）用具体的物品、场景比喻核心概念。为了表示“小爱”，习作中用了“美国留学生送薯条”“撑伞的姑娘”“溪流”“纸片地图”，写到的景物场面都不大，物品价值也不高，但轻灵中透出温暖，恰好可以用来替代“小爱”。（3）用同义词、近义词替代核心概念。为了表示“大爱”的内涵，又避免重复，该习作先后用了“人性的温暖”“人性的悲悯之心”“赈灾的壮举”“人性的光辉”等不同的表述，这些说法都没有用“大”或“爱”，但与“大爱”的精神实质又有一定的共性，可以看作“大爱”的同义词或近义词。

从上面的例子及分析可以看出，一篇观点普通的文章，若是核心概念界定得好，便显得中心更加突出；若是核心概念表述得好，便能大大提高文章的表现力和说服力。当然，关于核心概念的要求和写作策略还有一些，譬如以核心概念为主轴组织文章结构，处理核心概念和一般概念的关系，核心概念的内涵在文章中保持前后一致等。当然不仅仅要围绕核心概念做文章，在与写作有关的许多知识点上，如果我们把具体的问题抓住，在教学过程中展开，就可以使写作教学变得更有意义。

第六章　基于文本类型的写作教学内容开发

教学内容不明确是影响教学效果的核心问题之一，而要确定写作教学内容，首先需要理清与文体有关的基本概念。

在写作教学话语中，有几对概念的关系比较微妙，其一是表达方式与文本类型（简称“文体”）。这两个概念的内涵不仅容易混淆，在写作教学中也会存在彼此纠缠的情况。简而言之，表达方式是从作者的表达意愿即目的来分类，文本类型是从最后的表达结果即文章样式进行分类；表达方式是文体类型的技术支撑，文本类型是表达方式的具体运用。一般来说，一种文本类型往往以某一种表达方式的运用为主，但又不限于一种。

对文本类型这一概念，在理解上也容易混淆。因为有时候把文本分成记叙文、说明文、议论文等五大类，有时候又把文本分成诗歌、散文、小说、戏剧、新闻、报告、时事评论、科研论文等类型。其实，前者属于“写作教学话语”，适合学习某种具体的写作技能训练，一般在初中运用较多；而后者则属于“生活交流话语”，适合训练综合运用能力，一般在高中运用较多。但既然以文体为教学组织单位，教学内容就应该突出文体特点，帮助学生掌握某一类文体的写作要点。在本章中，我们以记叙文、诗歌和时事评论等三种文体为例，探讨基于文体特点的教学内容开发和教学实施的具体化。

不过，要掌握一种文体的写作要点，会涉及许多内容，而一次教学活动只能以其中某一个侧面作为教学内容开发的重点，比如从选材的角度切入记叙文写作，从意象与情感内容的关系角度切入诗歌写作教学，从任务设计的角度切入时事评论写作教学，希望能让学生有所收获。

第一节　记叙文的教学

在写作教学话语中，记叙文是以记叙为主要表达方式的一类文体的统称，按内容来说分别有记人、述事、写景、状物。但是，在生活交流话语中，文学文本中的小说、散文、报告文学，应用文本中的新闻报道等，也属于记叙文范围。不管哪一种记叙文，其核心意图是把自己经历的事情、见到的人和物，通过记叙告诉别人，那么这个意图能不能凸显，效果如何，在很大程度上是由文章所要介绍的“事”决定的。因而，选材对一篇记叙文的价值具有决定性作用。

选材不仅与记叙文的核心价值有直接关系，还对记叙文的扣题、结构、立意等产生很大影响，如果选定了比较满意的材料，接下来的写作过程就会顺畅得多。因而选材往往也是初中生写记叙文的第一道难关。

学生在记叙文选材写作中常遇到这种情况：面对题目半天也没有找到合适的材料，写作活动难以推进，凑材料勉强成文成了学生写记叙文的常态之一，从而很容易导致材料偏离题目。有经验的教师会把怎样选择材料作为记叙文写作教学的重要内容。但是，关于选材用材的知识介绍，不少教师谈得较多的是“材料要切题”“材料要真实”“材料要典型”“材料要新颖”“材料要独特”，而材料如何切题等具体的写作策略，语文教师往往语焉不详。

一、记叙文选材教学示例

好的材料要符合什么标准？怎样通过有效训练提高学生的选材用材能力？华东师范大学第二附属中学黄流中学夏侯老师执教的“选材与立意的双向关照”这节课对此做了有针对性的探索，她的做法对帮助我们改进记叙文写作教学有参考价值。下面是夏侯老师的教学思考与教学过程的摘录。

（一）现象描述

我在批阅学生的习作时发现，不少学生所写材料的内容与文章的主题联系不紧密，有的甚至与主题完全脱节。例如，今年的“女生节”前，我布置学生写一篇周记，要求他们围绕3月7日学校开展的“女生节”这一活动完成一篇记叙文。但是，有相当比例的习作所述材料与“女生节”并没有多大关系。比如下面这段题为《女生节即景》的周记片段：

匆匆忙忙地洗漱后，穿上新买的小白鞋，踏上了今天的“旅途”。

屋檐上的小燕子欢快地叫着，枯萎的树干上长出了嫩绿的新芽，鸡蛋花开满枝头，蜜蜂忙着采花蜜，蝴蝶在花丛中舞动着轻盈的身姿，一棵棵小草竞相生长，蚂蚁在草丛中寻觅食物。突然，发现今天的一切都变得好美好，一切的生物都显现得那么勃勃生机。就连空气也那么新鲜，弥漫着一股神秘的味道。

太阳从天边升起，一束束光线折射在大地上，天边那鸡蛋黄般的云朵，给天空增添了一种神秘感。在路上，感觉一切生物都心存欢喜。结伴同行的高冷女神，也显现出灿烂的笑容。

乍读这篇习作，觉得小作者观察细腻、描写生动，语言表达也不差，但是，她所描写的内容与教师布置的写作要求之间并没有多少关联。这次习作练习虽然不是命题作文，但写作要求中仍然隐含着一些规定性的信息，比如关于时间的信息——三月初，关于地点的信息——最好是发生在校园范围之内，关于人和事件的信息——应该写与“女生节”有关的见闻、经历或感想。但是，这篇习作所描写的内容不是典型的校园景象，而是一般的景物和女孩的思绪。还有的学生习作写自己与父母的矛盾，写同学之间的日常交往，与题意都关联不大。这类问题是学生记叙文中的通病。

（二）问题分析

造成上述“主题与内容不一致”现象的原因比较复杂，可能是学生的思维品质不理想，也可能是学生积累的素材很少，就把能用的材料凑到一起，还有可能是学生的写作策略有限。从学生的表现可以看出他们对材料内涵的理解比较狭窄，对材料与题旨关系的理解比较笼统，没有形成写作中材料要紧扣题旨的意识。这与教师平时缺乏选材方面的教学有关，有的老师虽然教了如何选材，但是指导得比较空泛，缺乏具体明确的选材组材的方法指导。

（三）实验汇报

鉴于对以上问题的思考，我专门设计了一次针对性的写作训练，目的是让学生知道一个题目中可能隐含的规定性信息，这些信息对选材有什么参考意义；反过来说，一则材料（事件、情节、景物）中可能存在着不同的侧面，在处理材料时应根据题目意图有所侧重地描写或记叙，以体现材料的价值。主要教学活动简述如下：

活动一：赏析摄影作品，感知材料与主题的对应。

出示国际摄影获奖冠军作品，让学生评价作品名称与内容的匹配度。

师：同学们，这是2010年国际花园摄影大赛的获奖作品。大家先欣赏作品，再看一看作品的名称——《捕获美的瞬间》《秋天的旋律》《伪装》《伊甸园之雪》。结合作品内容说说你对这些作品名称的思考。

生1：喜欢《伪装》这个作品，那只色彩鲜艳的小鸟站在有着同样色彩的树叶和花朵中，周围的环境就像是它天然的伪装，不仔细看还发现不了。

生2：《伊甸园之雪》很恰当，大雪覆盖的景象，很纯净。

生3：《秋天的旋律》也很美，感觉是用音乐来描述季节，画面上树叶在天空排列着，有的飘落枯萎，有的像枫叶一样鲜红，有生命之感。

生4：《捕获美的瞬间》这个名字不好，还是冠军呢，照片美极了，朦朦胧胧的，可名字却一点也不诗意。

师：那你给它改个名字会是什么？其他同学也可以改改看。

生4：《梦吧》，像梦一样，《寻梦》也行。

生5：不恰当，拍的是清晨看到的花园景象，能不能叫《晨起》？

生6：有阳光和薄雾，鲜艳的花朵，有春天的生机，不如叫《春之声》。

师：已经4个名字了。哪一个更好，举一下手看看？好像不一致。大家想想，这是为什么？

生7：感觉不一样。

生8：没有标准。

师：对！每个人的角度不一样，衡量标准不一样，没有固定参照物。那么，如果给它规定一个参照物呢？比如，同样拿这张照片，去参加“四季”主题摄影展，你们看哪个题目好啊？

生 9 :《春之声》。

师：是的。那么如果参加“中国梦”摄影展，哪个好？

生 10 :《寻梦》。

师：参加摄影技巧展，《捕获美的瞬间》这个名字怎么样？

生 11：也可以。

师：当然可以。好，同学们，刚才给照片起名这个活动，给你什么启发？

……

（小组讨论，归纳发现。具体过程略。）

师：刚才同学们都谈到了，一个事物有多个侧面，能从不同角度去反映、去描写、去命名。至于哪个侧面更好，更值得我们去关注，要根据一定的标准或者需要。那么，作文题目与材料的关系也是一样的。用哪些材料，突出哪一面，要根据什么？对，根据题目的意图，也就是选材要扣题。

说明：这个环节的设计，我希望借助摄影作品的欣赏和名字的推敲，通过观察与思考，引导学生理解一种材料存在着不同侧面的意义，通过对比分析理解内容与题目的契合度问题。

活动二：开展主题摄影活动，寻找材料与主题的关联。

请全班学生拿着手机（事先通知过）走出教室，在校园里采风。

要求：每人选择一个主题，围绕该主题拍摄一组（三至五幅）照片。

教师提供的主题有“初心”“拼搏”“缤纷校园”“你所不知道的黄流中学”。也可以自己命名一个主题，然后围绕该主题完成摄影。

时间：一课时。

（学生具体活动略）

说明：进行有主题的拍摄活动，可巩固上一个环节的学习内容，学生在考虑自己想表达什么（立意）、用什么表达（选材）的来回纠结过程中，进一步强化了选材要扣题的意识。在拍摄的时候，有不少学生拍了十多张照片，反复筛选都难以决定到底应该用哪几幅。这说明他们在选材上的扣题意识已经比较明确，也说明这样的训练是有价值的。

活动三：创作解说词，深化对材料是否切题的认识。

学生完成拍摄后回到教室，根据最终选取的照片进行文字创作。

写作过程和要求：（1）在学生写作之前，教师用PPT呈现自己所拍照片和文字创作，作为示例。（2）要求学生为每一张照片配上几句话，相当于照片的解说词，介绍照片的具体内容，如照片所描绘的情景、照片中的人物、前后的情节，解说词还应反映出照片中的内容与主题的关系。

（具体活动略）

说明：这个环节的设计意图，一方面继续强调材料与题目的关系，帮助学生牢固树立无论是材料选择还是叙述重心都应围绕主题展开的意识；另一方面，引导学生将创造重点由拍照片转化为文字表达。借助摄影活动来理解主题和材料的关系，学习目的比较明确，活动也比较有趣味，但训练重点还是应该以文字表达为主。

活动四：展示与交流，反思材料与主题的一致性。

每个小组推选出一个作品进行展示交流，要求作者介绍自己的作品和创作体会，其他同学参与点评。下面是一个成果展示和讨论的片段：

以前从未注意过鸡蛋花，仿佛它们是那么的不起眼。第一次接触鸡蛋花是在朋友的家里。那时，朋友的家里，种着一树鸡蛋花，朋友轻轻摘下一朵鸡蛋花，放在我手里，说："我最喜欢的花就是鸡蛋花，它们是那样纯洁，犹如我的初心。"

朋友的话，我不以为然。鸡蛋花，我也从未在意。今天突然发现，原来鸡蛋花可以这样的美丽。有时候，平凡的东西，也会有它的精彩，就像平凡的小草，也会爆发出大大的力量。

有一天，你会遇到一朵盛放的花，以一种喧闹或平静都阻挡不了的姿态，用尽人间最鲜艳的色彩。有一天，你会遇到一个彩虹般绚丽的人，让你明白什么是等待……

师：好，大家能猜得到作品的标题吗？谁来说说看？

生1：她写了花，还有朋友，最后又写遇到的人，题目应该与友谊或者感情方面有关。

生2：她还写了平凡的力量，花朵的盛放，或许是想表现"渺小的伟大"。

师：请你展示一下题目。

（PPT出示文章标题《初心》）：

师：她的文字里有一句话提到了“初心”二字。大家注意到没有？

生 3：她只提了一次，后面没再说。

师：不够明确是吧？当然，这个题目比较抽象，比较难。如果一定要紧扣“初心”二字，内容应该怎么调整？

生 4：应该仔细描写鸡蛋花很干净的颜色。

生 5：写朋友之间纯洁的友谊，不忘初心。

师：“初心”是什么意思？

生 6：过去的。

师：很好，过去的，以前的。那么过去的心好还是后来的心好啊？

生 7：过去的。

师：这个“初心”，看上去简单，我们看，它里面至少隐含了什么要求？从时间上看，要有现在和——（生：过去）；从价值上看，有一个对比，现在和过去哪一个好？（生：过去的好）。那么在选材上，不管写物也好，写事也好，至少应该写几次？（指向一名学生）你来说说看。

生 8：两次。

师：（向展示自己作品的学生）你写了几次？

生：一次。

师：是一次吗？大家看这里，“第一次接触鸡蛋花是在朋友的家里”，这“一次”，是不是两次啊？但为什么感觉不到呢？

生 9：对比不明显。

师：如果这样写，第一次见它开得很美丽，第二次它受到伤害，我以为它不开了，但是过了几天它开出来的花依然美丽。这就是不忘初心。当然这种写法是象征。理解了吗？

下面请第二小组的代表展示。（略）

这个环节有这样几层意图：观摩学生的写作成果，了解学生在根据题意选择材料方面的表现；通过反思活动，让学生既站在评价者的角度考察他人的习作，又能从作者的角度反思自己习作中的问题，从而反复认识材料与题目是否契合，体会写作中内容与主题不契合的问题及原因，提高选材的切题意识和能力。

学习结束后，我还布置了一个后续作业，要求学生在原有的照片及解说词的基础上调整选材，或重新命名，或修改解说重点，完成一篇作文。

材料契合题意是记叙文写作的基础性要求。夏侯老师的实验课例带给我们的启示是，材料是否切题，不仅要看材料是否契合作文题目的要求，也要看材料是否契合文章的主题。作文的题目、文中记叙的材料和文章的主题，三者应该高度一致，这才算切题。

二、记叙文选材的教学策略

（一）让材料与立意在动态中互相适应

在实际写作过程中，我们时常会发现，材料与题意或主题两者之间并不是简单的一方去消极地适应另一方的关系，而是一种复杂的互动关系。这是因为，无论是一道作文题还是一则写作素材，在信息呈现上都具有两重性，即它本身既包含一些确定性的信息，同时也包含一些不确定性的信息。以“不期而遇”这则简单的作文题为例，其确定性的信息是“有两个以上的主体”“偶然遇到”“故事有交集”。这种确定性的信息能保证题目有必要的限制条件，而至于谁和谁相遇，因何相遇，发生了什么故事，这些都不确定。可能是与亲人相逢，也可能是遭遇坏人，甚至也可以写人和动物的故事，写梦中的相逢。从这个角度看，题目信息的具体化和文章立意的明确化在一定程度上是由选材决定的。同样，一则材料也存在多个侧面，能从多个角度去描写，从而体现出不同的意义。那么，对材料描写重点和意义的强调，自然需要依据题目的内涵。这样，写作中题目和材料之间，实际上是一种互相影响、互相参照的关系，在这种互动中彼此的意义都得到明确。

记叙文的题目看上去变化多端，但是，这些题目有一个鲜明的共性，即基本上都由几个关键词构成，这些关键词中分别隐含着对某些人、某种事、某层意义的规定或强调，如“悄悄地提醒”“黑板上的记忆”“我们班的故事”“餐桌上的故事”“一个不同寻常的假日”“我毕竟走过”。这些题目的区别体现在以下几个方面：（1）有哪几个关键词。一般来说，记叙文的题目由 1～3 个关键词组成，大多数为 2 个关键词。（2）是明确的要求还是隐含的信息。譬如“再次握住你的手”，题目中既包含“我”和“你”两个主体，又隐含“两人曾经闹过矛盾”的信息。（3）是实在的内容还是虚指（类比或象征）的内容。譬如“我爱上读书”,关键词“读书”就是实在的记叙对象,而“那一天,我埋下一颗种子”中的“埋种子”,就是“立下目标”的意思。同样,“学海里游泳”中的“游泳”,“东风为我来”里的“东风”也都是象征性的关键词。

对自己所选的材料，学生往往是凭直觉来判断它的价值和决定它的详略，这种直觉有时能发挥作用，有时则把握不准。

上述夏侯老师的实验课例最突出的一个特点就是教师没有简单地向学生灌输“选材要契合题意”等知识，也没有空泛地提一些如何切题的要求，而是设计了一系列活动，从讨论一组优秀的摄影作品的标题入手，让学生理解材料与题目既能相生又会相克的关系——题目与材料既能相得益彰也可能互相抵消,从而准确理解两者之间的辩证关系。然后，从品味摄影作品题目开始，到开展主题摄影活动，拍照片命名，撰写摄影作品解说词，最后展示交流。写鸡蛋花的文段存在材料与主题不一致的情况，学生熟悉鸡蛋花，也有自己的生活体验，但是既写了朋友对初心的感悟，又写了自己对平凡的思考，整段文字凑到一起文意就比较散乱。夏侯老师指导学生找到作文题中的关键词“初心”，分析“初心”隐含的关键信息——一个是“时间上的先后”问题，一个是“价值上的褒贬”问题，从这两个维度去选择材料，材料和主题就契合起来了。

这些活动中，学生始终需要思考题目与材料的关系，需要在两者相互参照、调适中完成写作。这种写作训练情境因与真实的写作情境十分贴近，因而也会产生较好的教学效果。

（二）制订等级量表进行评估

用等级量表来判断材料切题与否，学生可以更明确地判断自己在这方面的写作水平，并及时改进。等级量表的评价项目是从习作中材料契合题意的关键点及其表现程度来进行描述的。描述的指标可以从三个方面构建：写作者的努力，习作的文本呈现，读者的阅读感受。这也与写作的三个关键问题——“作者”（谁写）、“读者”（为谁写）、“文章”（写成什么样的文本给读者看）一致。

教师自己设计或指导学生设计等级量表时，最好从文本特征这个角度来确定评价指标，因为从这个角度考察作文相对客观，对习作水平的分析、评估也相对可靠，评估结果自然能为习作修改提供更实在的指引。

下面以《相处的时光》习作讲评教学为例来介绍具体的教学过程：

（1）找出作文题中的关键词。《相处的时光》中含有“相处”“时光”两个关键词。

（2）将每个关键词的内涵分解为几个要点。如关键词“相处”的要点有：①须有两个以上的行为主体；②不同主体之间有互动关系。

（3）为每个要点划分出等级量表，以便描述作文中的材料在这些要点上的表现等级。等级量表一般 3 ～ 6 级为好（低年段可以少一点，易于操作），用数字“0、1、2、3”或“A、B、C、D”表示（最好不用“优秀、良好、一般、较差”等评价性词语），引导学生对选材与题目的契合度做出判断，以便完善选材，提高记叙文的切题意识。

（4）利用量表对习作中的材料进行评价。教师既可以以课堂教学的形式用量表来分析范文，帮助学生理解量表的设计原理和材料选择依据，也可以让学生自我核查自己的习作或开展互评，感受选材标准，提高选材的能力。

表6-1　《相处的时光》反思评估量表：“材料是否切题”

项目及描述 ╲ 水平等级		5	4	3	2	1	0
相处	1. 两个或两个以上的人或者物 2. 有交往，有互动交流。最好不只是职业带来的，比如老师上课如何教学生学习	两个要求均很好做到	两个要求均较好做到	两个要求基本做到	两个要求勉强做到	做到一个要求	没有达到任何要求
习作等级评定							
时光	1. 有一定的时间跨度，物理时间或者心理时间比较长 2. 过程中的时间点较多 3. “时光”暗含的是比较美好的回忆	三个要求均很好做到	三个要求均较好做到	三个要求勉强做到	勉强做到两个要求	做到一个要求	没有达到任何要求
习作等级评定							

（5）运用修改量表进行习作修改。教师可以灵活组织学生的修改活动，可以让学生独立修改之后再小组交流，也可以让学生两两交换修改。该活动旨在通过修改这一重要的写作实践活动，让学生更好地掌握借助等级量表提升材料切题度的写作策略。

表6–2　习作修改评估量表：“材料是否切题”

项目及描述 \ 水平等级		5	4	3	2	1	0
相处	修改前的等级						
	习作修改： 1. 哪些事件或细节需要增、删或调整？ 2. 如何修改？						
	修改后的等级						
时光	修改前的等级						
	习作修改： 1. 哪些事件或细节中有关时间的表述需要增、删或调整？ 2. 如何修改？						
	修改后的等级						

学生运用这样的评估量表可以有针对性地圈画、增删、调整自己习作中的材料内容，提高作文材料的切题程度。通过增删材料中的某些事件或细节，调整材料的详略，可以改变材料的侧重点，提高材料与题目的契合度。

（三）围绕活动的行为主体做反思

按照记叙对象所属的材料类型，人们通常把记叙文分成记事、写人、写景等三类。不过，从平时写作训练和中考作文的实际情况来看，中学生所写的记叙文主要还是记事和写人两类。而记事和写人，都离不开一个“人”字，都是围绕“人”来做文章。这一特点启发我们，判断一篇记叙文的材料是否扣题，也可以从被记叙的主要对象——“人”这一行为主体来衡量。评价或反思这一类作文，即题目中存在两个以上叙写主体的记叙文时，教师可以指导学生采用“圈画—比较”法，考察不同行为主体在一篇文章中所占的比重，比如以“他”为主语的语句的数量，就能比较客观地判定文章的材料是否存在切题不准的问题。以夏侯老师的课例中的《初心》来看，学生写到的人有“朋友”、“我”和“你”（预期的读者）。以句号为单位分析，发现活动主体是“我”的有5句，主体是“朋友”的有1句，主体是“你”的有2句，还有1句是对“平凡的东西”的议论，这样一分析，文意的散乱就清晰可见。夏侯老师如果指导学生圈画主语，并统计分析，学生可能会更快地理解文意的散乱，再分析这些句子与文题“初心”的关系，材料不能扣题也就显而易见了。

以前从未注意过鸡蛋花，仿佛它们是那么的不起眼。【“我”1，省略】第一次接触鸡蛋花是在朋友的家里。【“我”2，省略】那时，朋友的家里，种着一树鸡蛋花，朋友轻轻摘下一朵鸡蛋花，放在我手里，说：“我最喜欢的花就是鸡蛋花，它们是那样纯洁，犹如我的初心。”【“朋友”1】

朋友的话，我不以为然。【“我”3】鸡蛋花，我也从未在意。【“我”4】今天突然发现，原来鸡蛋花可以这样的美丽。【“我”5，省略】有时候，平凡的东西，也会有它的精彩，就像平凡的小草，也会爆发出大大的力量。

有一天，你会遇到一朵盛放的花，以一种喧闹或平静都阻挡不了的姿态，用尽人间最鲜艳的色彩。【“你”1】有一天，你会遇到一个彩虹般绚丽的人，让你明白什么是等待……【“你”2】

下面《播种信任》这篇习作，写的是作者和哥哥在一个风雨交加的傍晚很不情愿地去菜市场买菜却无意中受教育的经历。这篇文章有845个字，在有限的考试时间里，能写出这么长的文章已属不易。再看习作中的文字：“他缓缓地抬起头，微微地抖了抖身上的雨滴，冲我微微一笑道：‘小妹妹，买菜啊！你要买什么呢？’”这样的描写能力在初二学生中也属于较高水平。另外，这篇习作的心理描写很出色，生动地写出“我”从讨厌天气到担心受骗等复杂的心情，而卖菜的老爷爷对“我”非常真诚，格外宽容，让“我”感受到信任的力量。从题旨和全文内容来看，“我”和“哥哥”是被动的一方，播种信任的是“老爷爷”，那么“老爷爷”应该是记叙的第一主体。下面是这篇作文的前三段，我们看作者是怎么处理文中三个被记叙主体的关系的。

春天是播种的季节，秋天是收获的季节。春天若种下种子，秋天就会收获果实。在这个阳春三月，我若是播种下一颗信任，是否到了秋天我就会换来人与人之间最美的信任果实？

“沙沙沙，沙沙沙”，天空正下着细细的、牛毛般的雨丝。雨刮过大树，为它送去一片新绿，雨流过马路，为它送去一抹清洁。但此时的我，却心有余而力不足，无心去欣赏这“天街小雨润如酥”的美景。雨打在我的脸上，我正坐在哥哥骑得摇摇晃晃的自行车上，咒骂着这天气。对于妈妈让我淋雨出来买菜的行为甚是不满，我冷得只好死死攒住手里仅有的二十元钱。

车在市场兜了一大圈，没看见一家开着门的店铺。我不耐烦地催哥哥快点回去，这天气没人会出来卖菜。正当往回走的时候，我在一个角落里看见了一个不起眼的地摊。摊主是一个老爷爷，他正蜷曲在那里，低着头。我十分犹豫要不要去买他的菜，要知道，我从来都不买老人摊上的菜，因为新闻上老人骗钱的事已不再少。但是又只有他这一家，不买的话，回去指不定要被训。正当我举棋不定的时候，耿直的哥哥已把车停到了摊前。

上面的习作直接描写播种信任的“老爷爷”的地方只有一处，第一、第二段一处也没有；直接写到“我”的有 12 处，以“我”为行动主体的描写也占据绝对主导的地位，加上承前承后省略的“我”，就更多了。“播种信任”这个题目审题难度很小，只要问一问“谁播种了信任”“他怎样播种信任”等基本问题，就可以明白题意。习作的小作者选择的材料也没有问题，卖菜的老爷爷在“我”心中播种下了信任。但是，在剪裁材料时小作者出现了偏差，重点内容没有扣住关键人物的言行展开，开头的抒情语句也没有扣住老爷爷来写。专门写景的文章在初中生习作训练中往往比较少，这类文章同样要面临“谁看到的景”“哪里的景”“哪一种特点的景”等基本问题，教师可以引导学生分门别类地圈画，再统计分析，能让学生发现所描绘的景色是否前后统一，是否紧扣题意，突出主旨。圈画、统计分析之后，就可以进行增删、调整，提高材料切题的程度。

（四）切分事件并提取要点进行比照

我们知道，每一个事件、每一段经历都会有起因、发展及结束的过程或阶段。记叙文中的材料——事件或细节——是否契合题意还可以从事件的发展过程来判断。具体做法是：(1)将事件或经历划分为几个阶段。

（2）用“谁在做什么、做得怎么样”的句式概括事件每一个阶段的要点。
（3）考察将这些要点排列起来的故事链，比较不同人物在故事链中所起的作用，与题目规定的主旨加以对照，既能判断出不同阶段在全文中所占的分量，也能大体判断整个材料与题目的契合程度。

注意，有的记叙文没有完整的事件，只有几个场景或几个细节。对这样的文章，也可以提取或概括每个场景或细节的关键点，再进一步分析其在刻画人物、表现主旨上分别起到的作用与切题程度。

材料的详略处理，文章的结构安排，很多时候就是取决于写作者对材料是否契合题意的思考。详略要得当，凸显文章主旨、能反映人物形象的关键特点和景物的主要特征的材料需要详写，这似乎为很多语文教师熟悉，但是一旦到了指导学生选材、组材及如何修改习作中选材的问题时，似乎又没有具体的写作策略可以教。希望本节内容能为教师提供一些实际操作的路径，为“材料契合题意”的指导做一点努力。

第二节 诗歌写作教学

创作诗歌是了解诗歌特性，提高诗歌阅读自主性，磨炼语言的创造；学习写诗歌，也是培养学生想象力和生活诗意的捷径。

一、诗歌写作教学的意义

《普通高中语文课程标准（实验）》在“诗歌与散文”这一选修模块中，对高中生的诗歌创作有比较明确的规定：“尝试诗歌、散文的创作，组织文学社团，展示成果，交流体会。”

可是在现实中，中学生对写诗的兴趣却没有那么高。在现在的中学生看来，诗歌有一点神秘，对诗歌也有一点畏惧，当然，这可能都源于诗歌与学生生活的疏离。“在所有文学类型中，诗显然是最与历史隔绝的一种。”[1]一个原因是学生在语文课本中读到的诗歌大多反映的不是当代的生活，另一个更重要的原因是在日常生活日益物质化、庸常化的今天，诗歌的表达形式与生活表达距离越来越远。如何以较少的教学投入，让中学生了解诗歌创作最基础的知识，并达到入门的水平呢？这需要研究和尝试。

对写作乃至语文学习来说，适当获得一点诗歌写作的经验，有很多好处。首先，无论是为了学习语文还是陶冶情操，都需要阅读诗歌。如果我们学一点诗歌写作的知识，体会一些诗歌表达感情的方式，获得一些写作诗歌的体验，那么在阅读诗歌作品时，就能更准确地理解诗歌的内涵，体验诗歌中的情感和意境。其次，在诗歌、散文、小说、戏剧等主要文学形式中，诗歌的篇幅最短小，语言也最为凝练，所以适当写一点诗歌，对提高语言表达的精准性无疑会有很大的帮助。

诗歌有悠久的历史，与诗歌写作有关的知识十分丰富。大体划分一下，主要有这样几大类：

（1）诗歌本体知识，它回答的是“诗歌是什么”，包括诗歌的本质特

[1] 伊格尔顿．二十世纪西方文学理论［M］．伍晓明，译．北京：北京大学出版社，2007：50.

征、诗歌的形式特点、诗歌的社会文化功能等，如孔子认为的“诗言志”，就是一种诗歌本体观。一般认为，以表达情感和感觉为主，富有形象性和意境，段落和语句间的逻辑关系跳跃性强，语言凝练，是诗歌的四个最主要特征。

（2）诗歌的文体知识，它回答的是“诗歌有什么”。从不同的角度，可以将诗歌分为若干种类型，比如从创作年代上分为古诗和现代诗，从格式上分为格律诗和自由诗，从主题上分为咏史、抒怀、爱情、田园、赞美诗等，从表达功能上分为抒情诗、叙事诗、哲理诗，从风格上分为豪放派、婉约派及朦胧诗等。当然，某一种类型又可以再细分为许多小类。

（3）诗歌写作技巧方面的知识，它回答的是“怎样写诗歌”，比如古人认为诗经的主要写作手法有“赋、比、兴”三种。后来的如何用韵，如何用典故，如何起承转合，如何创造意境，如何处理动静虚实的关系，如何做到语言的“陌生化”，都是讲如何创作诗歌的。

（4）诗歌评价、鉴赏方面的知识，比如钟嵘撰写的《诗品》，按不同风格将诗人的作品划分为三个等级，还详细说明了他的分级标准。闻一多提倡的诗歌要做到“音韵美、节奏美、建筑美”，也是一套关于诗歌美的标准。当然，不同时期、不同的审美趣味的人，对诗歌优劣高低的判断都可能不同。

不过，中学生尝试诗歌创作，主要目的是了解常识、获得体验，并不是成为诗人，因而在平时的诗歌阅读中多接触这方面的知识就足够了。

在现代生活环境下，学生在日常表达中比较缺乏诗歌写作的实践，诗歌写作也不纳入考试范围，因而在整个写作教学中，它就变成了“稀有的活动”和“高难动作”。也正因为如此，在中学诗歌写作教学中，教学策略就显得特别重要。诗歌教学的内容，主要包括激活学生的情感触点，引发他们的创作动机；提供典型的学习范例，帮助学生感受诗歌常见的语言模型；通过对诗歌意象、节奏等表达现象的分析，发现创作诗歌的相关方法或规则等。因而，围绕这些内容选择教学策略及设计教学活动，可以起到事半功倍的效果。

二、诗歌写作教学策略

1. 激活情感的触点。

诗歌是抒情的艺术，只有先情动于中才可能赋形于外。因而寻找学生的动情点，磨砺学生对生活的敏感触角，唤醒他们对生活的情感，是诗歌创作教学的第一要务。

人们常说，“写作要从生活出发”，这是不错的。但是，日常生活往往平淡无奇，一般的生活琐事很难激起学生心中的波澜。这就要求教师在教学设计中做好两个细节：一是选好触点，二是注意激发。生活总体上虽然平淡，但是平淡的生活中总有一些变化，总会出现热点，比如季节的更迭、校园中学生的主题活动、社会事件等，这些都容易引发学生的感慨和感想。语文教师要善于抓住这些生活中的小波澜，激发学生强烈的情感体验，然后再借势让学生进行诗歌创作。

上海版初中语文教材试验本在综合学习活动“家庭欢乐大转盘”中就设计有“写照片诗”的活动。绝大多数家庭都有相册或照片，一般来说，照片往往反映一个家庭某个有意义的活动，那么这项活动往往就是家庭中值得关注的生活事件，而一张照片就是最可能触发学生感情波动的触点。针对这项教学活动，教师可以请学生选择几张特别的照片带到学校，由其他同学抽出其中一张，学生根据照片当场作诗。

当然，教师也可以选择平时收集的关于班级学生课堂学习、课外活动的照片，先集中投影，全班观看，然后随机发放印好的照片，请学生在一定的时间里创作三行诗。这样的活动有点出其不意，学习效果可能会更好。

激发学生情感体验的活动有很多，除针对学生的生活开展唤醒与激发的活动以外，还可以借助新闻节目、电影片段、广告等材料创设情境，激发学生特殊的情感体验。例如在纪念第二次世界大战活动中，就可以组织学生观看《去大后方》《奥斯维辛集中营》《偷袭珍珠港》等反映历史的影片，用精选的视听资料带给学生直接、强大的感官冲击，引发学生的情绪和表达动机。

2. 借助经典诗词，帮助学生建构运用意象抒怀的路径。

激发起学生的情感，可为诗歌创作准备充分的内容基础。此外，诗歌内容还要配以适合的表达形式。对诗歌写作教学来说，基本的表达知识传授不可缺少。诗歌的表达形式有好多方面，最重要的是形象性，这一点学生都能明白，但是把明白的知识转化为技能，还需要借助一定的抓手，比如描摹人或物的具体形态，运用类比等，当然最核心的还是借助意象来营造意境、表达情思。

一般说来，学生对意象的概念和本质还是比较陌生的，而从经典古诗词中汲取营养，则不失为一个好办法。仅仅在初中阶段的语文课本里，学生就能接触 50 首各类优秀诗作，如果教师引导学生从某个角度模仿这些诗歌进行创作，那么积累下来，诗歌教学的成效可能会连教师自己也难以想象。这也可以叫作“功夫在诗外”吧！

当然，对诗歌和经典意象的学习，首先要挑选，即选择那些使用频率高的，表达效果好的，通过多次学习能让学生熟悉的，最常见的诗歌意象；其次是结构化，即通过一定的分类处理，帮助学生在脑海里建立起关于诗歌意象的资料库，如表达孤独的、思乡的、忧民的、和平的等。除学习古典诗词中的意象以外，也可以渐渐把眼光放大到中国现当代的优秀诗歌甚至国外诗人的优秀作品，当学生对意境的感受积累到一定程度，自己创作诗歌时，意境的形成也就自然而然了。

3. 引导学生区分私设象征与公共象征，提高诗歌的独创性。

有不少学生在诗作中也用了不少意象，但总觉得写出来的诗歌“诗味不够”，问题出在哪里呢？这是因为，有了一定的知识和技能储备，只是解决了诗歌创作的入门问题，也就是说，写出来的诗可能只是“像”诗而已，若要从“像诗”到“是诗”甚至达到“好诗”的程度，还需要完成进一步的专业学习。

一般说来，决定一首诗是否有“诗味”，不外乎以下四个方面的因素：一是情感抒发是否自然、健康、含蓄，虚情假意的、直白的口号就缺乏诗意；二是在意象塑造及语言表达上是否有创造性，我们通常又把它称为“陌生化”；三是句式、音节等方面是否有节奏感，即通过语句用韵等比较显性符号的排列规律，来体现情感的起伏变化等隐性因素；四是语言是否凝练，即以简洁的词语、跳跃的逻辑表达复杂的情感。其中，最具决定性的因素是意象及语言的创造性，上面所说的虽然用了不少意象却没有什么诗味，可能就是存在这方面的问题。

就意象在诗歌中的作用来说，如果仅仅是借用人们已经熟悉的意象，而没有用自己独创的或带有个性化的意象，那么一句诗或整首诗就可能是平庸的。人们熟悉的意象我们称为“公共象征”，就是“已经借助名诗流传久远，或在某种文化传统中约定俗成的、读者都明白何所指的象征。它与人的公共经验有关，指义比较明确，只要具备了一定的文化积累，便不难解读”[1]。我们读到“小草”这一意象，就很容易联想到“坚韧”“顽强”“生命力”这些意蕴，读到“明月”就会想到“相思”“故乡”等，这些意象已经成为公共象征。公共象征的寓意比较确定，如果我们创作诗歌时，运用的意象大多是这些寓意确定的意象，就可能缺少“诗味”。

“与公共象征对应的是私设象征，即作者在具体的作品中靠特定方法建立的个人化象征，它更多地与诗人个体经验与个人独特理解有关，诗人把一个非公共性的意象变成深有寓意的象征。它的标志，或是诗人直接点出，或者是同一语象在一首诗中重复出现，或者是同一语象在同一诗人不同作品中反复出现。”[2]

为了提高学生对公共象征和私设象征的理解，并提高意象的创造能力，教师不妨运用下表（表6-3）来训练学生。

表6-3 提高学生创造意象能力的训练表

景物或概念	一般性的、公共的	个性的、独创的
帆船	理想的翅膀	冰刀之舞
花朵	少女的脸庞	生之门

4. 借助诗文转换，提高学生对诗歌节奏的理解。

从外在形式来看，与文章相比，诗歌最明显的特点是分行排列，一眼看上去句子长短参差、错落有致，闻一多把这个特点叫作诗歌的“建筑美”。为了让初学写诗歌的学生感受诗歌的这一特点，有的教师安排了如下的训练活动：将莫怀戚的《散步》中描写早春景色的一段文字，用分行的形式重新排列，使其看上去像一首现代诗。

这南方初春的田野
大块小块的新绿
随意地铺着

---

[1] 赵思运. 现代诗歌阅读［M］. 上海：华东师范大学出版社，2004：60-61.

[2] 同［1］61.

有的浓，有的淡
树上的嫩芽儿也密了
田里的冬水也咕咕地起着水泡
这一切使人
想着一样东西——生命

这种训练就像文字游戏，既简单又有趣，很多学生都喜欢玩。分行的效果不仅仅是视觉上的差异，还有节奏的变化。童庆炳曾经做过一个试验，把《人民日报》里的一条新闻标题“企业破产法生效日近　国家不再提供避风港　三十万家亏损企业将被淘汰”的排列形式稍加改变，面孔严肃的新闻瞬间就诗化了：

中国的
企业破产法
悄悄地，悄悄地
逼近了
国家
不再提供
不再提供
避风港
三十万家
三十万家啊
亏损企业
将被淘汰，将被淘汰[1]

不过，分行仅仅是现代诗歌的外部特征，真正的好诗还要追求内在的韵味。什么是韵味呢？或者一首诗的韵味是怎么形成的呢？一种途径是增加思想的深度，这当然不是靠写诗的技巧就能解决的，平时要勤观察、善思考、多提炼，增加诗的内涵；另一种途径可从技巧上来说，可以尝试降低词语、句子及段落的显性逻辑联系，增强了句意的多义性也就提高了诗句的张力。有一种简单的做法就是删去一些过渡词句，让文句的轨迹产生跳跃和节奏感。还以《散步》为例，如果我们隔一行删一行，差不多就变成了下面的样子：

[1] 童庆炳. 节奏的力量[J]. 文学自由谈，2003（2）：132-137.

南方初春
随意地铺着
树上的嫩芽
这一切
使人想起
生命

与前面的相比，它是不是更像诗了呢？

5. 古诗改写，体会诗歌语言的凝练。

古诗词以其凝练的语言、丰富的意境让很多读者为之折腰，也让一些诗人萌生改写再创作之意，翻译或者改写古诗成了很多诗人的乐事。下面两首古诗及其译作，都出自名家之手。引导学生比较现代诗人的再创作，可以感受诗歌语言的凝练与否、意境深远与否，还有诗歌风格的变化。

表6-4 两首古诗及其译作的对比

序号	原作	译作
1	**凉州词** 王翰 葡萄美酒夜光杯， 欲饮琵琶马上催。 醉卧沙场君莫笑， 古来征战几人回？	**凉州词**[1] 绿原 酒，酒，葡萄酒！ 杯，杯，夜光杯！ 杯满酒香让人饮个醉！ 饮呀，饮个醉—— 管它马上琵琶狂拨把人催！ 要催你尽催，想醉我且醉； 醉了，醉了，我且枕戈睡。 醉卧沙场，谁解个中味？ 古来征夫战士几个活着回？
2	**春 晓** 孟浩然 春眠不觉晓， 处处闻啼鸟。 夜来风雨声， 花落知多少。	**春 晓**[2] 余冠英 春睡好不觉天晓， 鸟雀声处处喧闹。 忆昨宵风声雨声， 天知道落花多少！

[1] 人民文学出版社编辑部. 唐诗名译［M］. 北京：人民文学出版社，2000：26.
[2] 同［1］18.

进一步可以设计诗歌改写活动，学生自由选择古诗词中的一首，尝试改写成现代诗歌，通过反复朗读、修改，获得比较满意的诗作，在班级交流。

6. 提供“诗歌评定量表”，激发学生诗歌创作的兴趣。

创作出一首诗歌，水平如何，很多学生没有概念。教师可以提供描述诗歌创作水平的量表，帮助学生进行元认知，对自己的诗歌创作水平进行分析判断。艾琳·尼克尔斯为了让学生第一次写诗时不发怵，在班级制造出轻松愉快、开放交流探讨的氛围，他设计了“写一首烂诗”的写作活动。写作伊始，他就提供给学生一份烂诗特点一览表，并和学生讨论这些特点。交流之后，学生开始创作烂诗。他设计的烂诗特点一览表内容如下[1]：

烂诗的元素

错误的拼写。

错误的语法。

错误或混乱的用词。

倒置。在一行诗里，有时只是为了使诗句押韵，才颠倒词语。例如：节日里吃他们 / 在破晓时分。

诗歌化用语。指仅仅追求形式化的诗歌语言。例如：远山是一座天堂。

过时的用语。一些语言听起来就像是来自中世纪。例如：阁下的头发是阁下的 / 但阁下的心是我的。

陈词滥调。被过度使用的短语和单词。例如：“你在我心里”和“爱情是盲目的”。

情报式语言。

动词的被动式。指借助“被”来表述的动词。如：“火被消防队员扑灭”是被动语态；“消防队员扑灭了火”是主动语态。

过度使用副词和形容词。

1. 为修饰单个名词或动词而使用多个副词或形容词。例如：高大、金发、笨拙的男孩。

2. 使用副词或形容词来修饰一个表现力不强的动词或名词。例如：“快跑”就不如表现力更强的动词“猛冲”或“飞奔”好。

[1] 沃尔克. 创意写作教学：实用方法50例［M］. 吕永林，杨松涛，译. 北京：中国人民大学出版社，2014：158-159.

使用抽象而非具体的名词。例如："天堂"、"死亡"和"自由"是抽象的，"桌子"、"人"和"牛"是具体的。

无病呻吟。

张中行在《作文杂谈》中也提出一种特殊的写作训练活动。他认为"可以在写法的变化中锻炼巧思"，"同一个题目，可以练习用不同的写法写：比如一篇是扣紧题写，另一篇是离题写"[1]，丰富多样的训练，有助于学生写作兴趣的培养。

[1] 张中行. 作文杂谈 [M]. 北京：中华书局，2007：33.

第三节　时事评论写作教学

“时评”是时事评论的简称，顾名思义，就是对新近发生的某一事件、新出现的某种现象及说法进行分析评说，以明辨是非，表明立场，影响人们的思想，引导人们恰当行动为目的。这种文体在新闻媒体中最为常见，在基层单位的墙报、网页上也不少。

时评具有较强的时效性，要求作者观察敏锐、立意新颖、表达生动。因此，将它作为中学生写作练习尤其是议论文写作练习的文体，无疑有很高的价值。

但是，时评是一种媒体人使用较多的文体，语文教科书中对它的介绍不多，语文教师在时评写作教学方面的经验总结也较为少见，这无疑成为语文教师尝试该文体教学的障碍。

一、时事评论写作教学示例

下面这则案例是一位教师开展时评写作教学的一段实录，该教师在确定时评写作教学目标和围绕目标开展教学方面的经验，都值得大家借鉴。

这是熊东云老师的教学案例，该案例聚焦于时事评论，让学生做定点学习。教学实录如下：

展示幻灯片，内容是一则时事：近日媒体爆料，某学校一课堂上，马老师让学生交试卷，一些学生不肯交卷还出言不逊，马老师气愤不过，上前推搡学生。好家伙，几个男生一拥而上，对老师动粗。让人吃惊的是，一些女生还在旁边推波助澜。

师：有人认为，学生和老师都是人，有性情，你对我好，我就对你好。你对我不好，那也别想我对你好！人与人之间是相互的，老师不是高高在上。学生动粗是因为老师动手在先。

也有人认为，做弟子的在任何时候都不能对先生加诸暴力，认识上可以大相径庭，但是行动上学生应该最大限度地尊重老师。从小到大，若非老师肯花心思教育我，我必无今天的出息。哪怕老师的想法与我相去万里，甚至体罚我，我虽心里叫苦，但是仍会捍卫老师这么做的权利。

你对这一事件怎么看？要求综合材料内容及含意，选好角度，确定立意。

师：什么是立意？立意就是文章的核心观点。现在大家来说说自己的立意吧！

生：老师，我的立意是，“老师打人，教育之殇”！作为老师，无论如何都不该对学生动手！老师作为师长，失控动粗，也会给学生造成不良的影响。

师：题目很醒目惊人！不过，说实话，作为老师，听到你的这个观点——立意，我很不舒服。为什么呢？有同学可以替我说说吗？

生：假如我是老师，我觉得不舒服，应该是因为这个观点一味地批判老师，没有把学生的问题指出来吧。

师：对，一味地站在学生的立场来指责老师的不对，这犯了狭隘、自我的错误，这种狭隘思维是要不得的。那你觉得学生有什么问题呢？能具体说说吗？

生1：马老师本来没有恶意，只是要求学生交试卷，学生出言不逊，那是多么没有礼貌！因为不想交试卷就骂老师，实在太可恶了！

生2：马老师当时被激怒，失控了，是不对，不过接下来一些学生殴打老师，实在让人看不下去。

师：嗯！分析得不错！时事评论针对的，很多都是与我们切身利害相关的事件，如果我们只是从狭小的自我立场思考问题，忽视其他相关主体，就容易得出片面狭隘的观点，立意就容易偏了！所以，在这种情况下我们应该换位思考，从多个角度、多个立场去思考问题。比如，上述事件，我们既要想到学生，也要想到老师。站在学生的立场看，老师对学生动手确实不对。但是倘若站在老师的立场来看，学生冲动无礼，目无尊长，辱骂老师，对老师不敬，多么令人失望气愤！

生：老师，这个立意是不是可以改成“老师失控有错，学生动粗无德”。

师：很好！既有站在学生的立场上对老师的提醒，又有站在老师的立场上对学生的批评，理性而客观，不会给人狭隘的感觉。

师：还有其他立意的吧，谁来说说？

生：老师，我的立意是，“民主、宽松的师生关系很完美，我们要提倡”。有些老师高高在上，严格管教，学生感觉很压抑。

师：是吗？严格管教是不是一无是处呢？民主、自由是不是完美无缺呢？

生1：也不全是吧！严格管教也有其好的地方，俗话说得好，严师出高徒！每一个人都有怠惰的天性，倘若过于自由，就会害了学生。

生2：老师，我觉得规则的执行，严格自然有优势，没有规矩不成方圆，考试试卷都不交，给学生这个自由，那还算什么教育，这里不能谈民主、宽松。而如果学生的确有特殊情况，是人力不可阻挡的因素导致了不能交试卷的话，倘若再严格执行规则就有弊端了，所以宽松、民主也需要。

师：很好，能够一分为二地看问题，分清事物的两面性。严格管教自然有其弊端，过分自由、宽松也有其危害，两者都有不可替代的作用。非黑即白、非此即彼的极端思维是不可取的，要学会一分为二地思考问题，理性分析，得出结论。

生：老师，这个立意怎么改才好？

师：我觉得这个立意不太适合，因为事件的主要问题不是严格或者宽松的问题，如果在这个问题上大说特说，就偏离材料了。

师：同学们继续说说你们的立意。

生：老师，我的立意是，“考试太多，贻害无穷”。我解释一下，就是说老师批评学生，学生因为被批评而辱骂老师，师生之间继而动粗，这都是因考试而起，我觉得应该是考试太多，以致学生烦躁，老师也焦躁，所以才有如此冲动、缺乏理智的行为。

师：考试太多，导致学生、教师群体情绪焦躁，是有些道理。不过，学生因为烦躁就辱骂老师，这里面是不是还有更深层次的原因呢？

生1：我觉得有，这里学生骂老师是个人素质的问题，一个人烦躁了就和人对骂，这是多么没有素质的表现啊，况且被骂的人还是师长。

生2：是的，要是换作父母，他们严格要求我们，我们就去辱骂他们，岂不是不明事理。考试不是关键，关键还是学生自身的素质，我们中国是文明之邦，自古都有尊师重道的优良传统，我们可不能把这个好东西丢了啊！

师：是的，如果我们仅仅停留在考试本身来理解这则事件发生的原因的话，那就流于浅层次了，这是典型的浅层思维。思维停留在浅层，就不能抓住问题关键，在探究问题本质原因的时候，就很容易造成归因错误，导致时评立意不深、价值不高，不能先声夺人。考试太多确实可能是这次事件的导火索，不过，我们要抓住造成事件的关键原因，即当事学生的素质低，不懂得尊敬师长。这样我们刚才的立意可以改一改，改成什么好呢？

生：改成“尊师敬长，永不能忘”。

师：同学们，改得好不好？

生：老师，我觉得这个改法还不够深刻！是不是可以考虑改成“应试教育，贻害无穷”。

师：哦！你觉得你的立意为什么比他的要深刻呢？

生：我认为是把分数作为判断人才的唯一标准的错误观念导致了一些人对分数的重视，对素质的忽视。所以才有学生素质低这一现象。

师：说得很好！首先，我们要承认 ×× 同学的“尊敬师长，永不能忘”的确比“考试太多，贻害无穷”要深刻，因为上升到对学生素质的反思上了。而 ×× 同学接着往更深处去想，是什么让学生素质不高呢？可能是把分数作为判断人才的唯一标准的错误观念。这个答案一下子把立意又挖深了一层。

生：老师，我还有个立意，“家庭教育缺位的可怕性”。

师：这个怎么说？

生 1：学生是来自家庭的，家教好的学生可能更知书达理，而家庭教育缺失的学生，更容易蛮横、目无尊长。

生 2：我赞同！最近我看到关于火箭发射控制专家梁思礼的新闻，了解到他出生在一个家教很好的家庭。他的爸爸是梁启超，就是写《少年中国说》的文学家。梁启超的家教很好，所以他的九个子女都是各个行业的专家。我还知道梁思成也是梁启超的儿子，他可是我国建筑方面的专家。为什么一个家庭培养出来的都是德才兼备的孩子，父母家教好是一个重要原因。

师：很好，又是一个深层原因的挖掘。你们能够看到家庭教育对孩子成长的重要性，的确很不错。当然，不能把孩子的素质高低完全归因于家庭教育，否则又犯了极端思维的错误，是吧？我们还要知道，孩子的教育培养还有学校和社会的因素在起作用。

生：是的！

师：好的，今天我们探讨的时评立意问题，总结起来有几个要注意的方面：第一，要防止极端思维，要一分为二地去看问题；第二，要防止狭隘思维，要换位思考问题；第三，要防止浅层思维，思考要深刻些。

由于对时评写作知识的开发不充分，可供借鉴的教学实践也不多，教学设计实施并不容易。熊东云老师的这则时评写作教学案例是十分成功的。具体说来，这堂课有如下几个明显特点：

一是学习目标明确、集中，且侧重于策略学习。这堂课的学习目标是理解时评写作中容易出现的三种思维误区——极端思维、狭隘思维和浅层思维，引导学生在面对一个话题时，争取用客观公允的、辩证的及相对深刻的思维来确立文章立意。合理的学习目标为教学成功打下了一个好基础。

二是让学生在真实的情境中面对一个具体的表达任务进行时评训练。写作的目的是提高表达能力和交际沟通能力，而时评的目的性、针对性尤其突出。这则教学案例，一开始就为学生提供了一个真实的新闻事件，学生如同在事件现场，能真切感受当事人的表现，那么学生对事件人物行为的态度、事件原因的分析就是真实的、鲜活的。

三是学习以学生活动为主，教师起的是学习组织、话题引导、讨论提示及帮助总结的作用。这种学习方式符合现代学习理论。

当然，时评写作涉及许多知识和技能，这节课的学习目标，重在思维逻辑性的训练，只是一般议论文的写作要求，但愿熊东云老师其他的时评教学课，能从议论文写作的一般要求开始，逐渐向时评写作的特殊要求拓展，让时评写作教学的知识体系更加丰满完备。

二、时事评论写作教学策略

时事评论是议论文中的一种亚类型，在媒体上运用广泛，在日常生活中使用较少，学生的感性经验不多，学习起来有一定难度，正因为如此，时评写作教学更应该重视策略教学，以帮助学生尽快明白其所以然。在设计教学活动时，不妨参考以下教学策略。

1. 补充关于时评的文体特点及表达方面的知识。

孔子说，“名不正言不顺，言不顺则事不行”，这句话讲的是为政和处世之道，笔者认为在写作教学中似乎也适用。从文体名称来看，时评应该属于议论文这一大类。但在中学语文学习中，关于议论文，实际上存在两套概念体系，一套是教材选文和阅读教学体系，一套是写作教学体系，这两套体系既相容也有差别。

语文教材中收有许多议论文，其中包含“政论”“思想评论”“文艺随笔”“杂文”“时事评论”“演讲词”等许多亚文体，一些教材的注释和教学参考书中，往往会注明某一篇文章是哪一种文体，一些教师在设计阅读教学计划时，就会按照该亚文体的特点来确定教学内容和目标。比如对鲁迅的《拿来主义》，有的教师就将“形象性表达”作为主要学习内容，这就是把它当作杂文来教；对马丁·路德·金的《我有一个梦想》，有的教师会将“如何与听众沟通”作为主要教学内容，这就是把它当作演讲词来教。但是，在中学写作教学话语中，我们差不多就只有“议论文”这一种大类的概念和相关知识，写作训练中也很少对议论文再做细分（虽然人民教育出版社的高中教材中也列出了演讲词的写作内容，但是不少教师并没有按分类的文体去教学生，当然其中也有高考不考演讲词、时事评论的缘故）。这就导致了一种现象：教材和教学参考书对议论文亚类型的知识介绍不足，师生对时评等具体亚文体的知识就更加陌生。因此，在中学阶段开展时评写作教学，介绍一些关于时评写作的基础性知识还是十分必要的。

如前所述，时评既有议论文的共同特点，如多用归纳、演绎、判断、推理等手段讲道理，为读者提供深刻独到的见解，达到以理服人的目的，也有一些属于时评的独特之处。主要有以下几点：

（1）评论对象有针对性和时效性。时评一般以刚刚发生的某件事、新出现的某种生活现象或某个具体问题为议论对象，意在帮助人们提高认识，改善行动，而不是去讨论长期困扰人类的核心问题，以及少数人感兴趣的问题和科学研究的尖端问题。

（2）评论角度宜小巧。即使评论涉及一个重大的话题，最好也是从一个小巧的角度切入。如要谈论“气候变暖”“环境保护”这一大话题，也宜以“中学里垃圾分类有那么难吗？”为题，此谓之“以大见小”。

（3）话题集中，一般一篇时评只谈论一件事，此谓之“一事一议”。

（4）不能就事论事，宜从个别上升到一般，从现象触及本质，给人新见解、新启发，如从“垃圾分类实施难”中，看到“知易行难”或“机制创新”问题，此谓之“以小见大”。

（5）叙述和议论相结合。如上所述，时评一般以某一具体事件、具体现象、具体说法为评论对象，因此，时评的开头一般应首先向读者介绍被评论对象的基本信息，如“何时，何地，发生了一件什么事情”，“何时，何人，在哪家媒体发表了什么言论”，然后再指出对错，分析原因，最后表明态度。中间还要适当补充叙述一些细节，这样读者才能明白。此谓之“夹叙夹议”。

（6）语言形象生动。时评的读者一般为普通民众，因而除要运用逻辑推理以外，还要适当借助类比、情感渲染、形象化描述等艺术化的表达，以增强感染力。这与严谨的科研论文有一定区别，但是艺术化表达不能违背基本的逻辑。

了解这些知识，可以帮助学生从根本上理解时评的特点，如果教学中再结合具体课文赏析和写作实践指导，时评写作教学就能起到事半功倍的效果。

2. 提供真实的写作情境。

时评的全称叫时事评论，顾名思义，它与一般的思想评论、随感、文艺随笔等议论文有一个重要区别，就是评论活动直接受眼前某一事件的激发，评论活动有一个具体的靶子，也就是说，时评的对象往往更加具体，评论的态度更加鲜明，文章也更有针对性。时评的这个特点启发我们，要开展时评写作教学，教师就要设法为学生提供一些真实的情境，帮助学生避免缺乏真情实感、空泛地议论的写作训练。

如何将空泛的写作题目化为写作的真实情境呢？有两个基本途径，一是提高任务意识，二是强调读者意识。

所谓任务意识，是从命题者的角度而言的，简要地说，就是在命题时，让学生由原来仅仅是完成一篇老师布置的作文，变成通过写文章达到一个交际目的。比如某学校为了整顿学习纪律，提高学习效果，曾经发出一份告示：禁止在课堂里用微信。针对这一规定，学生的态度如何？支持还是反对？大声叫好还是呼吁取消？如果写成文章，学生会很自然地表现出自己的态度。因为学生也是其中一员，这个规定也涉及学生的权利，学生感同身受，就会语出自然。反之，如果不是针对这个具体规定，而只是让学生谈谈在校园里的自由问题，少了一份关注，学生就可能会远远地站着发表议论，变成无的放矢的空泛议论。

所谓读者意识，是从写作者的角度而言的，简要地说，就是写作时心中有特定的阅读对象。写作要充分考虑读者的心理需求和接受习惯，才有利于达到写作目的。有读者意识也就是服务于交际需要。其实，《全日制义务教育语文课程标准（实验稿）》在“总目标”中已经提出，学生应“能根据日常生活需要，运用常见的表达方式写作”，在“阶段目标”中提出，要“懂得写作是为了自我表达和与人交流”，“能根据交流的对象和场合”做简单发言（5～6年级要求），“写作时考虑不同的目的和对象”（7～9年级要求），这些强调的都是读者意识。

以下几种方法有利于提高写作情境的真实性：

（1）将写作话题——作文的题目，由抽象的，远离社会生活的，写作意图不明的，尽量转化为针对现实生活的具体问题，如校园门口设摊问题、校车安全问题、食堂饭菜质量问题、校服的样式问题、补课问题、学生上网问题等。直面现实问题，学生有亲身体会，就容易有感而发。

（2）将写作地点——教室或考场的氛围，转化为生活表达氛围，如家庭讨论会、校园听证会、辩论会、咨询现场、网络聊天室等。

（3）将写作主体——学生，由单纯的学校角色——被管理、被教育对象，转化为具有更多义务和权利的社会角色——公民或社会活动的当事人，如商场消费者、小学生辅导员、志愿者等。

这些方法不仅能用于时评的写作教学中，其他文体也同样适用。

3. 完善学生的思想武库。

时评写作要求思维敏感，能从生活中抓住一个话题，迅速确定立意和写作思路。要满足写时评的要求，平时的知识积累十分重要，其中，立意点不可缺少。因为社会生活现象虽然千变万化，但是上升到本质性的因素或挖掘行为背后的思想根源，其实脱离不开我们熟悉的那些基本话题。平时如果在阅读理解和写作训练中有意识地围绕一些关键词积极思考，并形成观点和思想，那么遇到复杂的现象时就比较容易对号入座。

下面是一位老师要求学生整理的高中作文内容关键词及观点的表格，如果把功夫花在平时，时评写作时就可以信手拈来。

表6–5　高中作文的关键词及主要观点表

范围	关键词	主要观点
自我	理想、诚信、毅力、自立、自强与求助 个性与妥协 知识与能力 博学与专攻 积累与突破 目标与行动、说与做	
社会	竞争、合作、分享、双赢 严厉与宽容 索取与回报 义务与责任	
自然	环境、自然、生态 绿色生活	
历史文化	继承与发展、模仿与创新 科学与艺术 高雅与通俗 形式与内容 多元与统一	

上面这些话题在高中生的议论文写作中有广泛的适用性，不只适用于时评，变换的只不过是具体的材料而已。

4. 搭建班级时评发布平台。

上文曾经提到过，时评的一大特点是时效性和目的性强，即针对当下人们关心的某种现象或某个问题及时发表评论，同时希望得到读者的及时反馈。因此，及时让时评作品与读者见面，尽可能使时评作品获得一定反响，是促进时评写作教学的良方。

教师可帮助学生在班级墙报、网络媒体等开办专门发布时评作品的栏目，栏目可选用有个性、有内涵的名字，如“新世说”“新观察”“一席谈”“大家谈”“校园直击”“知心话语”“群言堂”“虚实谈”“今日论语”“聊斋”“一事一议”“三言两语”“侃”“闲言碎语”“微评论”“千字文”“看与思”“看世界”“心系天下事”“阅世”“启示录”“说事论理”“新青年论坛”“今日时事”等。

为班级的“时评角”起一个响亮而有个性的名字，不仅能激发学生的写作兴趣，鼓励他们多写多刊布，还有利于吸引班级同学甚至其他班级读者前来“围观”，从而起到作者与读者互相吸引、互相激励的作用。

除了班级墙报，还可以充分利用班级网页、班级微信群等新的媒体形式来展现学生的写作热情和才能。

可以利用作文竞赛、征文、小组擂台等形式活跃时评的创作。例如让两个小组就同一个话题开展“对谈”，每个月换一个话题和组合，时评栏目的名称就叫“对白”，活动持续一年，学生的锻炼效果会十分明显。

时评是一种短小精悍的议论文，学习时评写作，能够锻炼学生的逻辑思维、立意能力及语言表达能力。但是，我们在看到时评特殊性的同时，也应该知道它是议论文中的一种类型，应该将时评写作融入整个写作训练计划中，而不是试图训练一种独立于其他文体之外的特殊能力。另外，从评论对象的范围来看，时评有对国际时事、国内时事、地区时事的评论及对较小范围内发生的事件的评论。针对中学生的时评写作练习，不妨引导他们从评论身边的生活事件开始，循序渐进地扩大其考察视野，以防他们养成说大话、空话的毛病。

第七章 写作过程教学的讨论

改革开放以来，为了解决学习效率的问题，几乎在语文学习的各个重要环节，我们都进行过轰轰烈烈的改革，如修订课程标准，推出有地区特色的新语文教材，开展大规模的师资培训，倡导学习方式变革，推广信息技术教学工具，分省市高考命题等，改革力度不算小，但是，有些举措所取得的成效似乎没有达到人们的预期。这促使我们反省，这些措施有没有落实到具体的教学环节？以写作教学为例，一种先进的写作教学思想不能只是停留在理念层面，必须进入教学过程并对学生的写作行为产生影响，这就是写作过程的教学，简称“过程化写作教学”或写作的“过程化指导”。过程化教学有哪些实施途径？教学中应该注意哪些问题？本章将做专门讨论。

第一节 过程化写作教学的背景及理念

20世纪80年代初，吕叔湘就指出，我国语文教育改革的核心问题是如何提高教学效率，而写作教学的有效性问题更加突出。这既由写作教学本身的性质所决定，又与我国长期的语文教学传统有关。

一、过程化写作教学提出的背景

习惯上，人们把人类的知识体系大体分为自然科学与人文社会科学两大类。相对来说，属于自然学科的数学、物理、化学、生物等，其教学知识体系的设定遵循的是自亚里士多德以来延续两千多年的工具理性，即有既定的学科要素、公认的基本概念、客观存在的基础定理。比如中学物理科课程，其学科基本要素是“质量”“能量”“热量”；围绕这些要素，是“力”“引力”“反作用力”“摩擦力”“浮力”等核心概念群；围绕这些概念群，是经典力学定律、热力学定律、电学定律等一系列定律。这些要素、概念、定理，都是公认的、客观的。学生掌握了这些概念和公理，就可以解释许多本学科的现象，解决一些实际题目。不同国家、不同时代的物理课程虽然有一定差别，但也无非是在内容安排的轻重、难易上的差别，即哪些内容重点讲，哪些内容放在哪个学段讲，而不可能有根本差异。这是因为自然科学知识的生长过程是以逻辑的、内结构化的形式发展的。

但是，属于人文学科的语文科课程，就难以列出类似于物理、数学那样客观的学科要素、不可缺少的概念及公认的定理。即使有人能列出一些概念、原理，学生背过这些概念，也未必能提高语文素养。而在中学语文教学所涉及的学习内容中，又以写作最为极端。写作与人的灵感、才华、个性、创造性关系非常紧密，因而也是不可捉摸的。迄今为止，在人类整个知识框架中，有关写作教学的公认的概念、原理，还是众说纷纭，难有定论。学生的写作能力也很难像数学、物理那样，通过把握概念和理解原理去建立知识体系，并通过例题的讲解和规范严谨的训练而提高成绩。正因为如此，社会上不少人士普遍认为，写作几乎无规律可言，学生的作文水平不是靠老师教出来的。

中国有很悠久的“多读多写”的写作教学成功经验史。传统写作教学的基本模式便是学生长期、大量地阅读文章，从优秀范文中感悟文章的妙处，慢慢积累起判断、分析文章优劣的标准，再通过大量的写作训练浸染出一个人的写作经验。两千多年来，传统的语文学习活动，为这种观点提供了大量成功实例。从民谣俗语的“熟读唐诗三百首，不会作诗也会吟”到专家学者的论断“文无定法”，从杜甫的劝学名言“读书破万卷，下笔如有神”到鲁迅的愤世之言“从不信文章作法”，人们强调的都是一个道理。中国历史上流传下来的劝学故事也是一部多读多写者的成功史，从春秋孔子的“韦编三绝”到晋代车胤等人的“囊萤映雪”，从欧阳修的“卖油翁手熟论”到袁枚的“黄生借书说”，无不告示人们苦读苦练才是写作进步的不二法门。据记载，欧阳修曾经这样回答询问写作奥妙的人，“无它术，唯勤读书而多为之，自工”[1]，南宋词人姜夔的经验也是“多看自知，多作自好”[2]。

从总体上说，多读多写或浸染式写作模式符合语言学习的习得规律，的确能提高学习者的写作水平，甚至还能培育出一些语言学或写文章的大家，但是，这种成功是以大量的时间、精力投入为代价的。因此，如果说在信息总量不大、生活节奏缓慢、经济自给自足的农业社会，浸染式的写作教学方式还能勉强适应社会生活节奏的话，那么在当今社会生活内容日益多样，信息总量急剧增加的背景下，人们用于语文学习的时间则被大大压缩，并且高速发展的社会环境也要求包括语文学习在内的所有社会活动大大提高效率。因此，要21世纪的青少年再像古人那样，靠漫天撒网式的大量阅读自然而然地摸索出写作的门径，已经为形势所不许。因此，探讨高效达成语文教育目标的合理途径，提高作文教学的效率，已经不容回避地摆在人们面前。

人们也许会说，写作涉及高层次思维活动，譬如从事诗歌、小说、

[1] 魏庆之. 诗人玉屑［M］. 上海：上海古籍出版社，1978：36.
[2] 姜夔. 白石道人诗说［M］∥何文焕.历代诗话. 北京：中华书局，1981：680.

戏剧等文学创作，依靠的主要是作者个人对生活的独特感悟，凭借的主要是作者对语言的个性化运用能力。对这种创造性精神活动的主要评价依据，也是看它能不能向人们展现独特的精神世界。因此，在这层意义上，写作的确有许多不可教之处。但是要知道，中学的写作教学课承担的并不是让学生成为作家的任务，而是使他们初步具有运用文字传情达意的能力。而一个社会人应该具备的基本的文字表达能力，如遣词造句的常见技巧，谋篇布局的基本章法，传情达意的基本技能，常见应用文体的基本格式，还是有不少共性的，教与不教还是大不一样的。这就像围棋棋谱里的着法定式、竞技体育训练中的分解动作、绘画初学者的素描写生，都是由基本动作通往高层次创造性活动的阶梯。高层次运动员在赛场争胜，与强手对决，大部分是靠个人天赋与临场的即兴发挥，但是对于初级的学习者来说，在平时的训练里，可以用一些分解动作来完成基本练习。基本动作要领是入门的必备，体现了该项活动的基本要求，是通向高层次创造性活动的台阶。中学写作课就应该研究如何在课堂特定的环境和一定的时间内，帮助初学者尽快构建起语言文字表达的最初那几级台阶。因此，“写作是个性化的创造活动”这一观点不能成为教师在写作教学上甘于“混沌”和“不作为”的理由。

二、过程化写作教学的依据

要实现写作教学的过程化，以下几项准备工作是必不可少的：

（1）筛选出对中学生的作文可能有实际影响的一些关键点：知识点，训练点，构成作文教学的基本要素。

（2）将这些关键点按照一定的顺序进行排列，构成相对系统的课程知识框架。

（3）围绕这些关键点，设计步骤明晰、相对稳定的教学流程。

按照上述步骤，教师将写作的方法指导隐含在教学过程中，指导学生完成一系列训练，掌握写作的“规定动作”或“分解动作”，进而渐渐掌握写作的基本能力。这一思路，就是写作教学的课程化。实现写作教学课程化的前提是筛选出一套关于写作的要素，建构公认且有效的写作知识体系，然后围绕这些要素来设计训练点。

当然，提炼写作训练要素，提高语文学习效率的问题，并不是今天才被提出来的，不少人都在这个问题上做过有意义的探索。20世纪20年代，我国语文教育的开拓者已经试图从教学要素的角度来结构教学框架。例如，夏丏尊、刘薰宇于1922年在开明书店出版的《文章作法》，将叙事文的写作分为若干要点，如：

- 叙事文的意义。
- 记事文和叙事文的混合。
- 叙事文的要素。
- 叙事文的主想。
- 叙事文的观察点。
- 观察点的变动。
- 叙事文的流动。
- 叙事文流动的终止。[1]

改革开放后国内编写的许多语文教材也大都列出了以作文能力为训练点的作文写作序列。其中，20世纪80年代初由华东师范大学第一附属中学特级教师陆继椿主持编写的"双分"实验教材，也是想建立写作教学的"点"和"序"[2]。该套教材记叙能力的训练点如下：

- 记叙建筑物。
- 记叙环境的一角。
- 记叙一幅画。
- 记叙日出、夜色。
- 记叙植物。
- 记叙动物。
- 记叙家庭情况。
- 记叙兴趣爱好。

[1] 夏丏尊，刘薰宇. 文章作法[M]. 北京：中华书局，2007：2.

[2] 陆继椿. 分类集中分阶段进行语言训练实验课本·语文（第一册）[M]. 上海：华东师范大学出版社，1981：前言.

- 记叙学习活动。
- 记叙文体活动。
- 记叙中的抒情。

但是，以今天的课程眼光来看这些教材，则觉得它们对写作教学的科学化追求还只停留在初级阶段。

第一，这些教材主要是以写作知识、写作内容为教材结构线索，而不是以写作方法来设计训练点。比如上述陆继椿主编的教材第一册中的11个记叙文训练点，有10个是从记叙对象角度划分的，只有最后一个“记叙中的抒情”是从方法的角度切入，这样的知识划分就缺少方法的归纳，因而并不利于写作能力的学习。另外，从内容划分很容易彼此重叠，比如“记叙环境”和“记叙建筑”，在记叙方法上一定有许多共同的方法和要求。

第二，当年许多探索写作学科化的教材一般只列出训练目标和写作要求，而缺少达到这些要求的训练过程。如陆继椿主编的“双分”教材第一册“训练点（16）”中这样要求：“以记叙为主的抒情文，记叙要具体充实，抒情要寓意确切，发挥联想，懂得按感情发展的层次组织叙述的结构，学习富于感情色彩的语言，掌握捻连的表现手法；写因物记事的抒情文。”[1]但是，该册教材中并没有载明完成这些要求的方法和训练步骤的相应内容。那么，语文教师在做教学设计时没有活动设计的明确依据，学生的写作过程也没有具体支架，教学中就很容易回到传统的那种依靠学生自己“悟出”写作之道的旧路。

到目前为止，国内写作课程建设的现状是这样的：（1）在写作知识对写作能力提高的意义上虽然存在争议，但多数教材中有自己的知识序列，多数教师的教学实践中有写作知识教学；（2）语文教材及写作教材中，虽然有写作知识的介绍、学习目标和写作要求，但教师用哪些教学步骤去落实这些目标，学生通过哪些训练满足这些要求，则没有具体的过程。因此，上写作课之前，语文教师就需要费脑筋设计写作教学内容，包括

[1] 陆继椿. 分类集中分阶段进行语言训练实验课本·语文（第一册）[M]. 上海：华东师范大学出版社，1981：200.

教哪些写作知识，用什么作文题目，运用怎样的写作教学过程。这等于把写作教学过程设计的重担交给任课教师。这应该是众多语文教师对写作教学发愁的最大原因。

能不能针对已经得到大家普遍认可的某一具体写作知识或能力要求，设计出一套比较具体的、有相对固定步骤的、可以重复操作的写作教学流程，供语文教师去实施呢？比如面对一个具体的情景，一个初学写作的学生能不能通过一至两堂作文课的指导、训练，将眼前的一幅画变成笔下的一幅画，由本能的、混乱的、简单的、艰涩的描写，提高到相对规范的、有序的、细致的、生动的描写，一句话，由不知描写为何物到略识描写。

经过几年的探索，笔者在写作教学方面已经初步开发出十几堂作文课的课程化教学范式，如“学会描写”“怎样审题”“开启联想之门”“怎样虚构故事”“怎样写真实”“怎样用材料”“认识婉言和直言”等写作专项技能训练课，分别围绕中学写作中的描写、审题、联想、用材料等基本步骤（关键点），尝试将教学设计步骤化，写作内容操作化，教师教学指导过程化。

关于写作的过程化教学，有些问题还需要做简单的补充说明。

其一，明确机械训练与创造性活动的关系。应该承认，过程化教学与写作教学科学化存在一定联系。其实，早就有人批评过写作的分解训练是科学化、机械化、教条化的做法。前文所述，写作活动包含基础与高级之分，用这样的方法培养高层次写作人才当然是行不通的，但是，中学写作课要完成的任务是让学生学习基本表达，要学生将眼前所见的事物、自己所想的问题运用文字向别人说明白、讲清楚，用的是基本能力、常用技巧和简单定式。因此，选择一些写作教学点，找到一些写作训练的分解动作，探索一些写作训练的简单有效的定式，对学生进行写作过程的初步指导，使语文教师的写作教学有章可循且确实能提高效率，这样的思路效果还是可以期待的。

其二，写作教学过程化并不排斥一定量的阅读和一定量的训练。相反，过程化教学也应该建立在大量阅读和习作的基础之上。所谓过程化，只不过是通过更合理的设计提高教师的指导效率而已。

其三，写作教学过程化探索是一个庞大的工程，不是几个人能负担得了的，甚至一个时代都不一定能完成、完善。笔者设计的写作教学过程化指导的几个点，就有很大的随意性，是从最基础的、最容易设计的几个点来做的，知识点、命名也值得商榷，在整个写作教学大厦中，充其量只不过是几块砖头而已，因此，期待更多的人一起参与探索。

第二节　过程化写作教学的实施路径

将写作教学过程化的思想并不是今天才有的，不少人曾经为此做出大量努力。

人们在写作教学过程化上的探索，可以简单归为两条思路：一是从作文的写作环节入手，探讨写作教学过程的合理性和有效性；另一种是从构成写作的知识和能力要素入手，设计作文分项训练过程。其中，第一种路径是宏观的写作过程，第二种路径是微观的写作过程。以往，人们在第一个过程的如何选题、如何立意等方面所做努力较多，而在第二个过程即学生具体的写作行为上指导不够，今后语文教师写作教学的努力方向之一，应由第一种过程指导向第二种过程指导转化。

一、按“写作环节”设计写作教学

写作是思维和语言在时间上的展开。一篇文章从准备到构思再到完成，存在着一个时间流程，那么，以文章的写作过程为线索组织教学活动，是很自然的程序。以写作过程为线索组织写作教学——自然流程，需要完成以下工作线路：

（1）列出学生完成一篇作文需经过的主要环节。

（2）按照写作的主要环节将教学活动划分为几个教学板块。

（3）确定每个教学板块具体的目标和步骤。

（4）通过教学活动设计，合理组织作文训练，控制学习步骤，以获得预期效果。

一般来说，中学的写作教学基本上都是按照作文写作流程来展开教学的。我国的中学写作教学有两种基本流程：一是四阶段指导模式，即“教师写前指导—学生写作—教师批改、评讲—交流展示”；另一种是两阶段指导模式，即“学生写作—教师批改”。后者可以看成是前者的简化版。两种教学模式的内容与过程，可以通过表 7-1 表示：

表7-1　两种教学模式的内容与过程

写作阶段	训练内容与过程	
	模式1	模式2
写前指导	范文借鉴，教师给出题目，头脑风暴（获得写作素材），写作思路点拨，拟提纲	
写作	学生独立写作	
批改	以教师批改为主（偶尔采用自批、小组批改、面批）	
交流展示	教师讲评（读优秀作文+问题分析），张贴优秀作文（黑板报、墙报、班级网页、佳作园地、作文排行榜等）	

可以看出，尽管人们可以把写作教学分成更多的模式，但是在“写作”这一最需要教师指导的中心环节上，上述两种模式其实大同小异，或者说，这样的写作教学还是基于学生多写多练、能力自然生长的理念，即基本由学生独立完成写作，学生在写作的“进行时”里，缺少必要的讨论和具体的帮助，比如用哪则材料更好一些，什么立意更有价值，如何在写作过程中及时修正、改进表达，等等。即使学生可以通过评语、课堂讲评甚至面批获得教师的意见，但是，学生当时的写作情景已经不可复现，指导和训练都无法融为课程的有机部分。

有人把教师在写作教学中的“失语”和“无为”归咎于写作的课堂教学模式本身，也就是说，是这种以大班课堂为写作环境，按“写前准备”“学生独立写作”“写后批改”等环节来组织写作教学的做法本身就有局限性，才使得教师失去了对最关键的学生写作这一环节的指导。这种理由有一定的道理，但并不能说明全部问题。从总体上来说，集体化的课堂不利于个性化的写作，但是，不利于指导并不是不能够指导；教师不能够逐个对学生的写作过程实施指导，并不是不能对课堂写作过程加以控制和影响。这种影响可以体现在两个层面，其中一个层面是课程准备，包括理论认识和写作教材准备。在这方面，美国的课堂写作教学模式可以作为参照。

美国的写作训练有不同模式，如分段写作模式、头脑风暴写作模式、环境写作模式等，这些模式都将写作过程分解为若干阶段，其中“写作构思”“写作”“审阅”“修改”几个环节几乎是所有模式共同强调的，这些环节的性质、功能与我们的写作教学四阶段大同小异。只不过美国的课程标准除为作文分出几个阶段以外，还规定了每一个阶段学生和教师分别做什么和怎么做，这就在很大程度上压缩了集体上课可能导致的空泛性而强调了操作性，从而把写作教学的过程化落到实处。表 7-2 是美国马萨诸塞州英语语言艺术课程框架（2001 年 6 月版）的普通五阶段模式的具体操作要求[1]：

表7-2 美国马萨诸塞州英语语言艺术课程框架（2001年6月版）的普通五阶段模式的具体操作要求

阶段	策略	过程
确立中心与制订计划	通达先前的知识，建构目的，辨别听众（读者），形成问题，理解任务的标准	讨论 列表，画图，网络，草拟，角色扮演，自由写作，组织，分类，列提纲
打草稿	（看普通标准19）	添加事实与细节，删减不必要的细节和多余的话
评价与修改	带着听众意识、目的和焦点问题重新读。辨别含糊不清及逻辑错误。注意是否连贯，阐述是否具体，是否有细节描写（看普通标准19）	重新组织 为清晰、语气、风格和连贯重新措辞
评价与编辑	对照标准和英语语言规范重新读（看普通标准22）	对句型变化、正确的句子结构、技巧、惯用法和拼写进行编辑
出版与评定	审视标准和任务目的、听众的需要；计划和准备最后的产品；反思和计划未来的写作任务（看普通标准25）	设计 格式化 排演和上交 评价最后的产品

中国和美国在写作过程指导方面的差异见表 7-3：

[1] 王爱娣. 美国语文教育 [M]. 桂林：广西师范大学出版社，2007：139.

表7-3 中美两国在写作过程指导方面的异同

阶段	相同	不同	
		中国	美国
写作前	范文借鉴，知晓写作任务，获得写作素材，拟提纲	教师命题为主，教师点拨写作思路，学生独立拟提纲；以激活学生完成写作任务（教师的命题作文）为导向	命题关注实用表达，贴近学生生活需要；学生根据表达目的交流素材，学生交流、修改、完善提纲；以激活学生的表达愿望与已有积累为导向
写作	独立写作	一次性活动	反复的活动：初稿—讨论修改—成稿
写作后	批改、交流	教师评价为主，教师主导交流；成果展示是部分学生的事情	学生修改、完善习作是不可缺少的环节；成果展示是所有学生的事情

由此可知，不是课堂教学会天然限制写作教学的过程指导，而是我们的写作教学设计缺乏过程，尤其是在写作教学的主要环节上缺乏操作性的规定和要求。因此，如果要沿着这个维度来改进写作教学过程，必须使作文指导再具体一点、细致一点、明确一点，使教学或训练有章可循。

二、按照“写的过程”设计写作教学

写作教学过程化努力的第二个维度是从构成写作知识和能力的诸要素入手，通过分项训练提高学生的写作能力，在每一项知识的训练上不只是提出要求，而是落实教学步骤和体现指导的过程。如描写的训练，不只是让学生知道“描写要具体描写、要生动”，而是要帮助学生做到具体生动地描写；记叙性文章的选材，不只是让学生懂得“材料应该具体、典型、新颖”，而是要教会学生怎样选择“具体、典型、新颖的材料”；等等。这个“怎样”的训练就需要教师进行一系列的过程指导，将写作训练设计为学生能够做的、愿意做的一系列活动，使学生在这一系列的活动过程中获得写作知识技能。

沿着这条路径实现写作教学过程化，以下几项工作至关重要：

（1）列出构成作文能力的基本要素，如观察、描写、议论、虚构、写实、立意等。

（2）将这些要素按照序列列为基本训练点，围绕每一个训练点设计具体可操作的训练步骤。

（3）一堂写作教学课或一个教学单元训练一项能力，提高学生的分项能力。

（4）分项训练时不排除综合作文能力的训练。

有人将按知识、技能要素指导作文训练的做法称为要素主义或技术主义，这显然有失偏颇。吕叔湘认为，“使用语文是一种技能，跟游泳、打乒乓球等技能没有什么本质上的不同”，“任何技能都必须具备两个特点，一是正确，二是熟练。要正确必须善于模仿，要熟练必须反复实践”，“技能的获得要通过学生的活动，教师是无法包办代替的”。[1]他一再强调，“从某种意义上说，语言以及一切技能都是一种习惯。凡是习惯都是通过多次反复的实践养成的”。

把写作能力分成不同的知识和能力要素，对学生分别训练，是很早就有的想法。20世纪二三十年代，在语文教育前辈陈望道、夏丏尊、叶圣陶等人谈作文的著作里，已经有了把作文能力分成许多知识和能力以便分别教授的想法。夏丏尊、叶圣陶在《文章讲话》里把表达能力分成“静境”“动态”“文气”等知识点，分别介绍其特点、要求，以及如何写作才能达到这些要求。例如，就如何增强文章的“文气”，夏丏尊、叶圣陶提出三种途径：

（一）以一词句统率许多词句，足以加强文气，因为许多词句为一词句所统率，读去就不能中断，必须一口气读到段落才可停止。凡具有这种构造的文章，文气都强……

（二）在一串文句中叠用调子相同的词句，也足以加强文气……

（三）多用接续词，把文句尽可能地上下关联，也是加强文气之一法。[2]

以今天的眼光来看，增强“文气”的三项努力当然还不够科学周密。

［1］吕叔湘．关于语文教学的两点基本认识［M］//张定远．中学语文教育论集（上册）．天津：新蕾出版社，1985：74-75.

［2］夏丏尊，叶圣陶．文章讲话［M］．北京：中华书局，2007：73-83.

因为，一篇文章的“文气”既通过句式来体现，同时也涉及思想内涵、逻辑关系及作者对语言独特的运用能力，即文气是意气、才气和语气的有机结合。尽管夏丏尊等所列的具体知识点和能力点有待进一步完善，但这种试图分析作文过程，努力总结作文训练路径的思路却是很可贵的。可惜在后来很长的一段时间里，由于种种原因，在作文过程化教学这个维度上的探索几乎完全中断，直到20世纪80年代以后才渐渐恢复。从20世纪80年代初陆继椿的“双分”教学思想中的“点”和“序”概念，能看出写作课程向过程化方向的努力，不过，以知识、能力要素逼近写作教学（包括语文教学）过程化，不仅要解决“量”和“序”的问题，更重要的还在于能不能围绕这些要素，分别设计合理的训练步骤。若缺了这一步，知识和能力点则又会变成空泛的要求，这也许是“双分”教学难以走远的重要原因之一。所谓合理过程，应包括具体、清晰、连续的目标，以及相应的训练步骤和检测措施。合理过程要能够回答这些问题：

（1）什么时候，学生拥有了什么行为，才算达到了教学目标？

（2）该以何种顺序获取知识？

（3）其中每一步成功以什么来衡量？

（4）我们怎样知道学生是否准备充分？

（5）发现错误以后，以什么方式进行修正？

（6）其他的方法是否也可以实现教学目标？其缺点是什么？

清楚了这些问题，那么中间目标的性质、数量、顺序也就非常清楚了。教师或学生依照这些设计，可以真正完成训练过程，在较规范、有效的教学过程的约束或指导下，自行通达能力的彼岸。例如“生动地叙述”，可分成下面诸多分目标和训练步骤[1]：

（1）制造悬念。在作品的某一部分故意设置疑团，引起读者对人物命运、矛盾冲突的关注，使其产生急切期待、欲知后事的心理。如《草船借箭》（罗贯中）。

（2）铺陈误会。利用时间、地点、人为因素，故意造成人物之间的误解，

[1] 郑桂华，冯善亮. 初中作文实验教程（八年级下）[M]. 汕头：汕头大学出版社，2008：27.

为行为推波助澜，丰富情节的戏剧性。如《醉人的春夜》(吴金良)。

(3)着力突转。故事情节不是按常理发展，而是陡遇情理中的“意外”，转向另一方面去。如《我的叔叔于勒》(莫泊桑)。

(4)抑扬结合。常见的有欲扬先抑和欲抑先扬两种方法，“抑”是蓄势，“扬”是兴波。如《阿长与〈山海经〉》(鲁迅)。

(5)虚实相生。正面直接地写叫实写，侧面间接地写叫虚写，虚写为实写服务。文章要以实带虚，虚中见实，相辅相成，形成一个又一个波澜。如《第二次考试》(何为)。

此外，能使叙述曲折生动的表达技法还有设计巧合、张弛相间、预埋伏笔、渲染气氛等。同时，这些技法并没有什么明显的界限，它们往往互相交融，你中有我，我中有你。在写记叙文的时候，如果能够灵活运用一两种技法，就能使文章跌宕起伏、引人入胜，渐入“山重水复疑无路，柳暗花明又一村”的佳境。

上述每一个分目标都应结合具体实例，安排训练段落，列出评价标准，指导反思修改。经过反复训练，学生在某一点上的写作能力的提高，应该值得期望。

当然，有必要说明的是，本节所述两种作文过程化教学的目的都是解决学生作文的入门问题，提高作文水平当然还要配合大量的阅读和写作，不能只靠这样的定点训练，这是毫无疑问的。

第三节　过程化写作教学示例

许多语文教师也认同写作教学的过程化，但是却感到实践起来颇为不易。的确，落实写作教学思维过程化，难就难在教学步骤的设计。以在写作能力中占重要地位的“构思”能力的教学为例，教材的处理一般有两种情况：第一种情况是不做专门要求，比如陆继椿的“双分”教材、刘朏朏的“三级训练体系”、欧阳代娜的《写作》教材，以及宁鸿彬的《写作 100 法》、王秋荣的《作文技巧 100 例》等，均没有把构思列为写作教学内容；第二种情况是介绍构思的一般知识和写作要求，但是没有写作过程和教学过程。譬如材料的三级思考，在如何处理材料上已经将知识划分得很细致，也讲解得十分清楚：

一、材料的提炼与转化

二、材料的过滤与浓缩

1. 探求材料的深邃底蕴。

2. 探求材料的典型意义。

3. 探求材料的个性意义。

4.“由小见大”。

三、材料的逻辑排列与组合

1. 材料与文章中心的逻辑关系。

2. 材料与材料之间的逻辑关系。[1]

这可能是关于处理材料方面讲得最清楚的文字之一了，而处理材料属于构思的一部分，因此，这种知识梳理对构思的教学是很有用的。不过，这种梳理只是过程化写作教学的基础条件，而在教学中，教师以什么方式将这些知识传播给学生，学生对知识的理解如何，写作中会遇到什么困难，这些都需要在写作过程中才能发现。因此，过程化写作教学，在知识定位的基础上还要再往下走，逐步完成以下几个环节：

---

[1] 蔡澄清，陈军. 积累 · 思考 · 表达——写作能力的培养［M］. 北京：语文出版社，1990：120-146.

（1）定位一个关于构思写作的知识或技能点作为学习目标。

（2）找到一个切入口做教学活动设计。

（3）建立一条针对学习目标的训练线。

（4）通过现场学习达到学习目标。

这就好比要去一个陌生地方旅游一样，要顺利实现自己的愿望，第一步是选点，第二步是选择方式（如自由行还是跟团，坐火车还是飞机），第三步是线路攻略（如去几个地方，沿途要解决的问题），第四步是游玩的过程。一般来说，选点决定价值，方式决定效率，步骤决定质量，执行情况决定目的是否达成。下面这则案例，是以构思为学习目标，以类比联想为切入点，以课堂教学的几个环节为训练线路，希望达到让学生学会一种具体构思方法的目的。

过程化写作教学也一样，“选点”决定学习价值，方式决定学习效率，步骤决定学习质量，教学执行情况决定学习目的的达成情况，四个环节互相依存，合起来便是一条有效写作教学的通道。

一、“类比构思”过程化教学

在诸多写作步骤中，构思往往决定着接下来一系列写作活动的走向，因而很受重视。但是，构思被认为最能体现一个人的个性和创造力，而且有关构思的确定性知识也比较少，因而对构思环节的教学，许多教师常常是大而化之地一笔带过。写作的构思过程有没有具体路径可循？我们能不能像医学上用CT扫描那样，把构思的过程如画般一幅一幅地展开给学生看？

下面这则案例便是以构思为学习目标，类比联想为切入点，把几个教学环节串联起来构成一个过程化的训练线路，希望达到让学生学会一种具体构思方法的目的。

运用类比构思可以在一定程度上解决我们“写作不形象，缺少新意”的问题。下面请大家一起来尝试。

（一）阅读范文，认识类比构思

阅读冰心的《霞》和《谈生命》（节选），发现作者选取“霞、向东流的一江春水、一棵小树”等物象来描述自己对生命的理解，懂得借助物象表达自己的感悟与思考可以改进表达效果，使得文章形象生动，甚至在一定程度上有新意。

霞

冰心

四十年代初期，我在重庆郊外歌乐山闲居的时候，曾看到英文《读者文摘》上，有个很使我惊心的句子，是：

May there be enough clouds in your life to make a beautiful sunset.

我在一篇短文里曾把它译成："愿你的生命中有够多的云翳，来造成一个美丽的黄昏。"

其实，这个 sunset 应当译成"落照"或"落霞"。

霞，是我的老朋友了！我童年在海边、在山上，她是我的最熟悉最美丽的小伙伴。她每早每晚都在光明中和我说"早上好"或"明天见"。但我直到几十年以后，才体会到云彩更多，霞光才愈美丽。从云翳中外露的霞光，才是璀璨多彩的。

生命中不是只有快乐，也不是只有痛苦，快乐和痛苦是相生相成，互相衬托的。

快乐是一抹微云，痛苦是压城的乌云，这不同的云彩，在你生命的天边重叠着，在"夕阳无限好"的时候，就给你造成一个美丽的黄昏。

一个生命到了"只是近黄昏"的时节，落霞也许会使人留恋，惆怅。但人类的生命是永不止息的。地球不停地绕着太阳自转。东方不亮西方亮，我窗前的晚霞，正向美国东岸的慰冰湖上走去……

谈生命（节选）

冰心

我不敢说生命是什么，我只能说生命像什么。

生命像向东流的一江春水，他从最高处发源，冰雪是他的前身。他聚集起许多细流，合成一股有力的洪涛，向下奔注，他曲折地穿过了悬崖峭壁，冲倒了层沙积土，挟卷着滚滚的沙石，快乐勇敢地流走，一路上他享受着他所遭遇的一切……

……

生命又像一棵小树，他从地底聚集起许多生力，在冰雪下延伸，在早春润湿的泥土中，勇敢快乐地破壳出来。他也许长在平原上，岩石上，城墙上，只要他抬头看见了天，啊！看见了天！他便伸出嫩叶来吸收空气，承受阳光，在雨中吟唱，在风中跳舞。

……

（二）寻找并选择物象

训练活动：围绕“人生像……”独立写出5～8个句子，再比较并选择合适的物象。

示例：

- 人生像单行道。
- 人生像一本书。
- 人生像一盒夹心巧克力。
- 人生像舞台。
- 人生像银行。
- 人生像江湖。
- 人生像梦。
- 人生像谜。
- 人生像一个圆。
- 人生像一面镜子。
- 人生像一张白纸。
- 人生像漫长的旅途。
- 人生像航船。
- 人生像走马灯。
- 人生像木筏。
- 人生像铅笔。
- 人生像咖啡。
- ……

要点提示：我们该寻找什么样的物象？

- 自己熟悉的物象。
- 与话题关联度高的物象。
- 可以发掘出深层意味的物象。

（三）物象与话题建立关联

示例：人生像建筑。

1."建筑是凝固的音乐"，建筑体现出一种美感，人生也有一种美感。

2. 建筑从开始到完成，是需要一个过程的。人生这个过程就是从出生到生命结束。建筑封顶的那一天，如同现实生活中的人生结束。

3. 建筑有基础部分和装修部分，也就预示着人生不同的发展阶段，每个阶段都很重要。

要点提示：类比构思的流程。

- 寻找并选择物象。
- 列出物象特征。
- 列出话题的要点。
- 选择物象与话题的有效关联点。

（四）梳理思维脉络，列出提纲并完成写作

（略）

二、类比构思教学效果反思

类比是一种十分古老的表达手法，古人把《诗经》最主要的艺术手法归纳为"赋、比、兴"，其中的"比"，指的就是类比。自古以来，我们的祖先一直很擅长用类比来表达思想感情，为我们留下了大量成功运用类比的作品。整篇用类比的如屈原的《渔夫》，陶渊明的《桃花源记》，杜牧的《阿房宫赋》，柳宗元的《捕蛇者说》，龚自珍的《病梅馆记》。而文句中用类比的就更比比皆是，比如苏东坡的《前赤壁赋》，为了表达"个体在无边无际的宇宙面前十分渺小"这层意思，一口气连用了十几个类比，"渔樵于江渚之上，侣鱼虾而友麋鹿；驾一叶之扁舟，举匏樽以相属。寄蜉蝣于天地，渺沧海之一粟。哀吾生之须臾，羡长江之无穷。挟飞仙以遨游，抱明月而长终。知不可乎骤得，托遗响于悲风"，把人生虚无之意渲染得很彻底，充分体现出苏轼的文思如海。

不过，类比并不是文学创作的专利，它也是人类认识外部事物的途径和思维方式，比如中国古人用"阴阳五行"来理解世界构成和用属相帮助纪年，西方古人用动物命名星座和用下棋模拟战争，运用的都是类比思维。今天我们使用的大量成语，如“情同手足”“门当户对”“如花似玉”“山高水长”等，也都属于类比。

正因为类比思维在各民族中都有悠久的历史和文化传统，所以运用类比来表达对世界的判断与看法，也就具有普遍性，其原理也很容易懂，使用技巧也不难掌握。一般情况下，只要做一点简单介绍，再结合一些表达实例和训练，高中学生普遍就能较快地掌握它，并按要求完成一些简单的类比构思。下面这两篇习作便是在类比构思教学活动之后学生“按图索骥”完成的。

习作示例：

【例文一】

成长是一次长途旅行

华东师范大学第二附属中学　曾慧

这是每个人都必须经历的一次单独的旅行。你渐渐放开父母的手，走在成长的路上，独自一人行走。

还记得儿时弄堂里的喧闹声吗？那时，已经可以独自出去玩的你，总是想尽一切办法摆脱父母的“管制”。于是你一次次地和伙伴们一起偷偷跑进前街的幼儿园，不顾门房员叔叔的吆喝，肆意尽情地游玩于滑梯、跷跷板之间。你一次次地在奔跑玩闹中跌倒，再爬起来，用小小的手绢扎住自己的伤口，又勇敢地向前奔去。

这是旅行的开始，你刚刚有勇气去找寻自己的快乐，刚刚学会在没有父母的庇护下照顾自己。

然而，“成长号”列车一直奔行得很快。因此在长大些之后你发现自己迷茫地陷入了这个陌生的世界。

你踏上了学习的路，窄窄的肩上有了越来越多的责任。

你是否发现生活中多了一些不可以用孩子的笑一掩而过的东西？面对学校里的考试成绩，你一次次地受到指责，你一次次地掉眼泪，你不得不收起心爱的芭比娃娃和遥控小汽车；面对父母的提醒和他们无意中向别人提起的对你的期望，你单纯的心一次次被触动，你的心中渐渐有了一样叫作压力的东西。

你踏上了交友之路，清澈的眼睛看到了点点杂质。

你发现伙伴们会以羡慕的眼光看着你漂亮的新鞋子、新衣服，她们甚至还会加以“评论”，你有点无所适从。你发现伙伴们的父母会喜欢拿你们这些孩子做比较，你安静地听着他们的话，不知该怎么回答。

这一段路上，你如此迷茫……但随着成长列车继续行驶，你也渐渐适应了这些。

于是，有能力面对学习的压力、父母的期待，结交了许多知心好友的你踏上了更明朗的旅途。

在这路上，你学会仰望，开始仰望。

你不再像以前那样只沉浸于现实中的快乐，你开始憧憬起来。你不知道列车会驶向哪里，但你终于明白其实你自己就是它的驾驶者。在一次次挫折与失败中站起来的你历练出了顽强的毅力和坚忍的意志；在做出了一次次人生的重大选择后，你了解了自己该前进的方向，坚定了自己的兴趣。

于是你不断地学习，不断地努力，随着列车的行驶，你也越发“强大”，你感到自己长大了。终于，你可以稳稳地驾驶自己的成长列车了。

这是一次没有终结的旅行，你的仰望没有尽头，人，总该是在仰望的。也许在某年某月某一天，回过头来看自己曾经走过的路，你会淡淡一笑的。成长，就是这么神奇。

【例文二】

成长的弧度

华东师范大学第二附属中学　陈粹粹

很多人，把成长看成一条直线。

乐观主义者说，成长是向社会宣战的过程。这样的成长，有如直指云霄的直线，意欲身登青云梯而一步到天。但是，这样可行吗？不要低估了社会的竞争力和战斗力，它可以用事业挫折、人际屏障等武器，让宣战者的锐气消磨殆尽，不战而败。

悲观主义者说，成长是向社会妥协的过程。这样的成长，正如直指深渊的直线，意欲磨圆自己的棱角而生活得更顺滑。但是，这样有意义吗？受社会中众多复杂因素的支配和指使，渐渐迷失了自我独一无二的价值，何异于奴隶社会和封建社会？有人曾在读报问题上，指出这样的现象：幼儿园读小学的内容，小学读初中的内容，初中读高中的内容，高中读大学的内容，大学读幼儿园的内容。如果我们一直妥协，不仅会失去自我价值，更会失去为人的基本准则。

所以我以为，成长并不是直线，而是有着优美弧度的曲线：向社会暂时妥协，在妥协之下慢慢蓄势，逐渐掌握主动权，进而向社会宣战，驾驭社会，直至如鱼得水。有了如此先下凹再上扬的弧度，成长才会完整，才会成熟，才会有意义。

向社会暂时妥协，这不是说明我们的软弱，而是表明我们的智慧。孙子亦认为，作战应"避其锐气，击其惰归"。站在人生起点的我们，实践的矛尚未锐利，阅历的盾尚未坚固，我们为什么要鲁莽地向社会进军呢？强大的社会漩涡会把手无寸铁的我们吞没，甚至没有任何声音。相反地，如果我们隐忍一点，谨慎一点，在妥协中努力地磨砺我们的矛，加固我们的盾，像刘备一样躬耕菜畦韬光养晦，如诸葛亮一般布衣南亩静坐茅庐，等到有一天时机成熟再把成长的曲线向上弯折，这样才不至于跌倒在起跑线上。

如果说在成长的前半段曲线中我们学会了隐忍和谨慎，那么在成长的后半段曲线中，我们便学会了如何从隐忍和谨慎中获得报偿。此时的我们，有了一定的时间和阅历，并化这些为我们站立在社会涡旋中的底气和力量。弄潮儿向涛头立，手把红旗旗不湿！

成长并未结束——为了把这成长的弧度收得更完美，历经年轻的蓄势和壮年的迸发后，我们更应存有一份淡定从容之心。世间一切我们都已参透，乐夫天命复奚疑？如鱼得水的我们，喝过苦丁茶，品过奶茶，现在要学着喝温和的香片茶了。

成长的弧度，完美了。

没有一意孤行的宣战，没有一味消沉的妥协——有的只是成长的弧度，以其完美的姿态，观照我们一生的无悔。

（要点提示：类比构思的流程

选择一组物象时，要注意这一组物象要有相关性，否则会显得杂乱无章。）

……

同学们，你是边看边实践，还是只是看看而已呢？尝试一次吧。

（具体细节略）

教学生运用类比来构思文章，虽然有时候能收到立竿见影的效果，但是我们应该清醒地认识这种技巧的局限性，不要过分依赖它。这是因为，首先，写作是一个人综合能力的体现，而构思只是复杂写作活动的一个部分或一个环节，有了好的构思固然利于写好文章，但构思并不是充分条件，一篇文章开始构思得好，最后写成篇不一定好，因为还有思想内容、语言表达等其他因素的影响。

其次，世界是极其复杂的，思维也是极其复杂的，类比只是人的思维方式之一，类比构思当然不能解决所有写作的构思问题。

再次，类比是利用两种事物之间的某个方面的共同特征来建立关联，并使之产生意义。但是，一个事物存在多个方面的特征，在用一个事物作类比时，总是抓住了它的一个特征而不管其他特征，比如花朵既可以类比美丽的事物，也可以类比容易凋零的事物，还能够类比招摇的事物，因此，用类比方式进行论证时，常常会露出一定的逻辑缺陷。这是写作教学中需要提醒学生注意的。

最后，类比思维是一种偏感性的思维，即多运用个体的感觉进行判断、做出结论，如果长期使用类比思维，或类比思维发达，可能会带来思维模式的感性化和艺术化，这可能会影响逻辑思维的发展。当然，一个合格的语文教师不可能只教学生用一种模式来构思作文，出现上述几个问题只是极端的情况。

第八章 写作课程建设问题略谈

写作教学是一项内容庞杂、结构复杂的工程。从课程建设角度有课程目标、课程计划、写作教材、教学实施及写作评价等内容；从学生的成长阶段分，不同学段有各自的写作教学内容；从学习者的差异看，有不同地区、不同个体的区别。另外，写作教学还是一个受社会发展影响颇大的领域。因此，写作教学研究一直会有不尽的问题。本章中的三节内容是笔者以前所写的三篇论文，一篇从核心素养的角度论述小学写作教学的内容确定和教学策略，一篇是关于上海版高中语文教材中的写作内容，还有一篇讨论作文评阅方法的得失。三篇文章的内容各自独立，但又都与写作课程建设有关，相当于窥望写作课程建设的几个窗口，也希望它们能引起大家对这些话题的重视。

第一节 基于语文核心素养的小学写作教学

写作能力是一个人应该具备的基本能力，也是语文学习及语文教学的重点。写作教学[1]满足的是学生将来走上社会以后运用书面语言进行社会沟通的基本需要，这些需要均基于人类沟通的内在机制。因此，不同时期的写作教学内容，如在为什么写、写什么、怎样写等问题上，必然存在一定的共性；不同时期的语文教师在写作教学内容的确定、教学策略的选择上，都应该围绕人类表达能力提高的基本需要，保持相对的稳定性。但是，另一方面，不同时代的学生情况，当时社会的育人取向，以及教育观念的变化，又会不断对写作教学提出一些新要求，因此，写作教学内容和教学策略也应根据上述因素的变化做出适当调整，才能满足社会对写作教学乃至整个语文教育的需要。"语文核心素养"就是近几年关于语文教育的一种比较新的观念，这种观念自然也会对语文课程，包括课程目标确定、教材编写、教学实施及教学评价产生一定的影响。语文核心素养的基本内涵是什么？小学写作教学在核心素养语境下该如何建构课程内容？小学阶段日常的写作教学如何体现培养核心素养的理念？本节尝试从语文核心素养培养的角度考察小学写作教学内容的建构及教学实施问题。

一、从核心素养的角度审视写作教学目标

学科教育目标的确定是一门学科建设的基本问题。对语文这门学科来说，核心素养并不是一个全新的概念，而是在以往人们对语文教育价值理解基础上进一步的思考与更清晰的表达。

20世纪末以来，中国语文教育改革的一个关键是如何改变漫灌式教学带来的"少慢差费"的问题，而探索更为确定的语文课程目标与内容无疑是一个恰当的努力方向。2022年版语文课程标准在"课程性质"中

[1] 本文使用"写作教学"这一概念，是根据《义务教育语文课程标准（2011年版）》中"教学建议"部分的规定。

指出："语文课程应引导学生热爱国家通用语言文字，在真实的语言运用情境中，通过积极的语言实践，积累语言经验，体会语言文字的特点和运用规律，培养语言文字运用能力；同时，发展思维能力，提升思维品质，形成自觉的审美意识，培养高雅的审美情趣，积淀丰厚的文化底蕴，继承和弘扬中华优秀传统文化、革命文化、社会主义先进文化，增强对习近平新时代中国特色社会主义思想的理解和认识，全面提升核心素养。"[1]这些学习目标对青少年的学习与成长来说也是不可或缺的，而课标将它们详细列出，对语文教师准确把握语文课程目标并分别将它们落实到教学中去，从而确保学习效率，无疑起着不小的保障作用。不过，从课程标准对教学应负有的指导价值来看，无论是语文素养这一概念还是具体的内容，在表述上尚存在一定的不足。

第一，无论是语文素养所隐含的构成要素还是学习目标，其中有一些内容并非是语文学科所独有的。比如培养学生的"文化品位"和"思维能力"等，就是由几门学科学习所共同承担的任务，语文学科的学习只是实现这些目标的重要途径之一；"人生态度和价值观"的培养，则需要家庭教育、社会教育、学校教育与自我教育共同来完成，语文学科也参与其中；有的任务甚至不是语文学科最擅长、属于主要责任方的，譬如对学生"科学态度"和"实践和探究精神"的培养，科学、数学、生物等课程所承担的任务可能会多些，作用也更明显些；还有像"媒体运用"这类内容，应该是信息技术课程最重要的学习目标，语文学科对媒体工具的认识和运用，涉及的差不多也是最基础的层面。从目标的精细化与确定性的角度看，上述内容都需要做更细致的区分，并进行更清晰的描述。

第二，即使是那些主要由语文学科承担的学习任务，不少内容似乎也不应该是并列关系，比如"识字、说话和书写技能"与"书面表达能力"、"口语交际能力"在不少地方就存在并列关系、包含关系及交叉关系，不容易区别开。这些概念或内容应该存在一个能起到统领作用的目标，也应该有其内在的逻辑线索。在实际教学中，有不少语文教师对众

[1] 中华人民共和国教育部. 义务教育语文课程标准（2022年版）[S]. 北京：北京师范大学出版社，2022：1.

多零散的学习目标间的关系认识不明确，教学中不是使它们互相割裂，不能形成合力，就是在学习上简单地重复，降低了学生的语文学习兴趣和效率。

第三，语文素养及内容分类主要还是从学科类型的角度来划分学习内容及描述学习目标，而不是从学生的学习与发展需要来描述。从理论上说，学生在语文学习中，既不该按照学科内容做分门别类的学习，也不应只是学习数量和学习时间上的简单叠加，而应该以满足学生语言文字运用能力的需要为主要依据。

上述三个方面，正是语文核心素养这一概念试图做出的回应，也是它最值得期待的价值。

语文核心素养是学生在积极主动的语言实践活动中构建起来，并在真实的语言运用情境中表现出来的个体言语经验和言语品质；是学生在语文学习中获得的语言知识与语言能力、思维方法和思维品质，是基于正确的情感、态度和价值观的审美情趣和文化感受能力的综合体现。如果把语文素养分解开来表述，可以提炼出以下主题词[1]：

表8-1 语文素养的主题词

素养	内涵		
语言建构与运用	积累与语感	整合与语理	交流与语境
思维发展与提升	直觉与灵感	联想与想象 实证与推理	批判与发现
审美鉴赏与创造	体验与感悟	欣赏与评价	表现与创新
文化传承与理解	意识与态度	选择与继承　包容与借鉴	关注与参与

语文核心素养概念的提出，在一定程度上回答了上面所说的三个问题。首先，它聚焦于语文学科的特殊性，使得语文课程的学习目标更加明确："语言建构与运用""思维发展与提升"毫无异议是语文学科的核心素养，而如何理解"审美鉴赏与创造"与"文化传承与理解"在核心素养中的意义？王宁教授做了清晰的阐述："任何学科都包括文

[1] 王宁. 语文核心素养与语文课程的特质[J]. 中学语文教学，2016（11）：4-8.

化，尤其是历史和艺术，但语文学科是以口语和书面语来负载文化信息的，语言文字不仅仅是文化的载体，是文化传播的基础工具，而且自身就是一种重要的文化现象，当代文化生活的建构更是语文课程必须关注的实践课题。”“语文审美是针对言语作品的审美，在这一点上，语文和艺术具有分工的关系。但是，语言在表达美感的普遍性方面，也是其他艺术无法取代的。”[1]语文核心素养概念廓清了语文学习的独特责任，使得这门学科更加具有不可替代性。其次，语文核心素养概念对语文学习目标的呈现采用的不是平行描述、并列陈设的传统框架，而是一种层级结构。四类素养在纵向关系上以“语言建构与运用”为基础，逐层向思维与文化方向递进；在横向关系上，同一类素养中隐含不同的目标层次，这在一定程度上可以实现语文学习目标的组织化，有利于人们从整体上理解语文学科的内在逻辑。最后，语文核心素养从学习者的学习需求和发展需要出发来描述语文学习目标，在一定程度上实现了学习目标表述方式与以学生为本的现代教育理念的一致性。基于上述理由，可以认为核心素养理念能成为今天我们重新考察语文学科建设中的一些基本问题，如如何确定学习内容、如何调整学习策略的新视角。

二、按核心素养要求把握小学写作教学内容

语文核心素养不应该只是一个新名词，更不应该是一个空泛的概念，其实际的理论价值在某种程度上取决于它对原有的语文学科概念、学习内容的解释和容纳程度。以小学写作教学内容的确定为例，从语文核心素养的角度考察它，能为我们带来一些新思考。

在语文教学中，小学阶段写作教学也许是让很多教师最感困惑的话题之一，而让教师产生困惑的一个重要原因便是小学写作教学内容相对更不易确定。从横向的角度来看，小学的识字、背诵等学习任务目的明确、要求具体，而对习作来说，除字数的要求以外，其他内容就模糊得多。再从纵向的角度看，高中的写作文体往往以议论文为主，初中的写作文

[1] 王宁. 语文核心素养与语文课程的特质[J]. 中学语文教学，2016(11)：4-8.

体往往以记叙文为主。人们在对这两种文体特点的理解与把握上尽管也有弹性，但是它们毕竟还是各自有一个记叙文和议论文文体的知识框架，这个文体知识框架往往就可以用来作为教学的抓手。但是，小学写作教学恰好处在纵向与横向两个坐标轴的最模糊一段的交点上，教学内容最不具有确定性和明晰性，譬如在小学写作教学的话语中，连文体这一概念都难以引入，更不用说“立意”“逻辑”“文气”等更抽象的知识了。因此，教师几乎也不能从写作知识的角度来设计教学内容。小学写作的这种特殊性无疑是许多教师感到在教学中无从下手的重要原因。

按照通常的课程建设逻辑，教学内容的确定问题首先应该由课程标准负责。《义务教育语文课程标准(2011年版)》在总的“课程目标与内容”第8条中要求，义务教育阶段学生要“能具体明确、文从字顺地表达自己的见闻、体验和想法。能根据需要，运用常见的表达方式写作，发展书面语言运用能力”。细分下来，这项要求其实包含五个方面的内容:(1)写作水平，“能具体明确、文从字顺地表达”;(2)写作内容，“表达自己的见闻、体验和想法”;(3)写作目的，“根据需要”;(4)写作方法与技巧，“运用常见的表达方式写作”;(5)写作的本质，“书面语言运用能力”。

现行课程标准将小学全部学程分为三个学段，这三个学段的“习作目标与内容”均从五个方面来阐述，相对于对总目标的五个方面内容来说，只是增加了“写作兴趣与习惯”而减去了“写作活动的本质”。各学段写作教学的具体内容梳理如下(表8-2):

表8-2 不同学段写作教学的具体内容

学段	写作教学内容				
	写作兴趣与习惯	写作内容	写作策略与文体	写作目的	水平评价
第一学段(1～2年级)	对写话有兴趣	留心周围事物，写自己想说的话，写想象中的事物	在写话中乐于运用阅读和生活中学到的词语 根据表达的需要，学习使用逗号、句号、问号、感叹号		需要评价前面几项内容的达成情况，下面两个学段同此

续表

学段	写作教学内容				
	写作兴趣与习惯	写作内容	写作策略与文体	写作目的	水平评价
第二学段（3～4年级）	乐于书面表达，增强习作的自信心。愿意与他人分享习作的快乐	观察周围世界，能不拘形式地写下自己的见闻、感受和想象	能用简短的书信、便条进行交流 尝试在习作中运用自己平时积累的语言材料，特别是有新鲜感的词句 学习修改习作中有明显错误的词句。根据表达的需要，正确使用冒号、引号等标点符号		注意把自己觉得新奇有趣或印象最深、最受感动的内容写清楚 课内习作每学年16次左右
第三学段（5～6年级）	养成留心观察周围事物的习惯，有意识地丰富自己的见闻，珍视个人的独特感受	有意识地丰富自己的见闻，珍视个人的独特感受，积累习作素材	能写简单的记实作文和想象作文，内容具体，感情真实。能根据内容表达的需要，分段表述。学写读书笔记，学写常见应用文 修改自己的习作，并主动与他人交换修改，做到语句通顺，行款正确，书写规范、整洁。根据表达需要，正确使用常用的标点符号	懂得写作是为了自我表达和与人交流	习作要有一定速度。课内习作每学年16次左右

从上述梳理中可以看出，语文课程标准中小学阶段写作部分对写作目标和内容的阐述，在目标的合理性、内容的结构化和描述的清晰性等方面，已经做出了很大的努力，等于为我们列出了一份关于小学各年段写作教学的比较清晰的内容清单，这应该也是小学语文教师进行写作教学设计的基本依据。但是在现实中，许多小学语文教师对写作教学仍然感到无从下手。其中的原因至少有两个：从教师的主观一方来看，许多教师没有细心研读课程标准并将课程标准的要求与具体教学任务结合起来的习惯；而从客观因素来看，课程标准对各阶段、各项内容的描述有的过于具体，如“16 次”的写作量，有的则没有列举清楚，如课标第三

学段的“学写常见应用文”。过于具体和过于含糊都可能成为教师把握课标精神和进行教学设计的障碍。而从语文核心素养培养这一精神出发，应该强调对小学写作教学目标本质的把握，可启发我们理顺关系、抓住要点，从而提纲挈领地带动整个小学阶段写作教学状态的改善。

小学阶段写作教学任务的本质是什么？或者说，在这一阶段的写作教学，最关键的是培养学生的什么素养？要回答这一问题，需要从这一阶段的语文学习的性质说起。小学是语文学习的初级阶段，既然是初级阶段,那么学生各个方面的语文能力都还有所欠缺,自然都有待学习培养。但同样是欠缺，不同能力欠缺的程度则有很大的差别。比如儿童的口语能力几乎从出生时就开始训练了，想象能力、思维能力也是伴随生活而增长的，对大部分小学生来说，识文断字，进行有目的的阅读活动，并学习用文字来表达感受，才是他们面临的新课题。有这样一种常见情况：学生中作文写得好的往往不太爱讲话，而很多能说会道的孩子的作文反倒写得不好。生活中许多著名作家也存在口头表达障碍的问题。这是为什么？最新的脑科学研究表明，人们的口头表达活动和书面表达活动所激活的神经网络并不在同一个脑区，也就是说，对大多数人来说，口头表达能力和书面表达能力完全是两回事。这一点启发我们，小学写作要建构的核心素养是学生的书面语言表达能力，小学写作教学的核心任务及当务之急是帮助学生获取合宜的写作内容，掌握基本的书面语建构要素，养成初步的书面语的语感，而不应是笼而统之的没有具体路径的观察生活的能力、想象等思维能力。当然,想象等能力对写好作文非常重要,但是对于初学习作的小学生来说，如果离开帮助他们建立初步的书面语表达的机制，而没有实际指向地去期待学生发展思维品质和观察生活的意识，就绕得过远，必然也会事倍功半。

同样，在建构书面语言表达机制的各项要素中，也存在先与后、主与次、核心与边缘的问题。帮助学生建立对书面语言的亲近感，运用书面语言的成就感，就比掌握句式和修辞手法重要；让学生把大体意思、大致经过介绍清楚，就比文从字顺重要；引导学生将阅读中获得的语感、阅读中积累的语言模型转化为书面表达能力，就比准确记忆某个标点符号的作用，正确区分“的”“地”“得”重要。当然，笔者这样说，不是说掌握基本的语言文字运用的规范不重要，而是强调在有限的课堂教学时间里需要培养学生的关键能力，提升学生的核心素养，教学不能琐碎杂乱。但是，在小学写作教学实践中，我们则常常看到相反的做法，比如过分排斥模仿，强调新意，过于关注习作中的病句，热衷于让学生纠正错别字，这些都是因小失大的做法，有违核心素养的理念和原则。

三、注重核心素养发展的小学写作教学策略选择

教学策略是实现教育理念意图，使教学实施富有成效的保障。从语文核心素养的角度来看，围绕书面语言素养发展这一中心任务目标，以核心目标引领其他学习目标的达成，让学生在丰富、真实的语言实践活动中实现书面表达能力的自我建构，就是小学阶段写作教学的基本策略。

1. 设计真实性的写作任务。

人的写作动机本源于情感抒发和与他人进行交际的基本需要，发自内心的情感抒发、真实的交流活动往往能给人带来愉悦感，而被动的表达、缺少真实交流感的机械训练，则很可能让人们对写作活动产生排斥心理。

近些年，减少抽象的训练，让写作指向真实表达和交流目标的观念被广泛认可。《义务教育语文课程标准（2011 年版）》中也反复强调让学生懂得“写作是为了自我表达和与人交流”的意义。而基于语文核心素养的小学写作教学，尤其强调写作任务的真实性。这是因为语文核心素养是着眼于学生发展的，而衡量学生发展的主要依据就是看其语言素养是不是能满足自身语言模式的建构及与社会进行有效沟通的需要。

如何将课堂环境下的习作题目还原为生活写作？一种简单可行的做法是将抽空了实际交流意义的作文题设计成具有一定交流意义的真实写作任务，比如“我的业余爱好”看上去已经算是个不错的题目了，但题目中却看不出交流目的，如果改成“向某一个相关学生社团介绍自己的业余爱好，希望被该社团录取”，就有真实交际目的了。真实的任务通常包含“写作情境”“交流对象”“交流目的”“任务完成过程”等四个要素。如果学生处于题目设定的特定情境中，按照交流对象、交流目的去完成一个交际任务，他们的写作兴趣通常会高很多，写作训练计划也容易得到贯彻落实。

对写作任务含义的理解，很容易与两个概念相混淆：一是“情境设计”，另一个是“联系生活”。一般说来，“真实任务”中不仅包括一个具体“情境”，而且它会贯穿于交际任务的始终，但是传统意义上的“情境设计”更多用于教学导入等教学的某一个环节，未必构成一个完整的交际任务。有的教师可能会问，平常我们强调的“作文题要紧贴学生的生活经验”和“设计真实的写作任务”有什么区别呢？简单来说，二者的共同点都是希望让学生的写作与生活建立联系，但是前者仅仅是一种联系生活的可能性，后者则提供了一种具体的联系途径。举例来说，如果布置学生写“我喜欢的植物”这样的习作题，这个题目中固然含有“生活经验”因素，但是学生的写作行为既没有交流对象、交流情境、交流目的，也缺少写作过程要求，还是一种抽象的写作技能训练。如果将题目改成下列表述，就具有真实性写作任务的特质了：

学校将举办家庭花卉展，将你喜欢的一种家庭种植的植物介绍给大家。要求：

（1）名字。说明植物的来历。

（2）描写它的样子，借助这些描写想办法让同学们认识这种植物。

（3）介绍这种植物的两三个特点。

（4）说明你喜欢它的原因。

2. 用专题写作代替零散的写作训练。

以往的写作教学，常常是一篇作文写一个话题，如这一篇介绍自我，下一篇写母爱，再下一篇写环保。这种写作教学的题目排列方式存在许多不足：第一，写作焦点过于分散，无法让学生建立起不同话题之间的内在联系；第二，学生往往对每一个话题都停留在平面浅层的认识水平，浅尝辄止，难以形成更为高级的认知结构；第三，分散的话题无法吸引学生的持续关注，写作内容之间没有连续性，学生的写作缺乏动力；第四，过于分散的练习使一次写作获得的技能无法得到巩固。

语文核心素养观念启发我们，语文学习内容之间不是零散知识和技能的无机排列，而是相互之间存在联系。与其写若干不相关联的话题，训练一些零碎的技能，不如将精力聚焦在几个重要话题，或按照一定线索做一组相对集中的练习，这就是近几年不少人提倡的专题写作。所谓专题写作，就是在一定的时间段里围绕一个话题或某一种技能开展系列写作活动，如用半个学期的时间围绕“成长”话题设计写作题目，通过连续几次的写作活动，使学生在这一两个话题上有充分的思考与认识，实现既提高写作水平又培养思维品质和人文素养的多重目标。

可以参考的话题很多，如“家庭故事”“季节风景”“校园运动会”“节日风俗”“毕业季”等。比如若以“季节风景”为话题，教师不妨在季节变换或植物变化比较明显的一些时节，设计并推出“留住春天”“一花一世界”“大自然换装的故事”等系列写作任务，在写作过程中将观察方法学习、描写能力提高及对大自然的感情教育都融合进去。在写作时间的掌握、写作文体的要求上，也可以突破刻板、机械的做法，可以写完整的文章，可以写一个片段，也可以写几句图片解说词甚至校园风光的广告语。另外，在习作的呈现方式上，也可以来一些变化，比如用拍照加文字说明的形式，与口头演讲结合的形式，制作海报或多媒体课件展示等，借助分享与自我激励强化训练效果。

3. 提供有效的写作过程支持。

无论是基于真实情境的写作任务，还是开展有一定时间跨度的专题写作活动，这对熟悉了传统写作模式的学生来说，都是相对新鲜的经历。对于写作观念的改变、写作任务的理解、写作成果的展示及写作问题的反馈，教师都要做更细致的工作，尤其是要根据任务的性质和学生在写作过程中可能遇到的困难，给予及时、有效的支持。

教师给学生提供的写作过程支持主要包括两种形式。一种形式是教师在给学生布置的习作题目中含有有用的写作支架，这种支架要做到内容合理、步骤完整、描述清晰，对学生的写作活动具有有效的引导和规范作用，学生依循支架中的引导信息即可自主完成写作活动。比如前述“举办家庭花卉展”的写作任务中，就包含四个具体操作步骤，学生按照这些步骤一步步落实，基本上就能顺利地完成写作任务。合理的学习支架对保证大多数学生获得基本训练和实现基础学习目标都是有利的。另外，经常采用支架学习对养成学生的学习习惯，培养有用的思维模式，促进学生知识的自我建构也有不小的帮助。另一种形式就是追踪学生的写作足迹，发现问题并及时给予方法与策略的支持。比如学生描写自己观察到的人的活动，需要描写动作，而小学生一开始描写动作，往往是以叙述为主，很少展开描写，这样内容就不具体，更难生动。其原因有二，一个原因是学生不会观察，或者观察不仔细，对此，教师需要设计情境，或现场演示或观看录像等，指导学生仔细观察。另外一个原因是学生观察是仔细的，但是不会进行合宜的描写。这时，教师就需要适当教授一些动作描写的方法：描写连续的动作，不要用叙述交代去代替描写，要将动作分解进行描摹；运用修饰性、限制性词语描写出动作的速度、力度、幅度、频率等；写出动作带给人的感觉，还可以运用“一……就……”等连接词强化动作带给人的感受。教师的写作知识传授准确，教学时机把握及时，对提高教学效率非常有利。

4. 让学生学会反思自己的写作经验。

不少教师在写作教学上不可谓不努力，大多数学生也都能按时按量完成教师布置的写作任务，但写作教学结果却往往无法让人满意。一个典型现象是不少学生的习作往往在低水平上徘徊，作文中同一种毛病重复出现，时间一久，师生都不喜欢习作课。要解决这一问题当然有很多路径可选，但其中有一条重要途径不可忽视，这就是让学生学会反思自己的写作。

语文核心素养观特别强调学习中的自我建构过程。小学习作学习具有很强的实践性，要花费大量的课外学习时间和精力，还要融合平时的阅读积累和生活经验。要完成这些工作，需要学生内在学习机制——写作元认知的建构，包括兴趣、反思习惯、自我评价能力等方面的养成。有了这样的机制，学生对习作的学习就可能会变被动为主动，从以外部激励、外部强化为主转化为以内部激励和强化为主。在围棋人机大战中战胜世界排名第一的柯洁的“阿尔法狗”人工智能，其功力在短时间内之所以越来越强大，一个重要原因就是“阿尔法狗”对自己的算法具有自我反思、自主评价、自动进化的深度学习能力。

近年来，深度学习是教育领域的高频词，备受研究者与一线老师们的关注，它有几项基本特征，具体如下：

• 将新观念、新概念与已有的知识经验建立关联。

• 将他们的知识整合到内在关联的概念体系中。

• 找出模式和潜在的原理。

• 评价新观点并找出其与结论之间的关系。

• 理解借以创造知识的对话过程，并批判性地检验论据的逻辑关系。

• 反思自己的理解和学习过程。

反思是深度学习的一个关键特征，写作是一项复杂的、需要反复进行的实践活动，学习者离开自我反思去发展习作能力是相当困难的。现实中，语文教师往往对应该怎样写讲得较多，对纠正学生习作中出现的缺陷做得较多，而在帮助学生养成自我反思、自我诊断、自我激励的习惯和能力方面做得较少，这样的教学当然是事倍功半的。

帮助学生养成反思习作的具体途径和方法有很多种，有的属于知识层面的，如设计习作水平评价量表供学生作为自查反思的标准；有的是制度层面的，如在班级推行习作档案袋的自我评价制度。但更重要的是观念和意识层面的，方法不胜枚举，比如让学生欣赏自己写的句子，把学生自我评价表现纳入习作评价指标。教师只有把这项内容放在写作教学中的突出地位，才有可能自觉去寻找方法并加以落实。

需要说明的是，自我反思和评价是相对来说更加理智性的思维活动，在教学设计和操作中人们很容易将其知识化而使其变得枯燥乏味，这在小学这个学生逻辑思维能力还比较薄弱的阶段是尤其要注意避免的。对此，教师一开始不宜期望过高，活动设计不宜太复杂，应循序渐进地进行，慢慢养成习惯。

语文核心素养是国内现阶段人们对语文学科性质和基本功能的认识，它不是一种全新的语文教育理论，而是在以往语文教育理念基础上的一种理解角度，因此，它既不排斥其他先进的教育理念，在写作教学上也不能包打天下。人类在写作教学实践和研究上有数千年的积累，留下了丰富的实践经验和有效的教学策略，这些经验和教学策略许多都具有普遍适用的意义。严格来说，不存在一种专门适用于某一理念的教学策略。本节内容讨论更多的是从培养语文核心素养的角度看，哪一些教学内容应该得到更多重视，哪一些教学策略在运用中应该注意什么问题。

第二节 真实情境视角的上海高中语文教科书写作任务考察[1]

学生对写作的兴趣不高，写作教学效果不明显，语文教师对写作教学设计无从下手，这是写作教学中最突出的几个难题。这些难题产生的原因固然复杂多样，但学生的写作任务脱离真实的生活情境，学生写作的目的是完成作业或换取考试成绩而不是满足生活交际需要，无疑应是其中的重要原因。改进的途径之一便是让学生的写作活动由单纯的展示书面表达技能适当地向完成真实生活中的交际任务转化。

写作教材承担提供基本的写作任务（包括题目、要求等）、安排教学重点、指引教学导向的功能，写作教材的编写理念和具体内容对促成写作教学由训练向语言交际实践转化具有举足轻重的影响。考察语文教科书中写作部分的内容与社会生活和语言实践的关联，可以从一个侧面思考写作课程建设及写作教学存在的问题。本节将以上海二期课改高中语文教科书（华东师范大学出版社 2008 版试用本[2]，以下简称上海高中语文教科书）中的写作任务为例，从语言实践导向和读者意识两个层面来考察该语文教科书在写作任务编写方面的得失，为上海高中语文教科书本身的改进及国内其他版本语文教科书的编写提供参考。

一、近年上海高中语文教科书中的写作任务设计

从本质上说，人类的写作行为源于社会生活中的交际需要，写作教学中的写作情境、写作目的及表达形式，也都应该贴近真实的语言实践活动，才会富有成效。但是从另一方面来说，教育内容并不等同于生活内容，而需对生活现象做适当的抽象和技能分类，才能获得较高的效率。理想状态下，写作教学内容既要围绕交际实践，又要保持一定距离。不过，

[1] 此节内容是与上海师范大学中文系硕士研究生朱婷共同完成的。

[2] 按国内语文教科书编写惯例，普遍不设专门的写作教材，而是将写作教学与阅读教学的内容等混编为一套教材。

自现代学校教育制度实施以来，受学科分化、分课时授课及测试成本控制等多种因素的影响，就写作教学来看，教学内容过度知识化，写作环境过度局限于课堂，写作水平测试过度专注于专项技能，即写作教学脱离真实的生活情境已成为一种总体趋势（当然，不同时期、不同国家或地区、不同教师会有差异）。20世纪70年代以后，问题式教学、综合性学习、情境化教学观等纷纷被提出，这些教学观都可以看作是对教育远离生活现实偏向的纠正。情境化教学理论认为，情景化“可以帮助教师将学科内容跟真实世界的情境结合起来，并促使学生在知识和知识的应用以及他们作为家庭成员、公民和工作者的生活之间建立联系”[1]。

20世纪80年代初，受效率主义的驱动，国内写作教学脱离语言实践活动成为一大弊端，其典型表现之一是写作任务的宏大叙事倾向。如20世纪末上海市高考作文题[2]：

- 1985年《知足常乐与不知足常乐》
- 1986年《2000年回母校》
- 1987年《关于报考历史学科的意见》
- 1988年《清流与活源》
- 1989年《中学生活的回顾与思考》
- 1990年《时间啊时间》
- 1991年《我们生活在同一块土地上》
- 1992年《遥望星空》
- 1993年《机遇》

上述题目中，除1987年、1989年的写作题有具体的生活情境和写作指向以外，其他的都显得很空泛，这种题目直接或间接引导学生的写作走向空洞抒情和套话连篇。因此，改善命题思路已成语文改革的当务之急。

1988年起，上海市启动第一期基础教育课程改革，对语文课程来说，

[1] 恰瑞罗特. 情境中的课程：课程与教学设计［M］. 杨明全，译. 北京：中国轻工业出版社，2007：5.

[2] 1977年中国恢复高考制度，起初各地都用全国统一命制的试卷，1985年起上海市开始独立命制试卷。

让语文学习活动回归语言实践当属课改的应有方向。有三类信息可以看作这种努力的标志性材料：其一，上海一期课改（1988 ~ 1997 年）成果之一，在二期课改启动之初就颁布的上海地方语文课程标准——《上海中小学语文课程标准》，在写作部分除了强调“能针对社会现象、生活现象”“表达自己的真情实感和独立见解”外，还分别在初中部分和高中部分明确列有一个应用文单元，并要求“会写座谈会纪要、迎送辞、自荐书、总结、调查报告、实验报告以及事物说明书等应用文”[1]；其二，1991 年开始出版的一期课改 H 版、S 版高中语文教科书中都相应列出了一个应用文教学单元，学习内容包括迎送辞、海报、聘书等，与此相对应，1994 年上海高考写作题开始由一大一小两道作文题构成。

1994 年上海高考写作题：

（一）写作第一题

介绍一家街头（或乡间）小店，写一篇 200 字以内的说明性短文。

（二）写作第二题

题目：父辈

要求：①不要写成诗歌。②全文 700 字左右。

大小作文搭配的做法一直持续到 1999 年。不过，限于当时对写作的认识，多数写作任务的写作情境仍不够具体，如上海 S 版高一语文教科书在几个单元中建议的写作题，除几道应用文题目以外，多数题目的社会交际功能都不够明确。

- 我重新认识了他
- 我这个人
- 夏日的旅行
- 校园秋色
- 街心花园一瞥
- 乡村散记
- 拔河的启示

[1] 上海市教育委员会. 上海市中小学语文课程标准 [S]. 上海：上海教育出版社，2004：36，42.

- 登山的思索
- 栽树和乘凉
- 从游泳想到的
- 说时间
- 夸夸其谈与埋头苦干
- 天才 · 勤奋 · 条件[1]

从课程标准、教材写作任务建议及高考写作任务来推断，当时语文课程建设者对写作与语言实践活动关系的认识虽然较前有所自觉，但是更多地停留在两个层面：其一是哲学层面，即语言是生活的反映，语言材料源于生活实际；其二是功利层面，即语文学习要为社会对人才素质的需求服务，写作教学为生活能力服务。所缺乏的恰恰是从认知层面理解写作活动与语言实践活动的密切关系，即语言学习活动离不开具体的语言情境，或者说，语言实践环境在语言能力建构中具有十分重要的地位。

1997 年开始的上海二期课改是在一期课改基础上的推进，编写者对写作与语言实践活动的认识也有所提升，教材所建议的写作任务也不再是单纯的应用文类型，而涵盖了社会生活中绝大部分应用和交际情境。这类题目包括演讲稿、名著点评、景点解说词、短信、改编剧本、读书笔记、介绍养花经验、观后感、调查报告、研究论文、海报、书评影评、人物新闻、建议信、文物保护方案、采访记录、阅读计划、书信、征文启事等三十多种。

表8–3 上海高中语文教科书（一年级第一学期）写作任务的情境信息

写作	写作题	情境性程度	
1	以“16岁，我想说”为题，写一篇600～800字的文章。要表达出自己的真情实感，注意运用叙述、描写、抒情等不同表达方法	无	
2	选择某一天……举行“家庭日”，列出时间、主题名称、活动方式，并写一段文字说明你的设计理由		有
3	以“学会感恩”为题，写一篇800字左右的文章	无	
4	学习名人单元以后……课外收集一组名人名言，合作出一期专题板报或制作一个专题网页		有

[1] 这些作文题见上海中小学课程教材改革委员会编写的《高级中学课本语文》（S版一年级第一学期），1995年版。

续表

写作	写作题	情境性程度	
5	自拟一条短信发给朋友……		有
6	在老师的指导下，将《最后的常春藤叶》改编为课本剧……		有
7	欧·亨利和莫泊桑、契诃夫被并称为“世界三大短篇小说之王”……从某个角度做一份比较阅读的笔记		有
8	模仿她的写法（舒婷的《双桅船》），从生活中选择两个相关的事物，写出几行诗表达两者之间的关系		有
9	模仿艾青的《雪落在中国的土地上》，写一首小诗		有
10	仔细聆听同学的发言，结束后整理一份发言记录		有
11	选择自己喜爱的一种植物，搜集一些中国历代文人对它的描写，点评3～5处，做一次读书笔记		有
12	以自己种植花卉的经验为基础，采访这方面经验较多的人，写一篇500字左右的有关花草种植的文章		有
13	分析《三国演义》与《水浒传》中有相似之处的人物……写一篇短文，比较他们的异同		有
14	请调动你的积累，写一篇800字以上的散文，具体生动地表达你对大自然的热爱	无	
15	请充分调动你的积累，以“走进名家”为题，写一篇800字左右的议论性文章	无	
16	生命、金钱、父母、事业、爱情、朋友……虽然很难取舍，但只能保留一项……写一篇800字左右的文章，表达你最后的选择		有
17	请以“难忘______年”为题，写一篇叙事抒情散文	无	
18	请以“自由和生命”为题，写一篇叙事抒情散文，题目自拟	无	
19	请你写一篇咏花的抒情散文，题目自拟	无	
20	……请以“优雅的汉语”为题，写一篇演讲稿		有
21	参观一次高水平书法展览，分组交流体会后，写一篇随感		有
22	列出2～3篇你认为是优雅汉语代表的作品，重读后分别作百字以内的简评		有
23	进行社会调查，了解词语在使用上有哪些不规范的现象，然后写成调查报告，向有关方面提出改进建议		有

不难看出，在上述题目中，没有提供具体情境的写作题有 7 道，占三成；提供了写作情境的题目有 16 道，占七成。而整套二期课改高中教材中的写作任务，大体如下：

表8-4　上海高中语文教科书写作任务的情境性信息

年级	高一上	高一下	高二上	高二下	高三上	高三下
无生活情境的题目	7	9	7	8	11	6
有生活情境的题目	16	6	18	13	5	13

与上海一期课改语文教科书相比，在写作任务情景化方面，二期课改的写作观念和题目设计有显著的改变。不过，写作任务的情景化虽然为写作教学提供了便利，但是，这些努力能否为一线教师所理解并将其运用于写作教学当中，仍然要受许多因素的制约。在写作教学中，无视题目的情境性信息，把学校教室当作学生写作环境的情况依然比较普遍，这可能需要通过教学评价及高考写作评价的改革才有可能逐步解决。

二、上海高中语文教科书写作题中的"读者意识"分析

培养学生"读者意识"是近年来强调的写作教学观念，但根据读者情况确定表达内容和选择表达方式，却是很悠久的写作传统。诸葛亮的《出师表》、李密的《陈情表》都被视为根据读者需求、写作目的选择合宜的表达方式的语言典范。朱自清提出的依据"假想的读者"写文章的说法，也是对读者意识的形象说法。《普通高中语文课程标准（实验）》在"必修课程"模块的"表达与交流"中提出，学生应在写作时"考虑不同的目的要求，以负责的态度陈述自己的看法"。作者"在进行写作的整个过程之中，始终主动分析读者需要什么，他们将如何阅读，最终会产生怎样的阅读效果，这个效果与自己的目的是否吻合，从而调整和矫正自己写作活动的开展"[1]。读者意识对激发写作兴趣，唤起丰富的生活体验，获得真实交流的快乐等，都具有积极意义，因而被视为促进写作教学的一种动力。拥有自觉的读者意识也是成熟写作的标志。

[1] 乔芳. 浅论应用写作的读者意识与读者分析 [J]. 理论导刊，2009（2）：111-112.

社会生活中的写作活动，无论是作家写小说，记者写新闻，广告人写广告，还是普通人写微信文章，都希望能引起更多人的关注，因而他们在从事这些写作活动时往往并不缺乏读者意识，因为这些写作任务都是作者自己选择的，写作的读者也多是事先设定好的。但是，在中学的写作教学中则不然，其一，写作任务多是由教师给定；其二，作文的读者往往已预设为自己的老师。因此，在这样的写作前提和环境下，学生的读者意识常常无法被唤起。

如何帮助学生在写作过程中产生适当的读者意识呢？教师固然可以在写作教学或写作动员的时候将有关知识“灌输”给学生，不过让写作任务本身含有一定的读者信息，也许对唤起学生写作中的读者意识更有效。2011 年美国国家教育进展评估委员会（NAEP）的写作评定框架中，将高中学生写作中可能涉及的读者对象分为三类，分别对应劝说、解释和传达经验这三种写作目的。不同写作目的对应相应的评价内容，如以劝说为目的的写作任务要求作者具有批判性思维、丰富的语言和换位思考能力，高中阶段（12 年级）“则可能要求运用逻辑推理来支持观点，或通过组织思路、发展思路，对他人进行劝说，改变读者观点，影响读者行为”[1]。以解释为目的的写作任务要求作者在信息和概念间建立联系，将信息传递给读者，帮助读者理解主题，高中阶段（12 年级）“是被要求找出问题原因并做出结论”[2]。以传达为目的的写作任务要求作者通过记叙相关经历，将读者带入某一情境，唤起读者对某事、某物的情感，高中阶段（12 年级）可能“会被要求用写作来探索、反思、评价个人的个性和成长”[3]。三种写作目的涉及的目标读者有三类：（1）家庭或朋友（父母、家庭成员等）；（2）学校（同学、老师、校长等）；（3）社会（机构组织人士、社区领导等）。

参照 NAEP 的评定框架，我们也可以对上海高中语文教科书中的写作目的及可能涉及的读者类型进行梳理：

[1][2][3] 赵阳，蔡敏. 2011年写作评定框架——美国国家教育进展评估改革动向[J]. 世界教育信息，2009（7）：48-52.

表8-5　上海高中语文教科书（一年级第二学期）写作任务涉及的读者类型统计

序号＼项目	写作任务	写作目的	可能读者
1	先将《药》完整地读一遍，选取你感受最深的几处，尝试自己写旁批，并与本文作者的评点做比较	传达	无
2	观察、了解身边熟悉的人，综合运用多种表达方式，写一篇700字左右的文章	传达	无
3	选择本单元描写的三位杰出人物中的一位，从其生平、性情、追求、成就等多方面搜集材料，制作成一个演示文稿，做一次展示交流。活动结束后，还可以选择一个角度，自拟题目，写一篇作文	传达	师生
4	以“放飞理想”为话题，写一篇700字的演讲稿	传达	无
5	鲁迅的小说在特定的时代具有振聋发聩的作用，今天读起来仍促人深思。建议以“我看鲁迅”为题，交流阅读鲁迅小说的整体印象。感兴趣的同学还可以在活动后写一篇鲁迅小说赏析稿	传达	无
6	在你们班级里，说不定有同学创作过小说，请他拿出自己的作品，与大家一起交流分享。如果你学习本单元后对小说创作产生兴趣，也不妨拿起笔来，尝试一回	传达	师生
7	为新到上海的游客设计一条旅游线路，努力涵盖最为重要的景点，并撰写一篇简明扼要的景点解说词	解释	来沪游客
8	……人们常常做梦……人们也常常用梦比喻虚幻或者希望，如梦幻、梦想等。请以“梦”作为写作的内容，展开联想和想象的翅膀，写一篇作文，或说明有关梦的知识，或记叙有关梦的人和事，或议论梦的有关问题，或在梦中驰骋……	传达	无
9	一个盲人靠说书、弹三弦糊口……终于，一声脆响，他弹断了最后一根弦——第1000根！他满怀虔诚、满怀期待地打开琴槽…… 请发挥你的想象和联想，将这个故事写下去	传达	无
10	以“如果都这样”为题写一篇文章，文体不限	传达 劝说	无

续表

序号＼项目	写作任务	写作目的	可能读者
11	小时候，我们曾经读过或听过很多寓言故事，从中也懂得了一些道理，比如不能“画蛇添足”……请你写一篇议论文，要求在更新、更高的认识水平上就某一则寓言发表见解	劝说	无
12	“真”和“假”是相互依存的一对矛盾……请你写一篇议论文，对与“真”“假”有关的问题、现象发表看法，题目自拟	劝说	无
13	以某一具体物象作为贯穿全文的线索，写一篇叙事抒情性散文，抒发你由这一物象所引发的某种情思，或某些联想、想象，题目自拟	传达	无
14	“谦让”是一种美德……请你以“谦让”为话题写一篇文章，除诗歌外文体不限，题目自拟	劝说 传达	无
15	请以“成功的动力”为题写一篇文章，除诗歌以外文体不限。在写作前，建议你读一读下面的这则材料：有一次，记者采访一位作家……	传达 劝说	无
16	请你组织几位志同道合者共同编一本《名家笔下的上海建筑》之类的文选	传达	无
17	举办一次以“上海建筑与海派文化”为主题的演讲比赛	传达	师生

这册教材中写作任务看上去数量可观，文体涉及点评、演讲词、议论文、小说、书评、说明文、文选，写作内容包括城市生活、阅读、想象与思考等，称得上丰富多彩，但是，若是从向学生提供读者信息、培养学生读者意识的角度看，则显得不尽如人意。首先，从写作目的上看，这些写作任务较多集中于传达个体经验或感受，写作任务中关于交流对象的信息非常有限。17 项写作任务中，能看出有直接交流对象的题目只有 4 道，其余写作任务则没有明确的交流对象。其次，交流对象的类型比较单一，只有第 7 项写作任务明确提示交流对象为“新到上海的游客”，其他所有写作任务的交流对象（主要是隐含对象）是班级同学和学生自己的语文老师，而在这套教材的 100 多项写作任务中，标明读者为父母

的只有2项，读者为校外社会人士的只有5项，还有少数是班级同学，其他绝大多数是学生自己。

出现写作目的、写作对象偏差的原因可能有两种：一是编写者的观念问题，即对读者意识在激发学生写作动力中的作用认识不足；二是表述问题，即没有把题目中已经隐含的读者明示出来。比如表8-5中第17项写作任务“举办一次以‘上海建筑与海派文化’为主题的演讲比赛”，本来题目中隐含着比较强的情境性，同时演讲比赛也隐含着若干可能的读者，诸如班级同学、校内同学、教师、家长、社区成员、网络读者等，但是写作任务都没有提及，这无疑会大大削弱写作情景的真实性，如果将表述换成“面对父母进行演讲，用手机录下演讲过程，发送到班级微信群，再评选出若干奖项……”，则这项写作任务的情景指数、读者类型，以及学生参与的积极性，都可能会有很大的改善。

也许有人会认为，几乎所有的学生作文都要交给教师评阅，教师是学生作文的当然读者，学生在写作中，时时会将教师当作假想的读者，这不也应该算是一种读者意识吗？对学生的写作活动来说，语文教师固然是第一读者，但在写作过程中将教师定为预设读者却有很大的局限性，这是因为，无论是教室还是办公室，都是专门对学生实施教育的特殊空间，而非学生自由的生活空间。同时，在大多数学生的心目中，教师不是一个平等交流的对象，更不是被说服的对象，在多数情况下教师扮演的是一个写作活动的监督者和写作结果的评判者的角色，因此，对大多数学生来说，把写作读者设定为自己的教师，不仅不会提高交流的自由度，相反还会增加拘束感。因此，好的写作任务应该用恰当的情景描写来适当淡化教师的存在感而不是去强化它，除非将教师代入真实的情境中，如这样的题目：“春天来了，能否组织一次集体春游呢？请以班长的名义写一封信给班主任，陈述春游的理由，看能否说服他。”

三、基于真实情境的写作任务设计建议

写作任务是影响学生的写作兴趣，关乎写作内容，制约写作水平发挥的重要因素之一。有证据表明，写作任务中隐含的信息若是接近真实的语言实践活动，或给学生以真实的感觉，就会利于写作活动的展开，

自然也利于写作训练成效的提高，反之则可能对学生的写作活力形成抑制。写作任务与语言交际实践是否一致的指标，一是写作任务模拟的情景化程度如何，即这次写作活动是否在真实的环境条件下展开，二是写作活动是否具有比较真实的对象和表达目的。

上海是中国在改革开放以后较早独立试行课程改革的城市，是较早在中国进行教育改革的城市之一，因而上海第二期课程改革推出的语文教科书在一定程度上能体现国内语文教科书的编写水平，透过该套教材，大体能窥见国内语文教科书的编写情况。

研究发现，上海高中语文教科书的写作任务，在情景化方面展现了较高的认识水平，写作任务所包含的表达功能、文体、情境类型丰富，几乎涵盖了绝大部分生活中的交际情境和文体类别，比较好地体现了在语言实践中学习语言的先进观念。不过，教材中写作任务隐含的写作目的以传达作者的经验为主，说服的交际目的较弱；在题目所隐含的读者类型中，以语文教师为主，分布较为单一。虽然以教师为特定读者的写作目的明确，技能训练效率高，教师训练指导也有针对性，但是写作兴趣和交流欲望的抑制，则可能对写作活动产生较大的负面作用。

明确教材写作任务的读者指向可从两个方面入手：

（1）需要增强写作任务语言表述的清晰性和指向性。教材中的语言表述应当指明学生在写作中写什么、为谁写、怎样写等问题，如果在表述中说明这篇文章是为了解释说明某一观点，学生在写作时自然会考虑读者的接受水平；如果只是为了解决某个问题，那么学生会更在意读者的认同度。明确的语言表述能够为学生带来较为清晰的读者意识。

（2）也可以提供具体的写作语境以明确读者类型。写作语境是写作者的写作环境，包括“写作者身份，即谁在写；读者，即写给谁看；写作任务，即为什么写、写些什么；写作体式，即写成什么样子”[1]四个方面，真实且具体的写作语境能够使学生明确写作目的，从而提高读者意识。《美国语文》中有很多这样的例子可以借鉴：以课文中乔那森与姑姑的分

[1] 孙志伟. 写作教材的可使用性研究——以美国《作者的选择》为借鉴［D］. 上海：上海师范大学，2013：56.

歧为引，探讨生活中的困境，要求学生联系自己的生活经验为主人公提供建议[1]。这则写作任务为学生提供了明确的写作语境：写作者是学生，写作对象是主人公乔那森，写作任务是为主人公解决与姑姑之间的矛盾提供建议，写作体式是信件。因此，写作语境的提供能够在一定程度上帮助学生明确读者类型，使其有针对性地进行写作。

[1] 马浩岚. 美国语文[M]. 北京：中国妇女出版社，2008：886-888.

第三节 如何发挥作文批阅与讲评的作用

不少学生觉得写作教学对自己写作水平的提高没有多少帮助，客观地分析，学生产生这样的想法主要有两个原因：一是出自教学环节，即教师对学生的作文过程缺乏具体指导，如指导物理、化学实验那样，第一步怎么做，然后怎么做，接着再怎么做等；二是在作文评阅环节，教师对学生作文的评阅意见不具体，没有针对性，学生无法将评语与自己作文的具体问题联系起来，不知道哪些地方好，为什么好，哪些地方有问题，是什么原因造成的，应该怎么改才会提高。我们不妨把后者称为"无效评阅"。

一、作文评阅中的主要问题

表 8-6 是无效或低效作文评阅的几种常见做法及对这些做法的分析：

表8-6 无效、低效作文评阅的几种常见做法及改进建议

现象或问题	影响或危害	改进建议
阅而不批，教师只画一个符号表示阅过，没有任何评价文字	这是一种偷懒的应付，不仅对写作教学无益，学生还会模仿着应付作文	重视作文批阅，宁可少写几次，不可少批
教师只给学生打一个分数，不解释给分或扣分的理由	学生不知道具体的得失优劣，作文得不到具体评价，评阅基本失去意义	明确告诉学生得分的理由和扣分的原因
只写几句套话，如内容丰富、结构完整、语句通顺等	指导没有针对性，学生对评语不感兴趣。靠学生自己发现问题，提高的可能性微乎其微	尽量肯定学生作文中具体的优点，指出具体的问题，如"这则材料感觉不真实，能不能换一则？"
只指出学生的错别字，画出不通顺的语句，没有更多意见	学生的注意力容易去关注小的毛病进而忽视整体，使学生的提高有限	错别字需要抓，但选材、主旨、前后联系等大的方面更要注意
一次批改指出的问题太多	学生对每一点错误的印象都不深，或不知所措，或觉得一无是处，无从下手修改	一次评阅只集中于最突出的一点，讲明白，讲清楚，帮助学生改彻底

续表

现象或问题	影响或危害	改进建议
评阅意见多是批评性的	不利于调动学生写作文的积极性，学生得不到正反馈，久而久之会厌烦写作文	一定要真诚赞扬学生写得好的地方，比如一个词、一个句子写得精彩。尤其是作文基础薄弱的学生，更要注意给予肯定
评价手段单一，只采用课堂讲评一种手段	形式单调，学生没有新鲜感，降低写作兴趣	丰富评阅手段，如尝试学生互评、全班赏析范文、介绍经验、网上评阅、墙报上点评等
教师批阅完，本子一发，作文写作活动就结束了，不要求学生修改	学生仅看批语，其实不一定明白如何修改，作文难以提升，长期在低水平徘徊	帮助学生把一篇作文修改成好作文。宁可少写，写好一篇胜于乱写多篇

上表描述的作文评阅中的诸多现象，在国内写作教学中比较普遍。产生这些问题的原因，除部分语文教师工作态度不够认真以外，也与教师不了解作文评阅的作用和价值有关。作文评阅，既是对学生写的一篇作文的评价，也是对学生写作水平的评价，同时还是对学生的写作活动做出反馈，帮助他们对写作行为进行校正的手段。而作为写作反馈和校正手段的评阅，恰恰对学生作文的指导价值更大。

学生写作与专业人士的写作有所不同。专业人士写一篇文章，从开始构思一直到完稿，差不多是一个连续的过程。在这个过程中，作家的精力一方面致力于文章的选材、立意、结构、语言，同时还时时用第三只眼睛对自己的写作行为进行监测和诊断，并将诊断的信息及时反馈给大脑，根据反馈信息对写作行为进行调整，也就是边写作边修改。学生在写作文的过程中，虽然伴随着一定的反思与修正活动，但这种意识和能力都不够充分，所起的作用也不大。因为初学写作的人对什么是好文章及应该怎么写缺乏客观的衡量标准，较难做出合理判断。也就是说，学生在写作文的时候，依靠他自己的力量，无法完成对写好作文来说非常必要的监测和反馈任务，而这个任务，就需要教师来承担。这样一来，学生写作文的过程就被划分成了两部分。从审题、构思，到写作完成后交作文，这只是写这篇作文全过程中的一个环节；教师写了评阅意见，学生根据修改意见修改成定稿（有时还需要再次评阅、再次修改），这篇作文才算全部完成。教师的评阅正好是联系两个写作环节的纽带，因此，作文评阅十分重要，一点也不能省略。

二、合理有效的作文评阅策略

端正了作文评阅的观念，还需要掌握一些具体的要求和方法，才能充分发挥评阅的作用。教师平时最常用的作文评阅方式是在学生作文本上写评语和在班级做讲评两种。前者适合对每个学生的作文做具体评价，后者适合对全班作文的整体情况做总结。

什么样的评阅意见是好的呢？我们可以参考以下几点：

（1）好的评阅意见要有针对性，即针对这名学生的这篇作文，针对其突出的优点或问题进行点评，否则可能没有指导性。“材料要新颖”“语言要通顺”这类意见对任何一篇作文都是合适的，属于正确的“废话”。

（2）评语不一定要长，每一篇作文集中一点，把问题讲明白、讲清楚。不要眉毛胡子一把抓，让学生无所适从。

（3）好的评阅意见要具体、明确，忌讳空洞和含糊其辞。如“不感动人”就不如“人物形象不够丰满”具体，而“人物形象不够丰满”就不如“爸爸为你买早点、买饮料，两件事都是同一类性质，能不能换一个不同类型的例子，比如爸爸对你严格或为别人做好事的例子”的评语具体。评阅意见具体、明确，学生才能一看就明白，一改就到位。

（4）要讲人性。讲人性就是与学生平等对话，以商量的口吻提出建议，而不应该用冷冰冰的批评语气、反问语气，更不能用责备、调侃甚至讽刺的口吻写评阅意见，如“这一段应删去”“这句话通顺吗”“难道你爸爸是超人”“上次给你指出的问题，一点也没有改进”等。

（5）要有个性。有个性就是针对学生学习、性格及作文的特点，对学生作文进行类似于讲悄悄话的点评，不要千篇一律地用术语作评，哪怕是几个字的评语，如果能写出教师对学生的特殊关心和教师的性情，则常常会唤起学生的写作热情，产生意想不到的效果。如“这句话很像金庸小说里的，最近是不是在看武侠小说”，这种交流语气会让学生对教师产生亲近感，能激发学生在写作上的表现欲。

在写评阅意见时，一些年轻教师可能会遇到这样的问题：只觉得一篇作文写得不够好，但问题出在哪里，一下子却说不准，也提不出具体的改进意见。这也是促使一些教师写出万能而空泛的评语的主要原因。如何才能改变这种状况呢？恐怕只有努力钻研业务，争取在短时间里迅速提高自己的鉴别能力才行。具体途径有以下几个：

（1）大量阅读学生作文，积累感性经验，并尝试建立衡量不同层次作文的基本标准。

（2）多参加阅卷活动（市级、区级、校级或者一个年级的），锻炼自己短时间内（2～3分钟）评判一篇作文的能力。

（3）尝试写"下水作文"，与学生一起分享写作的感受与思考。

（4）多从作者的角度看一篇作文，例如想一想"如果这个题目我来写，会怎样写？会选这则材料吗？怎么处理这则材料？还可以怎样改进？"等问题，再与学生的作文比较一番，就比较容易发现具体的问题了。

有人说，教师看学生作文就像医生给病人看病。为什么老医生根据某些症状一眼就能断定症结所在？主要是他看得多，积累了丰富的经验，年轻的医生光有医学理论，一下子还难以将理论与病例对上号。只要假以时日并刻苦钻研，经验不足的问题是可以解决的。

班级讲评是把评阅意见告诉学生的主要方式，不过，它比较适于介绍、评价全班作文的整体状况。班级讲评应该完成的主要是这样一些内容：

（1）对具有共性的优点加以肯定。

（2）指出进步较大、作文较好的学生，朗读学生范文。

（3）指出普遍存在的问题。

（4）对作文题进行多角度解析，介绍可能的思路。

（5）介绍评分过程、评分标准。

（6）布置修改要求。

班级讲评对写作好的学生有较好的激励意义，对作文薄弱的学生很可能会起到负面的抑制作用，因此应小心注意，朗读范文不要集中于几个学生，对基础较弱的学生也要多肯定，可选择其作文中的一两句来朗读，以激发积极性。

面批是一些教师喜欢采用的向学生传达评阅意见的方式。由于面批是针对一篇作文，与一个学生一对一地交流，因此，其传播对象集中，信息传递准确，对学生认识自己作文的优劣，领会修改方向，提升写作水平有较好效果。面批的弱点是费时费力，不易大范围频繁实施。不少教师采用“轮流面批”的做法来协调这对矛盾，应该算是一种折中而可行的做法。如何提高面批的效果，大家不妨参考这样的意见：

（1）准备充分，事先把对要面批的学生作文的意见记下来，不要临时想意见。

（2）应以肯定为主，找出几条优点，记住激励永远是提高学生作文的最佳方法。

（3）对一名学生一次只谈一两个问题，以免学生无所适从。

（4）以讨论的口吻与学生交谈，以建议的口吻提出修改意见，例如“如果你这样写是不是更好？”“如果我来写，可能会这样写……”，不要横加批评，更不能调侃和责怪。

（5）意见具体，要求明确，句子简短，不要说大话、空话、套话。

（6）判断学生有没有理解问题，最好要求学生把意见复述一遍，或用他自己的话进行表述。

除在作文本上写评语、班级讲评、面批以外，教师也可以在创新评阅方式上动点脑筋，丰富评阅活动，增加评阅活动本身对学生的吸引力。如网络评阅，小组内互评，班级讨论，与家长联手评阅，把学生作文张贴在班级墙报上让大家点评，组织班级征文比赛，编印班刊等。学生对作文讲评充满期待，无疑是他们写好作文的巨大动力。

参考文献

［1］课程教材研究所 .20 世纪中国中小学课程标准·教学大纲汇编：语文卷［M］. 北京：人民教育出版社，2001.

［2］洪宗礼，柳士镇，倪文锦 . 母语教材研究（6）· 外国语文课程标准译介［M］. 南京：江苏教育出版社，2007.

［3］丛立新，章燕 . 澳大利亚课程标准［M］. 北京：人民教育出版社，2005.

［4］吕祖谦 . 古文关键［M］. 北京：中华书局，1985.

［5］吴讷 . 文章辨体序说［M］. 北京：人民文学出版社出版，1962.

［6］唐彪 . 读书作文谱［M］. 长沙：岳麓书社，1989.

［7］姚鼐 . 古文辞类纂［M］. 胡士明，李祚唐，标校 . 上海：上海古籍出版社，1998.

［8］章学诚 . 文史通义［M］. 上海：上海古籍出版社，2015.

［9］李扶九 . 古文笔法百篇［M］. 长沙：岳麓书社，1984.

［10］梁启超 . 作文入门［M］. 北京：教育科学出版社，2007.

［11］黎锦熙 . 新国文教学法［M］. 北京：北京师范大学出版部，1950.

［12］朱光潜 . 谈写作［M］. 北京：北京教育出版社，2014.

［13］张志公 . 读写门径［M］. 北京：北京教育出版社，2014.

［14］朱德熙 . 作文指导［M］. 北京：北京教育出版社，2014.

［15］叶圣陶 . 作文论［M］. 北京：北京教育出版社，2014.

［16］沐绍良 . 写作指引［M］. 北京：北京教育出版社，2014.

［17］朱自清 . 写作杂谈［M］. 北京：北京教育出版社，2014.

［18］唐弢 . 文章修养［M］. 北京：北京教育出版社，2014.

［19］章衣萍 . 作文讲话［M］. 北京：北京教育出版社，2014.

［20］孙起孟 . 写作方法入门［M］. 北京：北京教育出版社，2014.

［21］谭正璧 . 文章体例［M］. 北京：北京教育出版社，2014.

［22］胡怀琛 . 作文门径［M］. 北京：北京教育出版社，2014.

［23］孙俍工．论说文作法讲义［M］．北京：北京教育出版社，2014.

［24］胡怀琛．抒情文作法［M］．北京：北京教育出版社，2014.

［25］高语罕．国文作法［M］．北京：北京教育出版社，2014.

［26］阮真．作文研究［M］．北京：北京教育出版社，2014.

［27］刘半农．怎样教作文［M］．北京：北京教育出版社，2014.

［28］蒋伯潜．中学国文教学法［M］．北京：北京教育出版社，2014.

［29］夏丏尊，等．文心·文章作法［M］．北京：经济日版出版社，2000.

［30］夏丏尊，刘熏宇．文章作法［M］．北京：中华书局，2007.

［31］夏丏尊，叶圣陶．文章讲话［M］．北京：中华书局，2007.

［32］夏丏尊，叶圣陶．文话七十二讲［M］．北京：中华书局，2007.

［33］中央教育科学研究所．叶圣陶语文教育论集（上下册）［M］．北京：教育科学出版社，1980.

［34］陈望道．文法简论［M］．上海：上海教育出版社，1978.

［35］张志公．漫谈语文教学［M］．福州：福建人民教育出版社，1963.

［36］张中行．作文杂谈［M］．北京：中华书局，2007.

［37］饶杰腾．民国国文教学研究文丛［M］．北京：语文出版社，2016.

［38］刘锡庆．中国写作理论辑评［M］．呼和浩特：内蒙古教育出版社，1992.

［39］人民文学出版社编辑部．论写作［M］．北京：人民文学出版社，1956.

［40］《中国语文》编辑部．语文教学问题［M］．北京:中国社会科学出版社，1979.

［41］上海教育出版社编辑部．语文教学问题讨论［M］．上海：上海教育出版社，1982.

［42］张定远．作文教学论集［M］．天津：新蕾出版社，1982.

［43］潘新和．中国写作教育思想论纲［M］．北京：人民教育出版社，1998.

［44］马正平．高等写作思维训练教程［M］．北京：中国人民大学出版社，2002.

［45］刘森．作文心理学［M］．北京：高等教育出版社，2001.

［46］朱晓斌．写作教学心理学［M］．杭州：浙江大学出版社，2007.

［47］林一平．读者意识写作教学论［M］．北京：中国文联出版社，2003.

［48］苏支超，胡风英．写作训练原理［M］．南京：江苏教育出版社，1992.

［49］王光祖，杨荫浒．写作［M］．上海：华东师范大学出版社，1999.

［50］胡明扬．阅读与写作教程［M］．北京：中国人民大学出版社，1988.

［51］崔一山，戚万君，孔繁珠，等．中学生作文章法训练［M］．北京：中国青年出版社，1989.

［52］李乾明．作文教学理性的突围［M］．成都：四川人民出版社，2002.

［53］夏中义．大师是怎样写作的［M］．银川：宁夏人民出版社，2004.

［54］人民教育出版社编辑部．写作问题选辑［M］．人民教育出版社，1956.

［55］蒋仲仁．思维·语言·语文教学［M］．北京：人民教育出版社，1988.

［56］王爱娣．美国语文教育［M］．桂林：广西师范大学出版社，2007.

［57］朱绍禹．中学语文教学法［M］．北京：中华书局，2015.

［58］钟光贵．高中名篇写作艺术探析［M］．上海：上海教育出版社，1998.

［59］谢海龙．网络作文教学的理论和实践［M］．北京：语文出版社，2006.

［60］王可．中学生的写作认知能力与培养［M］．北京：科学出版社，2011.

［61］王鼎钧．作文三书：文学种籽［M］．北京：国际文化出版公司，2007.

［62］王鼎钧．作文三书：作文十九问［M］．北京：国际文化出版公司，2007.

［63］王鼎钧．作文三书：作文七巧［M］．北京：国际文化出版公司，2007.

［64］沈建军．微型写作课程实践研究［M］．上海：上海教育出版社，2014.

［65］荣维东．交际语境写作［M］．北京：语文出版社，2016.

［66］段建军，李伟．写作思维学导论［M］．北京：中国社会科学出版社，2004.

［67］王琼珠．故事结构教学与分享阅读［M］.2 版．台北：心理出版社股份有限公司，2010.

［68］宇清，信德．外国名作家谈写作［M］．北京：北京出版社，1980.

［69］拉德任斯卡雅．苏联的作文教学［M］．吴立岗，编译．北京：教育科学出版社，1982.

［70］韦斯特．提高写作技能［M］．章熊，章学淳，译．福州：福建教育出版社，1984.

[71] 鲁宝元. 国外作文教学 [M]. 郑州：文心出版社，1986.

[72] 利维. 写作系统训练 [M]. 刘恕，译. 北京：工人出版社，1987.

[73] 刘锡庆. 外国写作教学理论辑评 [M]. 呼和浩特：内蒙古教育出版社，1992.

[74] 朱绍禹. 美日苏语文教学 [M]. 长春：吉林文史出版社，1991.

[75] 麦奎德，阿特温. 写作中的思维训练 [M]. 吴其馥，陆玉珍，刘建，等译. 北京：中国广播电视出版社，1991.

[76] 奈特. 最佳写作要领 [M]. 方盛辉，孙廷政，译. 北京：新华出版社，1999.

[77] 祁寿华. 西方写作理论、教学与实践 [M]. 上海：上海外语教育出版社，2000.

[78] 方明生. 日本生活作文教育研究 [M]. 上海：上海教育出版社，2002.

[79] 罗扎斯基. 创造性写作 [M]. 邢锡范，王少凯，裴瑞成，译. 沈阳：辽宁教育出版社，2002.

[80] 美国心理协会. 美国心理协会写作手册 [M]. 陈玉铃，王明杰，译. 重庆：重庆大学出版社，2008.

[81] 里奇. 新闻写作与报道训练教程 [M].3 版. 钟新，主译. 北京：中国人民大学出版社，2004.

[82] 福勒，阿伦. 李特-布朗英文写作手册 [M].9 版. 田剪秋，刘瑾，张敏，译注. 北京：北京大学出版社，2007.

[83] 厄克特，麦基沃. 教会学生写作 [M]. 晋学军，译. 北京：教育科学出版社，2008.

[84] 秦. 小论文写作 7 堂必修课：美国中小学生研究性学习特训方案 [M]. 周凯南，译. 北京：北京大学出版社，2009.

[85] 海恩斯. 作文教学的 100 个绝招 [M]. 杨海洲，杜铁清，译. 北京：教育科学出版社，2009.

[86] 哈默. 朗文如何教写作 [M]. 邹为诚，译. 北京：人民邮电出版社，2011.

[87] 艾利斯. 开始写吧——非虚构文学创作 [M]. 刁克利，译注. 北京：

中国人民大学出版社，2011.

［88］布兰德．成为作家［M］．刁克利，译注．北京：中国人民大学出版社，2011.

［89］克利弗．小说写作教程——虚构文学速成全攻略［M］．王著定，译．北京：中国人民大学出版社，2011.

［90］津瑟．写作法宝：非虚构写作指南［M］．朱源，译．中国人民大学出版，2013.

［91］沃尔克．创意写作教学：实用方法50例［M］．吕永林，杨松涛，译．北京：中国人民大学出版社，2014.

［92］马蒂森．写作课：何为好，为何写不好，如何能写好［M］．王美芳，李杨，傅瑶，译．北京：北京联合出版公司，2017.

［93］洪宗礼，程良方．中学生思维训练［M］．昆明：云南教育出版社，1987.

［94］顾黄初，张泽民．初中作文教学设计［M］．北京：北京师范大学出版社，1986.

［95］都本忱．中学作文训练体系和方法［M］．长春：东北师范大学出版社，1987.

［96］都本忱．中学生作文训练［M］．兰州：甘肃人民出版社，1984.

［97］陆鉴三．作文提高之路［M］．杭州：浙江教育出版社，1986.

［98］王秋荣，林士明，于成鲲．作文技巧100例［M］．上海：上海教育出版社，1993.

［99］沈衡仲，于漪，卢元，等．教与写——特级教师作文教学经验片断［M］．上海：上海教育出版社，1982.

［100］丁有宽，丁有宽与读写结合法［M］．北京：国际文化出版公司，2003.

［101］刘朏朏，高原．作文三级训练体系概论［M］．北京：光明日报出版社，1989.

［102］于漪，周风，冯正．名家行家作文训练设计［M］．银川：宁夏人民出版社，1987.

［103］于漪．于漪老师教作文［M］．上海：华东师范大学出版社，2009.

[104] 陆继椿．语文教学新探："双分"教学的理论与实践 [M]．上海：上海教育出版社，1995.

[105] 邹贤敏．宁鸿彬：走"思维训练"之路 [M]．武汉：湖北教育出版社，2001.

[106] 章熊．语言和思维的训练 [M]．上海：上海教育出版社，1983.

[107] 章熊，徐慧琳，邓虹，等．和高中老师谈写作教学 [M]．北京：人民教育出版社，2012.

[108] 宁鸿彬，曹士贤．初中作文指导与训练全书：名师教你写作文 [M]．北京：九洲图书出版社，1999.

[109]《语文学习》编辑部．特级教师作文谈话录 [M]．上海：上海教育出版社，2002.

[110] 刘浩声，杨继明，文克成，等．特级教师谈教学　中学语文分册 [M]．福州：福建教育出版社，1983.

[111] 谢志礼，李德龙．写作思维训练学：议论性文体 [M]．北京：语文出版社，1998.

[112] 黄麟生，倪文锦．先进教育思想　高超教学艺术 [M]．桂林：广西师范大学出版社，1991.

[113] 戴汝潜．全国著名特级教师教学艺术与研究丛书 [M]．济南：山东教育出版社，1997.

[114] 王栋生．王栋生作文教学笔记 [M]．南京：江苏教育出版社，2012.

[115] 范守纲．作文题型研究：附作文题一千六百例 [M]．上海：华东师范大学出版社，1988.

[116] 范守纲．范守纲作文评说 [M]．上海：华东师范大学出版社，2010.

[117] 黄玉峰．教学生活得像个"人"：我的大语文教学 [M]．上海：上海教育出版社，2011.

[118] 程红兵．程红兵与语文人格教育 [M]．北京：北京师范大学出版社，2006.

[119] 韩雪屏．中学语文常用文体教学 [M]．石家庄：河北人民出版社，1981.

[120] 祝向东，王永盛．中学文体写作教学举要 [M]．济南：济南出版社，

1990.

[121] 汪潮 . 中国语文读写结合研究 [M] . 上海 : 华东师范大学出版社，1997.

[122]《写作趣谈》编写组 . 写作趣谈 [M] . 北京 : 地震出版社，1981.

[123] 路德庆 . 作文训练教程（中学部分）[M] . 郑州 : 河南教育出版社，1985.

[124] 刘锡庆 . 基础写作学 [M] . 北京 : 人民教育出版社，1985.

[125] 袁昌文，刘胜俊 . 千种文体写作 [M] . 北京 : 学苑出版社，1993.

[126] 张福庆 . 议论文写作实用手册 [M] . 北京 : 中国新闻出版社，1986.

[127] 十一所教育学院编写组 . 写作与作文教学 [M] . 昆明 : 云南教育出版社，1986.

[128] 吴祖兴 . 议论文写作导引 [M] . 北京 : 清华大学出版社，1988.

[129] 杨光中 . 快速写作诀窍 [M] . 北京 : 中国文联出版公司，1998.

[130] 范守纲 . 高中生作文十日谈 [M] . 上海 : 东方出版中心，2000.

[131] 郑桂华 . 初中生作文十日谈 [M] . 上海 : 东方出版中心，2001.

[132] 方武 . 议论性文体新论 [M] . 合肥 : 安徽大学出版社，2003.

[133] 肖复兴 . 我教儿子学作文 [M] . 广州 : 广东教育出版社，2005.

[134] 庄大伟 . 一百个写作技巧 [M] . 上海 : 上海辞书出版社，1996.

[135] 关尔东 . 怎样写抒情文 [M] . 上海 : 上海外语教育出版社，1982.

[136] 王秋荣，胡士明，于成鲲 . 作文技巧 100 例 [M] . 上海 : 上海教育出版社，1993.

[137] 郑桂华，冯善亮 . 初中作文实验教程（1 ～ 6 册）[C] . 汕头 : 汕头大学出版社，2008.

[138] 余党绪 . 议论文写作新战略 [M] . 上海 : 上海锦绣文章出版社，2009.

[139] 谢澹 . 笔墨正年华 : 基于创作的写作教学 [M] . 杭州 : 浙江教育出版社，2013.

[140] 李白坚 .21 世纪我们怎么教作文（中学版）[M] . 上海 : 上海教育出版社，2005.

[141] 张良田 . 语篇交际原理与语文教学 [M] . 长沙 : 湖南师范大学出版社，

2003.

[142]《语文学习》编辑部.作文指引[M].上海：上海教育出版社，2000.

[143]倪文锦，欧阳汝颖.语文教育展望[M].上海:华东师范大学出版社，2002.

[144]王荣生.语文科学科教学论基础[M].上海：上海教育出版社，2007.

[145]刘国正.写作教学管窥[J].课程·教材·教法，1992(9)：43-45.

[146]章熊.中学生写作能力的目标定位[J].课程·教材·教法，2000(5)：30-35.

[147]王栋生.走出写作教学的困境[J].教育研究与评论·中学教育教学，2011(1)：12-15.

[148]朱晓斌.西方写作教学研究的新进展[J].心理科学，2001，24(4)：504-505.

[149]张肇丰.西方写作教学主要模式及其元分析研究[J].课程·教材·教法，1998(2)：58-61.

[150]陶本一.谈谈作文教学中的两个问题[J].课程·教材·教法，2005(1)：41-44.

[151]李海林.论真实的作文[J].中学语文教学参考，2005(5).

[152]潘新和."写话""习作"与"写作"辨正[J].语文建设，2002(2)：14-16.

[153]李乾明.作文教学对话平台延伸[J].课程·教材·教法，2005(12)：33-37.

[154]叶黎明.美国非文章类语篇写作教学评介[J].语文建设，2013(9)：25-29.

[155]潘新和.2011年版课标写作总体目标辨正[J].语文建设，2013(3)：17-21.

[156]刘中黎.民国时期的日札写作教学[J].语文建设，2013(1)：64-66.

［157］王可，张璟，林崇德．中学生写作（认知）能力的构成因素［J］．心理科学，2008，31（3）：520–523.

［158］姚林群．中小学生语文写作能力：要素、水平及指标［J］．课程·教材·教法，2013（3）：69–75.

［159］祝新华．语文能力结构研究［J］．教育研究，1995（11）：54–60.

［160］谷屹欣．无声的河流：明初到清中叶写作教学传统研究［J］．北京大学教育评论，2017，15（2）：102–130.

［161］赵阳．蔡敏．2011 年写作评定构架——美国国家教育进展评估改革动向［J］．世界教育信息，2009（7）：48–52.

［162］刘淼，曾洁．言语交际视域中的写作能力及写作教学［J］．课程·教材·教法，2011（9）：56–60.

［163］何更生．知识分类学习论和教学论在作文教学中的应用研究［D］．上海：华东师范大学，2001.

［164］叶丽新．信息技术与写作教学整合研究［D］．上海，华东师范大学，2005.

［165］魏小娜．语文科真实写作研究［D］．重庆：西南大学，2009.

［166］陈颖．写作测试的语境效度研究［D］．上海：交通大学，2009.

［167］孙菊霞．创伤叙事与写作治疗［D］．上海：华东师范大学，2011.

［168］刘光成．百年中学作文命题研究［D］．长沙：湖南师范大学，2010.

［169］刘中黎．中国百年日札写作教育与教学研究［D］．福州：福建师范大学，2010.

［170］周子房．写作学习环境的建构［D］．上海：华东师范大学，2012.

［171］邓彤．微型化写作课程研究［D］．上海：上海师范大学，2014.

［172］王水照，朱刚．中国古代文章学的成立与展开：中国古代文章学论集［M］．上海：复旦大学出版社，2011.

［173］维果斯基．思维与语言［M］．李维，译．杭州：浙江教育出版社，1997.

［174］郅庭瑾．教会学生思维［M］．北京：教育科学出版社，2001.

［175］朱智贤，林崇德．思维发展心理学［M］．北京:北京师范大学出版社，1986.

[176] 本斯利. 心理学批判性思维 [M]. 李小平，等译. 北京：中国轻工业出版社，2005.

[177] 科特雷尔. 批判性思维训练手册 [M]. 李天竹，译. 北京：北京大学出版社，2012.

[178] 温格瑞尔，施密特. 认知语言学导论 [M]. 彭利贞，许国萍，赵微，译. 上海：复旦大学出版社，2009.

[179] 科德. 应用语言学导论 [M]. 上海外国语学院外国语言文学研究所，译. 上海：上海外语教育出版社，1983.

[180] 卡比，古德帕斯特. 思维：批判性和创造性思维的跨学科研究：第4版 [M]. 韩广忠，译. 北京：中国人民大学出版社，2010.

[181] 安德森，克拉斯沃尔，艾雷辛，等. 学习、教学和评估的分类学 [M]. 皮连生，主译. 上海：华东师范大学出版社，2008.

[182] 明托. 金字塔原理：思考、写作和解决问题的逻辑 [M]. 王德忠，张珣，译. 北京：民主与建设出版社，2002.

[183] 黄庆发，顾德希，等. 中学作文讲话 [M]. 北京：北京出版社，1981.

后 记

匆匆交出这本书稿，忐忑多于欣喜。

从小我就不是一个喜欢言说的人，更不像许多才子型语文教师那样以文字表达为乐事，与写作教学研究结缘，完全是一步步战战兢兢走来的结果。记得小学写第一篇作文，交上去以后直到教师讲评的一个多星期里，我一直处在期待与恐慌的状态中，之所以这样，可以说是因为我对作文很重视，更主要的还是对自己的写作很不自信。后来这种感觉就一直伴随着我的写作体验。第一次参加作文竞赛是 1984 年，记得我编了一个小故事：一个小女孩在泥泞的山路上淋雨，摔跤，爬起来，继续走，继续摔跤。现在看来，这可以看作我的写作体验的一个写照吧。

1990 年秋天，我正式走上语文教师岗位，开始教六年级学生写作文，那时我其实对写作教学几乎没有认识，完全是跟着感觉走。记得有一次与一位不是老师的退休老先生聊天，他说，你教作文，《读书作文谱》应该看过吧？问得我一脸茫然。当时我能做的只有两件事，一是布置作文，几乎每天都面对着一摞摞作文本，纠结于给“优、良、中、差”还是给个具体的分数，写几句套话还是写一段不知道有没有用的感性的文字；二是懵懵懂懂地让学生写周记、编班刊、写“一日生活全记录”、做小课题论文。最后，也不知道为什么我教的班级写作成绩还不错。现在翻看那时的学生作文和班刊时就会想：如果现在我再去教写作，会不会更好呢？那是一段交织着快乐与忐忑的时光。

2006年起，进入大学教书，开始教大三的师范生如何教他们未来的学生阅读与写作，这就迫使自己要把一些以前没有弄清楚的问题想清楚、说明白。于是开始更多地阅读与写作有关的文章，也更多地写些小文章反思自己的写作教学。当然，也还是常常有交完“作业”以后的忐忑，也有因为无知而闹出笑话的时候。

40多年来，自己一直处在这样的忐忑中，忐忑地写，忐忑地教学生写，教学生去教他们的学生写，不仅不厌倦，反而越来越喜欢写，喜欢教。支持我、帮助我的人很多，我要感谢的人也很多。

感谢华东师范大学第二附属中学及同事，尤其是那几届可爱的学生，我的写作教学探索是从那里开始的；感谢合肥市第八中学、上海市嘉定区第二中学、华东师范大学松江实验高级中学、华东师范大学杨行实验学校等学校的学生、教师及领导，正是你们的信任才让我一直没有离开中学讲台；感谢澳门大学、西北师范大学、苏州大学、河北师范大学等高校的语文研究的同行，还有很多省市的教研员与老师，与你们的交流让我的写作教学27年来从未停止。

感谢《语文学习》、《中学语文教学》、《语文教学通讯》、《语文教学与研究》、《中学作文教学研究》、中国人民大学的复印报刊资料——《高中语文教与学》《初中语文教与学》《小学语文教与学》等杂志的编辑，你们的约稿和转载是我持续写作的巨大动力。

感谢广西教育出版社黄力平先生和林春燕女士耐心的提醒与催促。

感谢您的翻阅。

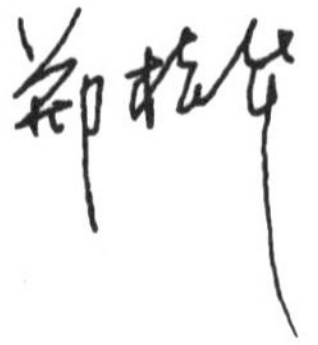

2017年12月